Wystan Hugh Auden
Ein Bewußtsein der Wirklichkeit

SERIE PIPER
Band 757

Zu diesem Buch

»Ein Bewußtsein der Wirklichkeit« – so hat Auden seine Rezension der Tagebücher Virginia Woolfs betitelt, und dieser Begriff, verstanden als die Fähigkeit des Künstlers, große wie kleine Dinge wahrzunehmen und die Wahrnehmung adäquat auszudrücken, könnte ebensogut Audens eigenen essayistischen und kritischen Arbeiten als Motto vorangestellt sein. Ob er die Auswirkungen der griechischen Kultur auf die Zivilisation des Abendlandes bis in unsere Tage reflektiert oder das jeweils Eigentümliche des Volks- und Kunstmärchens untersucht, ob er sich auf die Spuren eines viktorianischen Philanthropen begibt oder sich in das Außenseiterdasein eines van Gogh oder Poe einfühlt – stets nähert er sich seinem Gegenstand mit wachen Sinnen und einer Neugier, die nichts Indiskretes hat, sondern Ausfluß jenes Interesses an der Welt ist, das allen Dingen Würde verleiht, indem es sie ernst nimmt. Da Auden nur über Themen schreibt, die ihn interessieren, kann er das, was er sagen will, klar und prägnant ausdrücken, ohne zu Phrasen oder rhetorischen Gebilden Zuflucht nehmen zu müssen.

Wystan Hugh Auden, geboren 1907 in New York, gestorben 1973 in Wien. Studierte in Oxford, wo er zum Wortführer der »Pylon Poets« wurde. Kämpfte im Spanischen Bürgerkrieg auf der Seite der Republikaner. Neben seinen Gedichtsammlungen schrieb er Mitte der 30er Jahre gemeinsam mit Christopher Isherwood Theaterstücke. 1939 nahm Auden die amerikanische Staatsbürgerschaft an. Unter anderen literarischen Auszeichnungen erhielt er den Pulitzerpreis.

Wystan Hugh Auden

Ein Bewußtsein der Wirklichkeit

Essays

Aus dem Englischen von Hella Bronold

Piper
München Zürich

Die Originalausgabe, in der die 1943 bis 1973 erschienenen Essays und Kritiken zusammen veröffentlicht wurden, erschien unter dem Titel »Forewords and Afterwords« bei Random House, New York.

Die deutsche Ausgabe ist 1977 unter dem Titel »Wie es mir schien« im Europa Verlag, Wien, erschienen. Für die vorliegende Auswahl übernehmen wir die Übersetzung des Europa Verlags.

Von Wystan Hugh Auden liegt in der Serie Piper außerdem vor:
Anrufung Ariels (842)

ISBN 3-492-10757-5
Juni 1989
R. Piper GmbH & Co. KG, München

Umschlag: Federico Luci,
unter Verwendung der Grafik »Polaroids« (1976) von Max Condula
Foto Umschlagrückseite: Ullstein Bilderdienst
Satz: Filmsatzzentrum Deutsch-Wagram
Druck und Bindung: Clausen & Bosse, Leck
Printed in Germany

Inhalt

Die Griechen und wir

I

Es war einmal ein kleiner Junge. Ehe er lesen konnte, erzählte ihm sein Vater Geschichten über den Krieg zwischen den Griechen und den Trojanern. Hektor und Achilles waren ihm so vertraut wie seine Brüder, und wenn die Olympier untereinander stritten, dachte er an seine Onkel und Tanten. Mit sieben Jahren kam er ins Internat, und den größten Teil der nächsten sieben Jahre verbrachte er damit, aus dem Griechischen und Lateinischen ins Englische zu übersetzen und umgekehrt. Dann kam er in ein anderes Internat, das eine humanistische und eine realistische Abteilung hatte.

Die zweite wurde sowohl von den Schülern als auch von den Lehrern etwa so eingeschätzt, wie in einem militaristischen Land die Zivilisten von den Offizieren eingeschätzt werden, und mit denselben Abstufungen der Inferiorität: Geschichte und Mathematik waren, wie Ärzte, Rechtsanwälte und ähnliches, »möglich«, die Naturwissenschaften, summarisch »Stinker« genannt, waren, wie Handelsleute, »unmöglich«. Auch die humanistische Abteilung hatte ihre feinen Unterschiede: Griechisch war, wie die Marine, die höherstehende, die aristokratische Gattung.

Man kann heute kaum glauben, daß dies kein Märchen, sondern ein historischer Bericht über bürgerliche Erziehung in England vor fünfunddreißig Jahren ist.

Für jeden, der so erzogen wurde, sind Griechenland und Rom derart mit seinen persönlichen Erinnerungen an Kindheit und Schule vermischt, daß es ihm ungemein schwerfällt, diese Kulturen objektiv zu sehen. Dies trifft vielleicht besonders auf Griechenland zu. Bis gegen Ende des achtzehnten Jahrhunderts betrachtete Europa sich selbst weniger als Europa denn als christliches Abendland, als Erbe des Römischen Reiches, und sein Erziehungssystem basierte auf dem Lateinstudium. Der Aufstieg des Griechischen zu einer ebenbürtigen und später zu einer übergeordneten Stellung war ein Phänomen des neunzehnten Jahrhunderts und fiel mit der

Entwicklung der europäischen Nationen und des Nationalbewußtseins zusammen.

Es ist sicherlich kennzeichnend, daß heutzutage ein Festredner, der auf die Wurzeln unserer Kultur verweist, stets Jerusalem und Athen, aber nur selten Rom nennt, denn dieses ist das Symbol einer religiösen und politischen Einheit, die nicht mehr existiert und deren Wiederbelebung nur wenigen möglich oder wünschenswert erscheint. Die historische Diskontinuität zwischen der griechischen Kultur und der unseren, das Fehlen jedes unmittelbaren Einflusses während so vieler Jahrhunderte erleichterte es nach der Wiederentdeckung Griechenlands einer jeden Nation, sich ihr eigenes Bild vom klassischen Griechenland zu machen. Es gibt ein deutsches Griechenland, ein französisches Griechenland, ein englisches Griechenland – vielleicht sogar ein amerikanisches Griechenland –, und jedes ist anders. Hätte Hölderlin zum Beispiel Jowett getroffen, so ist anzunehmen, daß keiner auch nur ein Wort, das der andere sagte, verstanden hätte und daß ihr Abschied voneinander eher kühl gewesen wäre.

Sogar innerhalb ein und desselben Landes koexistieren verschiedene Vorstellungen von Griechenland. Hier zwei karikaturistische Beispiele aus England:

Professor X: Lehrstuhl für Ethik. 59 Jahre. Verheiratet. Drei Töchter. Religion: Anglikanische Kirche. Politik: Konservativer. Lebt in einem kleinen Haus in der Vorstadt, voll von viktorianischem Krimskrams. Kein gesellschaftlicher Verkehr. Pfeifenraucher. Achtet nicht auf das, was er ißt. Hobbies: Gartenarbeit und lange einsame Spaziergänge. Verabscheut: Ausländer, Katholizismus, moderne Literatur, Lärm. Hauptsorge: die Gesundheit seiner Frau.

Mr. Y: Lehrer für klassische Studien. 41 Jahre. Unverheiratet. Religion: keine. Politik: keine. Lebt in einem College. Hat Vermögen und gibt herrliche Parties für seine Lieblingsstudenten. Hobbies: Reisen und das Sammeln von alten Gläsern. Verabscheut: Christentum, Mädchen, die Armen, die englische Küche. Gegenwärtige Hauptsorge: sein Gewicht.

Für X bedeutet das Wort Griechenland Vernunft, die goldene Mitte, Beherrschung der Gefühle, Freiheit von Aberglauben; für Y bedeutet es Heiterkeit und Schönheit, Sinnenleben, Freiheit von Hemmungen.

Als gute Gelehrte wissen beide natürlich, daß ihre Ansichten subjektiv sind; X kann nicht leugnen, daß viele Griechen von Mysterienkulten angezogen wurden und Gebräuchen anhingen, über die »das gesunde moralische Gefühl der zivilisierten Menschheit ein Urteil gefällt hat, das nicht begründet zu werden braucht, weil es dagegen keine Berufung gibt«; Y weiß ebenso genau, daß der Platon der *Gesetze* so puritanisch ist wie ein schottischer Pfarrer; aber die gefühlsmäßige Bindung an das Griechenland ihrer Träume, in der Kindheit geformt und durch viele Jahre des Studiums und der Zuneigung gefestigt, ist stärker als ihr Wissen.

Es gibt keinen besseren Beweis für den Reichtum und die Tiefe der griechischen Kultur als ihre Fähigkeit, jede Art von Persönlichkeit anzusprechen. Man hat gesagt, daß ein jeder entweder als Platoniker oder als Aristoteliker geboren wird; aber mir scheint, daß es gegensätzlichere und bedeutungsvollere Unterscheidungen gibt als diese, zum Beispiel zwischen den Freunden Ioniens und den Freunden Spartas, zwischen solchen, die sowohl Platon als auch Aristoteles lieben, und jenen, die Hippokrates und Thukydides jedem dieser beiden vorziehen.

II

Die Zeiten, da klassische Studien das Kernstück der höheren Bildung waren, sind dahin und werden in absehbarer Zukunft kaum wiederkehren. Wir müssen es als Tatsache hinnehmen, daß der gebildete Mensch von heute und morgen weder Latein noch Griechisch kann. Das bedeutet meiner Meinung nach, daß, soll die Klassik weiterhin überhaupt eine Bedeutung für die Erziehung haben, eine Änderung in Akzentuierung und Ausrichtung des Rom- und Griechenlandstudiums eintreten muß.

Wenn die griechische Literatur in Übersetzung gelesen wird, dann kann man sie nicht länger von der Ästhetik her betrachten. Der ästhetische Verlust bei der Übersetzung von einer Sprache in eine andere ist immer ungeheuer groß; bei Sprachen und Kulturen, die so weit voneinander entfernt sind wie die griechische und die englische, wird er nahezu total; man kann fast sagen, je besser eine Übersetzung als englische Dichtung ist, desto weniger gleicht sie griechischer Dichtung (beispielsweise die *Ilias* von Pope) und umgekehrt.

Da ist vor allem die prosodische Schwierigkeit: quantitative ungereimte Verse und qualitative gereimte haben nicht mehr miteinander gemein, als daß beide rhythmische Formen sind. Ein englischer Dichter kann viel Spaß davon haben, wenn er als technische Übung oder als Akt der Pietät versucht, quantitative Verse zu schreiben:

With these words Hermes sped away for lofty Olympos:
And Priam all fearlessly off his chariot alighted,
Ordering Idaeus to remain i' the entry to keep watch
Over the beasts: th'old king meanwhile strode doughtily
onward.

(Robert Bridges, *Iliad,* xxiv, 468–71)

(So gesprochen er wieder entschritt zum hohen Olympos,
Hermes: Priamos aber zum Boden sprang vom Gespanne,
Doch Idaios ließ er allda; der harrte denn, haltend
Rosse und Mäuler. Jedoch der Greis ging grade zum
Hause.)

(Albert Schaeffer)

Aber niemand kann das anders denn als ein exzentrisches qualitatives Versmaß lesen, und Exzentrizität ist etwas sehr Unhomerisches.

Dann gibt es die Probleme der Wortfolge und der Diktion; Griechisch ist eine flektierende Sprache, in der der Sinn nicht wie im Englischen von der Stellung der Wörter im Satz abhängt; das Griechische ist reich an zusammengesetzten Beiwörtern, das Englische nicht.

Zuletzt und vor allem ist die poetische Sensibilität der beiden Literaturen radikal unterschiedlich. Verglichen mit englischer Dichtung ist die griechische primitiv, das heißt die Gefühle und Themen, die sie behandelt, sind einfacher und direkter als unsere, während anderseits die Form der Sprache viel komplexer und verschachtelter ist. Primitive Dichtung sagt einfache Dinge auf eine umschreibende Weise, während die moderne Dichtung versucht, komlizierte Dinge möglichst einfach zu sagen. Die fortwährenden Bemühungen englischer Dichter jeder Generation, »eine Sprache, wie die Menschen sie wirklich sprechen«, wiederzuentdecken, wären für den Griechen völlig unverständlich gewesen.

In seiner Einführung zu *Greek Plays in Modern Translation* zitiert Dudley Fitts die Übersetzung einer Stichomythie aus *Medea:*

MEDEA: Why didst thou fare to earth's prophetic navel?
AEGEUS: To ask how seed of children might be mine.
MEDEA: 'Fore Heaven! – aye childless is thy life till now?
AEGEUS: Childless I am, by chance of some god's will.
MEDEA: This with a wife, or knowing not the couch?
AEGEUS: Nay, not unyoked to wedlock's bed am I.

(MEDEA: Was sollte Gottes Weisheit offenbaren?
AEGEUS: Ob ich noch wohl auf liebe Kinder hoffen darf.
MEDEA: Ihr Götter, so bliebst du bis heute kinderlos?
AEGEUS: Ja, kinderlos, ein Gott hat Kinder mir versagt
MEDEA: Und hast ein Weib doch – oder bist du unvermählt?
AEGEUS: Mit einer Frau leb ich vereint im Ehebund.)
(Übersetzung Dr. Curt Woyte)

Das ist, wie er sagt, von komischer Absurdität, aber was soll der arme Übersetzer tun? Wenn er zum Beispiel die letzten beiden Zeilen in eine moderne Ausdrucksweise übersetzt, muß er schreiben:

MEDEA: Are you married or single? (Bist du verheiratet oder ledig?)
AEGEUS: Married. (Verheiratet.)

Das ist nicht mehr komisch, hat aber dafür ein wesentliches Element des ursprünglichen Stils verloren, nämlich die poetische Ausschmückung einfacher Fragen und Antworten, indem sie in die Form von Rätseln gekleidet werden.

Es ist bezeichnend, daß von den vielen englischen Dichtern der Vergangenheit, die mit der griechischen Dichtung vertraut waren und sie zutiefst bewunderten, nur sehr wenige in ihrem Stil davon beeinflußt waren – Milton und vielleicht Browning durch die Tragödien, Hopkins von Pindar, das sind die einzigen Namen, die mir einfallen.

Der Versuch, Dichtung aus einer Sprache in eine andere zu übersetzen, ist ein unschätzbares Training für einen Dichter, und man kann nur hoffen, daß in jeder Generation immer wieder neue Übersetzungen von Homer, Aischylos, Aristophanes, Sappho und anderen gemacht werden, aber ihre Wirkung auf die Öffentlichkeit wird wahrscheinlich gering sein.

Wenn ein moderner Durchschnittsleser die Epen oder die Stücke der alten Griechen überhaupt liest, wird er sie von einem historischen oder anthropologischen Standpunkt ergiebiger finden als von einem ästhetischen.

Anstatt zu fragen: »Wie gut ist *Ödipus* als Tragödie?«, oder: »Ist dieses oder jenes Argument Platons richtig oder falsch?«, sollte er versuchen, alle Aspekte des Lebens der alten Griechen, ihr Drama, ihre Wissenschaft, ihre Philosophie, ihre Politik, als miteinander verbundene Teile einer vollständigen und einzigartigen Kultur zu sehen.

Bei der Auswahl des Materials für diese Anthologie habe ich daher versucht, mehr eine Einführung in die griechische Kultur als in die griechische Literatur zu geben. In einer literarischen Anthologie wäre es absurd, die griechische Tragödie allein durch Aischylos zu repräsentieren und Sophokles und Euripides auszulassen; wenn man aber die Form und die Idee der griechischen Tragödie verstehen will, dann ist es besser, eine Trilogie wie die *Orestie* zu bringen, als drei Stücke von drei verschiedenen Autoren. Und so ist es auch mit allen anderen poetischen Beispielen, die mehr wegen ihres repräsentativen Charakters als literarische Formen und weniger wegen ihrer individuellen poetischen Vorzüge ausgewählt wurden.

Bei der Auswahl aus den Philosophen war es nicht meine Absicht, ein umfassendes Bild von Platon und Aristoteles zu geben, sondern vielmehr, zu zeigen, wie die griechischen Denker verschiedene Probleme behandelten, zum Beispiel das Problem der Kosmologie.

Und schließlich sind die Medizin und die Mathematik der alten Griechen so wichtige Bestandteile ihrer Kultur, daß nicht einmal ein Anfänger sie vernachlässigen darf.

Aus Raumgründen muß in einem Band dieses Umfangs viel wichtiges Material ausgelassen werden; bewußt habe ich aber nur einen Autor ausgelassen, und zwar weil ich ihn nicht leiden kann. Ich finde jedoch, daß ich nicht der einzige bin, der Lukian, einen der populärsten griechischen Schriftsteller, zu »aufgeklärt« findet für eine Generation, die so von Teufeln heimgesucht wird wie die unsere.

III

Es gibt kein einziges Kunstwerk der griechischen Literatur, das sich an Größe mit der *Göttlichen Komödie* messen kann; es ist keine Reihe von Werken eines griechischen Dichters erhalten, die dem Gesamtwerk Shakespeares gleichkommt; als Periode konzentrierter schöpferischer Tätigkeit in einem einzigen Medium werden die rund fünfundsiebzig Jahre des athenischen Dramas – von den ersten Tragödien des Aischylos bis zu den letzten Komödien des Aristophanes – übertroffen von den 125 Jahren zwischen dem *Orpheus* von Gluck und dem *Othello* von Verdi, dem goldenen Zeitalter der europäischen Oper. Dennoch können wir mit Sicherheit annehmen, daß der verwunderte Kommentar eines gebildeten Atheners aus dem fünften vorchristlichen Jahrhundert über unsere Gesellschaft von der Zeit Dantes bis zur Gegenwart lauten würde wie folgt: »Ja, ich sehe die Werke einer großen Kultur, warum aber sehe ich keine kultivierten Menschen? Ich begegne nur Spezialisten, Künstlern, die nichts von Wissenschaft verstehen, Wissenschaftlern, die nichts von Kunst verstehen, Philosophen, die nicht an Gott interessiert sind, Priestern, die sich nicht um Politik kümmern, Politikern, die nur andere Politiker kennen.«

Kultur nennt man ein prekäres Gleichgewicht zwischen dem, was Professor Whitehead »barbarische Verschwommenheit« genannt hat, und trivialer Ordnung. Die Barbarei ist einheitlich, aber ohne feine Unterschiede; die Trivialität kennt feine Unterschiede, es fehlt ihr aber jede zentrale Einheit; das Ideal der Kultur ist die Integration zu einem vollständigen Ganzen, mit minimaler Beanspruchung eines Maximums an verschiedenen Aktivitäten.

Man kann zum Beispiel von einem Erntedanktanz eines primitiven Stammes unmöglich sagen, ob er ein ästhetisches Spiel ist, das nur dem Vergnügen der Teilnehmer an seiner guten Ausführung dient, oder ein religiöses Ritual, der äußere Ausdruck einer inneren Frömmigkeit gegenüber den Mächten, von denen die Ernte abhängt, oder eine wissenschaftliche Technik zur Erzielung einer besseren Ernte; es ist ganz unsinnig, überhaupt in solchen Begriffen zu denken, weil die Tänzer nicht gelernt haben, solche Unterscheidungen zu machen, und nicht verstehen können, was sie bedeuten.

Wenn hingegen in einer Gesellschaft wie der unseren ein

Mann zu einer Ballettaufführung geht, dann einfach um sich zu unterhalten, und er verlangt nur, daß die Choreographie und die Darstellung ästhetisch zufriedenstellend sind; wenn er zur Messe geht, dann weiß er, daß es ganz irrelevant ist, ob die Messe gut oder schlecht gesungen wird, denn was zählt, ist seine Einstellung zu Gott und zu seinem Nächsten; wenn er ein Feld pflügt, weiß er, daß der Erfolg nicht davon abhängt, ob der Traktor schön oder häßlich ist oder ob er selbst ein reuiger oder ein verstockter Sünder ist. Sein Problem ist ein ganz anderes als das des Wilden. Er läuft Gefahr, nicht jeden Augenblick eine ganze Person zu sein, sondern in drei unzusammenhängende Fragmente aufgespalten zu werden, die um die Vorherrschaft wetteifern: in ein ästhetisches Fragment, das zum Ballett geht, in ein religiöses, das die Messe besucht, und in ein praktisches, das den Lebensunterhalt verdient.

Wenn man eine Kultur an diesem doppelten Maß mißt, am Grad der erreichten Vielfalt und am Grad der bewahrten Einheit, dann ist es kaum zu viel gesagt, daß die Athener des fünften Jahrhunderts vor Christus die kultiviertesten Menschen waren, die je gelebt haben. Fast alle Wörter, mit denen wir kulturelle Tätigkeitsbereiche und Wissenszweige bezeichnen, wie Chemie, Physik, Ökonomie, Politik, Ethik, Ästhetik, Theologie, Tragödie, Komödie, sind griechischen Ursprungs; das beweist, daß die Griechen imstande waren, bewußt zu differenzieren. Ihre Literatur und ihre Geschichte beweisen ihre Fähigkeit, den Sinn der gemeinsamen Bezüge zu erhalten, einen Sinn, den wir zum größten Teil verloren haben, ebenso wie sie selbst ihn nach verhältnismäßig kurzer Zeit verloren.

Die Geographie Griechenlands, wo unfruchtbare Berge kleine fruchtbare Landstriche voneinander trennen, förderte Diversität, die Errichtung von Kolonien und eine mehr auf Handel als auf Eigenbedarf ausgerichtete Wirtschaft. Infolgedessen entwickelten die Griechen, die sich zur Zeit ihres Eindringens in die Ägäis nicht wesentlich von anderen patriarchalischen Kriegerstämmen unterschieden – der in der *Ilias* beschriebene Lebensstil ist so ziemlich der gleiche wie der im *Beowulf* geschilderte –, sehr rasch auf verhältnismäßig kleinem Raum eine große Vielfalt von Formen gesellschaftlicher Organisation: tyrannische und konstitutionelle Stadtstaaten in Ionien, eine feudale Oligarchie in Böotien, einen militaristischen Polizeistaat in Sparta, eine Demokratie in Athen, tatsächlich fast jede mögliche Form bis auf eine, den zentralistischen Großstaat, wie er für die Reiche an großen Strömen, wie Ägypten und Babylon, typisch war. Es gab daher einen ersten Anstoß zu Forschung, Untersuchung, Spekulation und Experiment, aber dies erklärt weder das außerordentliche Talent, das die Griechen in diesen Tätigkeiten zeigten, noch ihre Fähigkeit, Fremdes zu absorbieren und sich zu eigen zu machen: im Gegensatz zu den Römern erscheinen die Griechen nie als Eklektiker – alles, was sie tun und sagen, trägt ihren eigenen spezifischen Charakter.

Die griechische Kultur hatte hintereinander drei Zentren: die ionische Küste, Athen und Alexandrien. Sparta verblieb außerhalb der allgemeinen kulturellen Entwicklung in einem versteinerten Primitivismus, der bei den Nachbarn eine Mischung aus Furcht, Abscheu und Bewunderung erregte. Sparta hat jedoch – indirekt durch Platon – einen Beitrag geleistet, der, ob zum Guten oder zum Bösen, die Welt ebensosehr beeinflußt hat wie jedes andere Element der griechischen Kultur, nämlich die Idee der bewußt geplanten Erziehung der Bürger durch den Staat; ja man kann sagen, daß die Idee des Staates als etwas von der herrschenden Klasse, dem Individuum und der Gemeinschaft Verschiedenes aus Sparta stammt.

Am Anfang der griechischen Literatur steht Homer. Wenn die *Ilias* und die *Odyssee* besser sind als die Epen anderer Völker, dann nicht wegen ihres Inhalts, sondern wegen ihrer viel kunstvolleren Gestaltung – so als wäre das ursprüngliche Material unter viel kultivierteren Bedingungen in seine gegenwärtige Form verarbeitet worden, als sie etwa bei den germanischen Völkern herrschten, bis zu dem Zeitpunkt, als ihr Heldenzeitalter zu lange zurücklag, um ihnen noch als wirklich zu erscheinen. Es ist jedoch schwer, objektive Vergleiche zu ziehen, da die germanischen Epen wenig weitere Geschichte hatten; Homer hingegen wurde durch die Römer zu einer der grundlegenden Inspirationen der europäischen Literatur, ohne ihn gäbe es weder eine *Äneis,* eine *Göttliche Komödie,* ein *Verlorenes Paradies* noch die komischen Epen von Ariost, Pope und Byron.

Die nächste Entwicklung nach Homer vollzog sich vor allem in Ionien und zum größten Teil in der Umgebung der Tyrannen, die natürlich eher den Medici als modernen Diktatoren zu vergleichen sind.

Die ionischen Philosophen und die ionischen Lyriker hatten eines gemeinsam, nämlich die Gegnerschaft zum polytheistischen Mythos. Die ersteren sahen in der Natur mehr das Walten von Gesetzen als von Willkür, die letzteren betrachteten ihre Gefühle als ihr Eigentum, als Teil ihrer Person, nicht als Heimsuchungen von außen.

Thales' Vermutung, daß alle Dinge aus dem Wasser entstehen, war falsch; aber die dahinterliegende Einsicht, daß, so viele verschiedene Reiche der Natur es auch geben mag, sie doch alle untereinander verbunden sind, war eine grundlegende Annahme, ohne welche die Wissenschaft, wie wir sie heute kennen, unmöglich gewesen wäre. Ebenso folgenreich war die Behauptung des Pythagoras, die er durch seine Arbeit auf dem Gebiet der Akustik gewonnen hatte, daß alle Dinge Zahl seien, das heißt, daß die »Natur« der Dinge, also das, wodurch sie sind, was sie sind, nicht davon abhängt, woraus sie bestehen, sondern von ihrer Struktur, die in mathematischen Ausdrücken beschrieben werden kann.

Der größte Unterschied zwischen der griechischen Naturauffassung und den späteren Naturbegriffen ist der, daß die Griechen sich das Universum analog zu einem Stadtstaat dachten, so daß für sie die Naturgesetze, wie die menschlichen Gesetze, nicht Gesetze *von* Dingen waren, Beschreibungen ihres tatsächlichen Verhaltens, sondern Gesetze *für* Dinge. Wenn wir von einem fallenden Objekt sagen, es »gehorche« dem Gesetz der Schwerkraft, ahmen wir unbewußt die Griechen nach, denn Gehorsam impliziert die Möglichkeit des Ungehorsams. Für die Griechen war das keine tote Metapher; ihr Problem war daher nicht das Verhältnis von Geist und Materie, sondern das von Inhalt und Form, das Problem, wie die Materie sozusagen genügend »gebildet« würde, um dem Gesetz zu entsprechen.

Die lyrischen Dichter waren in ihrer Sphäre ebenso wichtig; durch sie lernte die westliche Kultur Dichtung von Geschichte, Pädagogik und Religion unterscheiden.

Das berühmteste Zeitalter der griechischen Kultur ist natürlich das mit Athen verbundene. Wenn der Mann auf der Straße auch nichts weiter von ihnen weiß, so hat er doch die Namen Homer, Aischylos, Sophokles, Euripides, Aristophanes, Sokrates, Platon, Aristoteles gehört, und vielleicht auch die Namen Perikles, Demosthenes und Thukydides. Sie alle, mit Ausbahme Homers, waren Athener.

Das athenische Zeitalter zerfällt in zwei Teile; dem ersten Abschnitt ging die Gründung des athenischen Staates als Handelsdemokratie durch Solon und Kleisthenes und die Demonstration seiner Stärke durch den Sieg über die Perser voraus; der zweite war eine Folge politischer Niederlagen, erst im Kampf gegen Sparta, dann im Kampf gegen Mazedonien. Der typische Ausdruck der ersten Periode ist das Drama, jener der zweiten die Philosophie.

Im Vergleich zur vorangegangenen ionischen Kultur ist das athenische Drama durch eine Ablehnung von Luxus und Frivolität und eine Neigung zu Strenge und Einfachheit gekennzeichnet, und auch durch eine Rückkehr zum Mythos. Zum ersten und letzten Mal in der Geschichte wurde eine Kunstform, das Drama, zur dominierenden religiösen Ausdrucksform für ein ganzes Volk und der Dramatiker zur wichtigsten Figur im geistigen Leben. Verglichen mit den griechischen Tragödien erscheinen Homer und Pindar als weltliche Schriftsteller, sicherlich von erzieherischem Wert für eine herrschende Minorität, aber doch vor allem zur Unterhaltung dienend, dem Priester und dem Orakel an Wichtigkeit nachstehend. Ebenso wie das moderne Drama, das sich aus religiösen Festen wie Ostern und Fronleichnam entwickelte, war das athenische Drama mit den Festen der Weinkelter und des großen Dionysos verbunden. Während aber das moderne Drama zuerst den religiösen Ritualen untergeordnet war und später, die christlichen Feste sich selbst überlassend, sein eigenes weltliches Leben entwickelte, wurde das athenische Drama, obwohl zweifellos als ein Kunstwerk angesehen, über dessen Wert man durch Abstimmung entschied, die vorherrschende religiöse Übung, von größerer Wichtigkeit als Opfer oder Gebet. Im neunzehnten Jahrhundert und in unserem eigenen hat das künstlerische Genie manchmal höchste Bedeutung beansprucht und sogar eine Minderheit von Ästheten dazu überredet, sie ihm zuzuerkennen; aber nur in Athen war diese höchste Bedeutung allgemein anerkannt, so daß das Genie keine einsame Persönlichkeit war, die Ausnahmsrechte für sich selbst verlangte, sondern der akklamierte geistige Führer der Gesellschaft.

Das einzige dem Vergleichbare in unserer Zeit ist nicht das Theater, sondern Fußball oder Stierkampf.

Die griechische Tragödie kehrte zum Mythos zurück, aber es war nicht länger die homerische Mythologie; die ionischen

Kosmologen hatten ganze Arbeit geleistet. Die Götter sind nicht mehr hauptsächlich stark und nur nebenbei gerecht; ihre Stärke steht nun an zweiter Stelle als das Mittel, mit dem sie die Einhaltung jener Gesetze erzwingen, die sie selbst einhalten und repräsentieren. Die Mythologie unterliegt daher einem gewissen Zwang; denn je monotheistischer sie wird, je größer die Bedeutung des Zeus, desto weniger individuell, desto allegorischer werden die anderen Götter. Hinter Zeus selbst erscheint noch der ganz unmythologische Begriff des Fatums. Nun müssen entweder der persönliche Zeus und das unpersönliche Schicksal zum Schöpfergott der Juden verschmelzen – ein Schritt, den die griechische religiöse Imagination niemals unternahm –, oder Zeus wird schließlich zum Demiurgen, zur allegorischen Figur für die Ordnung der Natur, und das Fatum wird zum eigentlichen Gott, entweder als Fortuna oder als unpersönliche Idee oder als erste Ursache, in welchem Fall das Drama aufhört, das natürliche Lehrmittel für das Wesen Gottes zu sein, und durch die theologische Wissenschaft ersetzt wird.

Darin liegen vielleicht die Gründe, weshalb die Entwicklung von der Frömmigkeit des Aischylos zur Skepsis des Euripides so rasch und die Periode der griechischen Tragödie so kurz war. Wie Werner Jäger gezeigt hat, steht Sophokles ein wenig abseits von den beiden anderen, da er mit ihnen zwar die Interessen im Grunde gemeinsam hat, sich aber mehr mit dem menschlichen Charakter als mit religiösen und sozialen Problemen befaßt. Um sich weiterentwickeln zu können, hätte die griechische Tragödie, von Sophokles ausgehend, ihre Beziehung zum Mythos und zum Fest aufgeben und offen zu einer weltlichen Kunst werden müssen. Vielleicht haben gerade ihre Triumphe sie zu fest an Mythos und Fest gebunden, als daß sie sich hätte losreißen können, wie es zum Beispiel das elisabethanische Theater getan hat. Sosehr also die griechischen Tragödiendichter von späteren Schriftstellern bewundert wurden, kann man doch nicht sagen, daß sie viel direkten literarischen Einfluß ausgeübt haben. Der Einfluß der Philosophen steht dazu in auffallendem Kontrast, denn Platon und Aristoteles haben zusammen die grundlegenden Voraussetzungen für ein geistiges Leben, für die Einheit und Vielfalt der Wahrheit geschaffen; überdies sind sie verantwortlich für die Arten der Unterscheidung, an die wir gewöhnt sind. Wenn man zum Beispiel indische Philosophie zu lesen versucht, so liegt das große Hindernis für das Verständnis ihres Sinns darin, daß die Verbindungsstellen zwischen Mensch und Natur sozusagen anders geformt sind. Unser Zuschnitt, unsere Prägung ist griechisch; und es fällt uns schwer, zu glauben, daß es andere Formungen gibt.

Die letzte Periode der griechischen Kultur, die hellenistische oder alexandrinische, kehrt zum ionischen Hedonismus und Materialismus zurück, aber ohne dessen Verbindung zum politischen und sozialen Leben. Die wichtigen Leistungen liegen auf technologischem Gebiet. Die Literatur ist höchst ausgefeilt, hübsch, aber letztlich langweilig, zumindest für unsere Zeit, wegen ihres immensen Einflusses auf die zweitrangige Dichtung seit der Renaissance. Ihr verdanken wir die ärgsten »klassischen« Klischees: den schelmischen Cupido, den Katalog der Blumen, Celias Busen etc. etc.

Das Christentum war ein Produkt aus jüdisch-religiöser Geschichtserfahrung und heidnischer Spekulation darüber sowie heidnischer Organisierung dieser Erfahrung. Der griechische Geist ist ein typisch heidnischer Geist und steht im Widerspruch zum jüdischen Bewußtsein. Als Grieche wird der Christ verführt, hin und her zu schwanken zwischen weltlicher Frivolität und einer falschen geistigen Jenseitigkeit, die beide im Grund pessimistisch sind. Als Jude wird er zum falschen Ernst verführt, zu einer Intoleranz, die Andersgläubige weniger als dumm denn als böse verfolgt. Die Inquisition war das Produkt aus heidnischem Interesse für die Vernunft und jüdischer Leidenschaft für die Wahrheit.

Das klarste historische Beispiel ist die Kreuzigung. In ihrem Buch *Talking of Dick Whittington* berichten Hesketh Pearson und Hugh Kingsmill von einem Interview mit Hillaire Belloc, in dem dieser von den Juden sagt:

> Arme Würmchen, es muß schrecklich sein, mit dem Wissen geboren zu werden, daß man zu den Feinden des Menschengeschlechts gehört . . . wegen der Kreuzigung.

Ich kann nicht glauben, daß Belloc ein ganz dummer Mensch ist. Seine Behauptung ist jedoch vom gleichen Schlag wie die Adams: »Das Weib hat mich verführt, und ich aß davon.« Es kann ihm doch kaum entgangen sein, daß die Kreuzigung von den Römern vorgenommen wurde oder, um es in unsere Zeit zu transponieren, von den Franzosen (die Engländer sagten: »O je« und stimmten zu; die Amerikaner sagten: »Wie undemokratisch!« und schickten Photographen), und zwar aus dem frivolen Grund, daß Jesus ein politisches Ärgernis war. Die Juden forderten die Kreuzigung aus dem gewichtigen Grund, daß Jesus ihrer Ansicht nach der Blasphemie schuldig sei, weil er fälschlich behauptet hätte, der Messias zu sein. Jeder Christ ist natürlich sowohl Pilatus als auch Kaiphas.

IV

Wenn es eine Reaktion auf die Griechen gibt, die man im Vergleich zu früheren Zeiten als typisch für unsere Zeit bezeichnen kann, so ist es, glaube ich, das Gefühl, daß sie ein äußerst seltsames Volk waren, so seltsam, daß wir, wenn wir bei ihnen etwas finden, das unserer Art des Denkens gleicht, sofort annehmen, wir hätten die Stelle mißverstanden. Am meisten fällt uns auf, wie verschieden die Griechen von uns waren, wie anders geartet als die unseren ihre Annahmen und die Fragen, die sie stellten.

Nehmen wir zum Beispiel die folgende Passage aus dem *Timäus:*

> Diese ganze Schlußfolge des immer seienden Gottes in bezug auf den sein werdenden Gott ließ ihn denselben glatt und ebenmäßig und vom Mittelpunkt aus nach allen Richtungen gleich, als ein Ganzes und einen vollkommenen, aus vollkommenen Körpern bestehenden Körper gestalten. Indem er aber seiner Mitte die Seele einpflanzte, ließ er diese das Ganze durchdringen und auch noch von außen her den Körper umgeben und bildete den einen, alleinigen, einzigen Himmel, einen im Kreis sich drehenden Kreis, vermögend, durch eigene Kraft sich selbst zu befruchten, und keines anderen bedürftig, sondern sich selbst zur Genüge bekannt und befreundet; so erzeugte er ihn als einen durch dieses alles seligen Gott.
>
> (Übersetzung von Hieronymus Müller)

Diese Art des Denkens erscheint uns doch so ungewöhnlich wie die Sitten eines afrikanischen Stammes.

Sogar diejenigen unter uns, deren mathematisches Wissen äußerst gering ist, sind sosehr gewohnt, die Zahl als ein Instrument zur Erklärung der Natur aufzufassen, daß wir uns ebensowenig in einen Geisteszustand zurückdenken können, in dem die Zahlen als physische oder metaphysische Einheiten betrachtet wurden, so daß eine Zahl »besser« war als eine andere, wie wir zu einem Glauben an sympathische Magie zurückzukehren vermögen. Auch die platonische Annahme vom moralischen Wesen der Gottheit erscheint uns nicht weniger seltsam als deren Form. Wir mögen glauben oder nicht, daß Gott existiert, aber der einzige Gott, an den wir glauben können, ist ein Gott, der leidet, wie der christliche Gott, der seine Geschöpfe liebt und deswegen mit ihnen leidet; an einem Gott aber, der sich selbst genug ist und es auch bleiben will, fänden wir nicht genügend Interesse, um die Frage nach seiner Existenz überhaupt zu stellen.

Es ist unverschämt von mir, mich auf ein Gebiet zu wagen, auf dem so viele große und gute Männer ihr Leben lang gearbeitet haben. Ich kann dieses Vergehen nur dadurch zu mindern versuchen, daß ich meine Bemerkungen auf einen Aspekt des griechischen Denkens beschränke, von dem ich etwas mehr weiß als von anderen, nämlich auf einen Vergleich der verschiedenen griechischen Auffassungen des Helden mit unserer eigenen, zur Illustration ihrer und unserer Kultur.

V

Der homerische Held: Der homerische Held besitzt die militärischen Tugenden des Mutes, der Geschicklichkeit, der Großmut im Sieg und der Würde in der Niederlage in außergewöhnlichem Maß. Sein Heroismus zeigt sich in großen Taten, die von anderen beurteilt werden können, wobei sie zugeben müssen: »Er hat vollbracht, was wir nicht hätten vollbringen können.« Sein Motiv ist, Bewunderung und Ruhm bei Ebenbürtigen zu gewinnen, ob sie nun auf seiner Seite stehen oder seine Feinde sind. Der Kodex, nach dem er lebt, ist ein Kodex der Ehre, keine allgemeine Regel wie das Gesetz, sondern eine individuelle, deren Einhaltung er von sich selbst verlangt und in Anbetracht seiner Leistungen auch von anderen verlangen kann.

Er ist keine tragische Figur, das heißt, er leidet nicht mehr als andere, aber sein Tod hat ein außergewöhnliches Pathos – der große Krieger findet das gleiche Ende wie der niedrigste Knecht. Er existiert nur für den Augenblick, in dem es zum Zusammenstoß mit einem anderen Helden kommt; seine Zukunft formt die Traditionen der anderen. Das moderne

Gegenstück, das dem homerischen Helden am nächsten kommt, ist der Kampfflieger. Weil er so oft in Einzelkämpfe verwickelt wird, lernt er die einzelnen feindlichen Piloten kennen, und der Krieg wird mehr zu einem persönlichen Wettkampf als zu einer politischen Entscheidung; er hat sogar eine engere Beziehung zum feindlichen Flieger als zur eigenen Infanterie. Sein Leben ist so voll von Gefahren und von Fällen knappsten Entrinnens, die Wahrscheinlichkeit eines tödlichen Endes ist so groß, und die Auswirkungen glücklicher und unglücklicher Zufälle, eines plötzlichen Maschinenschadens oder eines unvorhergesehenen Wetterwechsels sind so schwerwiegend, daß der Zufall allen Anschein einer persönlich intervenierenden Macht gewinnt. Das Gefühl, gute Tage zu haben, an denen er gefeit ist, und böse Tage, an denen alles gegen ihn steht, und die Überzeugung, daß er sterben wird, wenn es das Schicksal will, aber nicht eher, werden fast unausweichlich zur Lebenshaltung.

Es gibt jedoch einen grundlegenden Unterschied zwischen dem Kampfflieger und dem homerischen Helden: Um die Analogie genau zu machen, müßte man sich vorstellen, daß alle Länder der Welt seit Jahrhunderten fortwährend im Krieg liegen und daß Kampfflieger ein erblicher Beruf geworden ist. Denn die *Ilias,* wie alle frühen Epen, setzt voraus – und das ist so seltsam für uns –, daß der Krieg der normale Zustand des Menschengeschlechts sei und der Friede nur eine zufällige Atempause. Im Vordergrund sind die Männer in den Kampf verbissen, töten oder werden getötet; ein wenig weiter weg stehen ihre Frauen, Kinder und Diener, die ängstlich den Ausgang des Kampfes abwarten; darüber schweben die Götter, die weder Sorgen noch Tod kennen, das Schauspiel mit Interesse verfolgen und manchmal eingreifen; und rundherum, gleichgültig und niemals wechselnd, die natürliche Welt des Himmels, des Meeres, der Erde. So sind die Dinge, so waren sie und so werden sie immer sein.

Der Ausgang eines Konfliktes kann daher keine moralische oder geschichtliche Bedeutung haben: Er bringt dem Sieger Freude und dem Besiegten Leid, aber keiner von beiden denkt daran, die Frage nach der Gerechtigkeit zu stellen. Vergleicht man die *Ilias* beispielsweise mit Shakespeares *Heinrich IV.* oder mit Tolstojs *Krieg und Frieden,* so sieht man, daß die neuzeitlichen Autoren sich vor allem mit historischen Fragen beschäftigen: »Wie kam Heinrich IV. oder Napoleon zur

Macht?« – »Was waren die Gründe für den Bürgerkrieg oder den Krieg zwischen den Staaten?«, und dann mit allgemeinen moralischen Fragen: »Was ist die moralische Auswirkung des Krieges auf den Menschen?«, »Was für Tugenden und Laster fördert der Krieg im Gegensatz zu denen, die der Frieden fördert?«, »Abgesehen von den Personen auf beiden Seiten, hat die Besiegung Hotspurs und Napoleons die Errichtung einer gerechten Gesellschaft erleichtert oder erschwert?«. Diese Fragen wären Homer bedeutungslos erschienen. Er nennt wohl einen Grund für den trojanischen Krieg, den Apfel der Zwietracht, aber das ist sowohl ein göttlicher Grund, das heißt außerhalb jeder menschlichen Macht, als auch ein frivoler, das heißt, Homer nimmt ihn nicht ernst, sondern verwendet ihn nur als »Aufhänger« für seine Geschichte.

Er fällt wohl moralische Urteile über seine Helden. Achilles hätte den Griechen nicht so lange seine Hilfe verweigern sollen wegen seines Streits mit Agamemnon, und er hätte den Leichnam Hektors nicht so mißhandeln sollen, aber das sind geringe Vergehen, die weder den Ausgang des Krieges beeinflussen noch Achills Heldentum schmälern, das sich in seinem Sieg über Hektor bewährt.

Das Pathos von Hektors Tod ist einfach: der edlere Charakter unterliegt; das Pathos von Hotspurs Tod ist ironisch: er ist ein viel sympathischerer Charakter als Prinz Heinz, aber er stirbt in Verteidigung der falschen Sache.

Ferner kann es in der homerischen Welt, wo der Krieg die Norm ist, keine Kritik am kriegerischen Helden als solchen geben. Der Jähzorn Achills konnte nie ein tragischer Charakterfehler sein wie der des Shakespearschen Coriolan. Homer hätte wohl schildern können, wie Achilles ein Bad nimmt, aber es wäre einfach eine Schilderung gewesen, wie ein Held ein Bad nimmt, und nicht, wie in der Beschreibung Tolstojs vom Bad Napoleons, eine Enthüllung, daß der kriegerische Held ein einfacher Sterblicher ist, genauso schwach wie irgendeiner der Tausende, für deren Tod er verantwortlich ist.

Obwohl es ungerecht wäre, den homerischen Helden als eine bloße Marionette der Götter zu bezeichnen, so ist doch der Raum seines freien Willens und seiner Verantwortlichkeit ziemlich eng umgrenzt. Vor allem wird er schon als Held geboren (in vielen Fällen ist er der Sohn eines unsterblichen Vaters), so daß er, obwohl er tapfere Taten vollbringt, doch nicht in unserem Sinn tapfer genannt werden kann, da er niemals Furcht empfindet. Zweitens werden ihm die Situationen, in denen er sein Heldentum zeigen kann, vorgegeben: er kann manchmal die Wahl treffen, diesen oder jenen Gegner zum Kampf zu fordern oder nicht, aber er kann weder seinen Beruf wählen, noch die Seite, auf der er kämpft.

Die Welt Homers ist unerträglich traurig, weil sie niemals den unmittelbaren Augenblick transzendiert; man ist glücklich, man ist unglücklich, man siegt, man verliert, und schließlich stirbt man. Das ist alles. Freude und Leid sind einfach das, was man in einem bestimmten Augenblick fühlt, darüber hinaus haben sie keine Bedeutung, sie vergehen, wie sie gekommen sind, sie weisen keine Richtung, sie ändern nichts. Es ist eine tragische Welt, aber eine Welt ohne Schuld, denn ihre tragischen Fehler sind keine Fehler der menschlichen Natur, noch weniger solche eines individuellen Charakters, sondern Fehler in der Natur der Existenz.

Der tragische Held: Der Krieger-Held der homerischen Epen (und sein ziviles Gegenstück, der Athlet der Oden Pindars) ist ein aristokratisches Ideal. Ihm soll jedes Mitglied der regierenden Klasse nacheifern, jedes Mitglied der untergeordneten Klasse soll ihn neidlos bewundern und ihm ohne Groll gehorchen; er ist die engste Annäherung an einen Gott – das göttliche Wesen als Inbegriff der Stärke verstanden –, die einem Menschen möglich ist.

Der tragische Held ist kein Ideal, sondern eine Warnung, und die Warnung wird nicht an ein aristokratisches Publikum gerichtet, das heißt an andere potentielle Helden, sondern an den *demos,* das heißt an den kollektiven Chor. Am Anfang des Stückes erscheint der tragische Held auf dem Höhepunkt seines Ruhms und Glücks, ein Mann von Adel und Verdienst, der bereits *arete* im Sinn Homers gezeigt hat. Am Ende erfährt er außergewöhnliches Leid, das heißt, er leidet mehr als der Chor der durchschnittlichen Bürger, die nichts Besonderes erreicht haben. Er leidet, nicht weil er mit anderen Menschen, sondern weil er mit dem universalen Gesetz der Gerechtigkeit in Konflikt gekommen ist. In der Regel ist jedoch das Verbrechen, dessen er sich schuldig gemacht hat, nicht seine eigene bewußte Wahl in dem Sinn, daß er es hätte vermeiden können. Die typische tragische Situation bei den Griechen ist eine, in der alles, was der Held nur tun kann, falsch ist – Agamemnon muß entweder seine Tochter töten oder seine

Pflicht gegenüber dem Heer verraten, Orestes muß entweder den Befehlen Apollons zuwiderhandeln oder des Muttermords schuldig werden, Ödipus muß entweder darauf beharren, weiterzufragen, oder Theben durch die Pest zerstören lassen, Antigone muß entweder ihre Pflicht gegenüber dem toten Bruder oder gegenüber ihrer Stadt verletzen usw. Die Tatsache aber, daß der Held sich in einer tragischen Situation befindet, wo er unwissentlich gesündigt hat oder gegen seinen Willen sündigen muß, ist ein Zeichen dafür, daß er einer anderen Sünde schuldig ist, für die die Götter ihn verantwortlich machen, nämlich der Sünde der *hybris*, des übermäßigen Selbstvertrauens, das ihn glauben macht, daß er mit seiner *arete* ein Gott sei, den kein Leid befallen könne. Manchmal, aber nicht immer, zeigt er diese *hybris* in Taten – Agamemnon schreitet über den purpurnen Teppich, Darius versucht, eine Brücke über den Hellespont zu schlagen. Aber auch wenn er es nicht tut, so muß man annehmen, daß er der *hybris* schuldig ist, sonst würde er nicht damit bestraft werden, daß er in andere Sünden verfällt. Aus dem Sturz des tragischen Helden vom Glück ins Unglück lernt der Chor, daß der homerische Held nicht der Idealmensch ist, dem man nacheifern oder den man bewundern soll. Im Gegenteil, der Starke wird durch seine Stärke verführt, zu freveln, wofür er von den Göttern bestraft wird, denn die Götter sind nicht Götter, weil sie von idealer Stärke, sondern weil sie von idealer Gerechtigkeit sind. Ihre Stärke ist nur das Instrument, mit dem sie ihre Gerechtigkeit durchsetzen.

Der ideale Mensch, dem jedes Mitglied der Demokratie nacheifern soll, ist nicht die aristokratische heroische Persönlichkeit, sondern der gewöhnliche gesetzesfürchtige Bürger, der nicht stärker und ruhmreicher sein möchte als jeder andere.

Auch hier, wie bei Homer, befinden wir uns in einer ganz fremden Welt. Wir sind so sehr zu glauben gewohnt, daß die Handlungen eines Menschen ein Mischprodukt sind aus seinem eigenen freien Willen, für den er verantwortlich ist, und aus Umständen, für die er es nicht ist, daß wir eine Welt nicht verstehen können, in der eine Situation allein einen Menschen schuldig macht. Nehmen wir zum Beispiel die Geschichte von Ödipus. Da ist ein Mann, der eine Prophezeiung hört, daß er seinen Vater töten und seine Mutter heiraten wird, und zu verhindern sucht, daß sie sich erfüllt, aber vergebens. Wie würde ein neuzeitlicher Autor dieses Thema behandeln? Er würde argumentieren, daß es nur eine einzige Möglichkeit für Ödipus gibt, sich der Erfüllung der Prophezeiung zu entziehen, nämlich nie jemanden zu töten und nie zu heiraten. Er würde daher zuerst zeigen, wie Ödipus Theben verläßt und diese beiden Vorsätze faßt. Er würde ihn dann in zwei Situationen geraten lassen, erstens in eine, in der er von einem Mann tödlich beleidigt wird, und zweitens in eine, in der er sich leidenschaftlich in eine Frau verliebt, die seine Liebe erwidert, also in Situationen der *Versuchung,* in denen er zwischen dem Wunsch, das zu tun, was er möchte, und seinen Vorsätzen hin und her gerissen wird.

Er gibt beiden Versuchungen nach, er tötet den Mann und heiratet die Frau und entschuldigt sich dabei vor sich selbst, in dem er nämlich, anstatt zu sagen: »Es gibt eine, wenn auch geringe Möglichkeit, daß die beiden mein Vater und meine Mutter sind, also kann ich es nicht tun«, sagt: »Es ist ganz unmöglich, daß sie mein Vater und meine Mutter sind, daher kann ich meinen Vorsatz preisgeben.« Unglücklicherweise stellt sich natürlich heraus, daß die geringe Möglichkeit die Wirklichkeit ist.

Bei Sophokles geschieht nichts dergleichen. Ödipus trifft einen alten Mann auf der Straße, sie geraten über eine Nichtigkeit in Streit, er tötet den alten Mann. Er kommt nach Theben, löst das Rätsel der Sphinx und schließt eine politische Heirat. Wegen dieser beiden Taten fühlt er keine Schuld, und man erwartet auch nicht, daß er sich schuldig fühle. Erst als sich herausstellt, daß der Mann sein Vater und die Frau seine Mutter ist, wird er schuldig. Zu keiner Zeit war er sich der Versuchung bewußt, etwas zu tun, das er nicht tun sollte, so daß es zu keinem Zeitpunkt möglich ist, zu sagen: »Hier hat er den schicksalhaften Fehler begangen.«

Die Ursünde des griechischen tragischen Helden ist die *hybris,* der Glaube, den Göttern gleich zu sein. Niemand kann sich zur *hybris* verführen lassen, ausgenommen einer, der außergewöhnliches Glück hat. Manchmal kann er seine *hybris* direkt zeigen, aber sie ändert seinen Charakter in keiner Weise, er wird nur von den Göttern dadurch bestraft, daß er unwissentlich oder unwillentlich sündigt.

Die Ursünde des neuzeitlichen tragischen Helden ist die Hoffart, die Weigerung, seine Grenzen und Schwächen, die er kennt, hinzunehmen, die Entschlossenheit, der Gott, der er nicht ist, zu *werden*. Ein Mann muß daher nicht Glück haben, um zur Hoffart verführt zu werden: einem Unglücklichen wie Richard Gloucester mit seinem Buckel kann es genauso geschehen. Hoffart kann sich nie direkt manifestieren, weil sie eine rein subjektive Sünde ist. Selbsterforschung kann mir zeigen, daß ich gierig oder neidisch bin, aber sie kann mir nie zeigen, daß ich hoffärtig bin, denn meine Hoffart ist, wenn sie existiert, enthalten in dem »Ich«, das sich betrachtet. Ich kann jedoch schließen, daß ich hoffärtig bin, weil die Gier und der Neid, die ich in mir beobachten kann, von der Hoffart und nur von ihr herrühren.

Die sekundären Sünden, in die unser tragischer Held verfällt und die zu seinem Untergang führen, sind daher keine göttliche Strafe für seine ursprüngliche Sünde, sondern deren Folgen, und er ist für sie ebenso verantwortlich wie für die erste. Er ist kein unwissentlicher Sünder, sondern einer, der sich selbst betrügt, der sein Schuldbewußtsein unterdrückt. Wenn Orestes Klytemnästra erschlägt, ahnt er nicht, daß die Furien ihn verfolgen werden. Wenn die Macbeths ihre Morde planen, versuchen sie sich selbst einzureden, daß sie keine Gewissensqualen leiden werden, doch in ihren Herzen wissen sie es sehr wohl.

In der griechischen Tragödie ist das Leid eine Heimsuchung vom Himmel, eine Strafe, die dem Helden von außen auferlegt wird. Indem er sie erträgt, sühnt er seine Sünden und endet versöhnt mit dem Gesetz, doch die Entscheidung, wann die Sühne erfüllt ist, liegt bei den Göttern. In der neuzeitlichen Tragödie ist jedoch diese äußere Art des Leidens, das die Großen und Irrenden zu Demut und Reue führt, nicht tragisch. Das wirklich tragische Leiden ist jenes, das der Held sich selbst schafft und auf dem er trotzig besteht, so daß es ihn nicht nur nicht besser macht, sondern schlechter, und wenn er stirbt, ist er nicht mit dem Gesetz versöhnt, sondern verstockt, das heißt verdammt. Lear ist kein tragischer Held, wohl aber Othello.

Diese beiden Unterschiede zwischen der griechischen und der neuzeitlichen Tragödie in ihrer Auffassung erstens von der Beziehung der Ursünde, der *hybris,* des Helden zu seinen sekundären Sünden, und zweitens von Wesen und Funktion des Leidens ergeben verschiedene Haltungen gegenüber der Zeit.

Die Einheit der Zeit ist in der griechischen Tragödie nicht

nur möglich, sondern richtig und angemessen, weil die Charaktere sich nicht verändern, nur ihre Situationen, so daß die erforderliche dramatische Zeit einfach die Zeit ist, die zur Änderung der Situation notwendig ist. In der neuzeitlichen Tragödie ist die Einheit der Zeit möglich als eine technische *tour de force*, aber selten wünschenswert, weil es eine der Hauptaufgaben des Dramatikers ist, zu zeigen, wie seine Charaktere nicht nur durch den Wechsel der Situation geändert werden, sondern wie sie auch aktiv dazu beitragen, diese Situationen zu schaffen, und es ist fast unmöglich, dies in einem einzigen ununterbrochenen Zeitablauf zu zeigen.

Der erotische Held: Ungefähr drei Viertel der neuzeitlichen Literatur handeln von einem einzigen Thema, nämlich von der Liebe zwischen Mann und Frau, und gehen von der Annahme aus, daß die Liebe das wichtigste und wertvollste Erlebnis sei, das einem Menschen zuteil werden könne. Wir sind an diese Auffassung so gewöhnt, daß wir leicht vergessen, wie jung sie ist: vor dem zwölften Jahrhundert hat es sie noch nicht gegeben. In der griechischen Literatur zum Beispiel existiert sie nicht. Man findet dort zwei Haltungen: Da gibt es viele Gedichte in der Art von Serenaden – wie etwa »Warten macht uns doch nicht reich, Süße, komm und küß mich gleich« –, die eine einfache, gutgelaunte und unernste Sinnlichkeit ausdrückt. Es gibt auch, wie in den Gedichten der Sappho oder in der Geschichte von Jason und Medea, Beschreibungen ernster und wilder sexueller Leidenschaft, aber sie gilt nicht als etwas, auf das man stolz sein könnte, sondern als ein Unglück, als Werk der gnadenlosen Aphrodite, als eine schreckliche Tollheit, die einen dazu bringt, seine Würde zu verlieren und seine Freunde zu verraten, und von der jeder vernünftige Mensch verschont bleiben möchte. Unsere romantische Auffassung, daß die sexuelle Liebe den Charakter des Liebenden verändern und ihn zu einem Helden machen kann, war damals unbekannt.

Erst bei Platon finden wir billigende Beschreibungen von Gefühlen, die unserer Auffassung von romantischer Liebe näherkommen, aber die Unterschiede sind immer noch größer als die Ähnlichkeiten. Erstens wird angenommen, diese Art von Liebe sei nur in einer homosexuellen Beziehung möglich, und zweitens wird sie nur als unvermeidliches erstes Stadium im Wachstum der Seele anerkannt. Das höchste Gut ist die

Liebe zum Unpersönlichen als dem universellen Guten. Das Beste, was einem Menschen zuteil werden könnte, wäre die unmittelbare Liebe zum höchsten Guten, da aber seine Seele in Materie und Zeit gefangen ist, kann er nur schrittweise dorthin gelangen. Zuerst verliebt er sich in ein schönes Einzelwesen, dann schreitet er fort zur Liebe der Schönheit im allgemeinen, zur Gerechtigkeitsliebe und so weiter. Wenn erotische Leidenschaft solcherart verwandelt werden kann oder soll, dann war es Platons tiefe psychologische Einsicht und nicht bloß die kulturelle Struktur des erotischen Lebens in Griechenland, was ihn bewog, die heterosexuelle Beziehung auszuschließen, denn diese führt über sich hinaus nicht zum Universellen, sondern zu anderen Menschen, nämlich zur Familienliebe und zum Verantwortungsgefühl für die Familie, während die gleichgeschlechtliche Liebe, da sie selbst nirgends hinführt, frei ist, sich in jeder Richtung, die die Liebenden wählen, zu entwickeln, und diese Richtung sollte auf die Weisheit hinzielen, die, einmal errungen, sie in die Lage versetzt, die normalen Menschen zu lehren, wie sie eine gute Gesellschaft bilden können. Denn die Liebe soll nach ihrem sozialen und politischen Wert beurteilt werden. Die Ehe liefert das Rohmaterial, der maskuline Eros den Wunsch und die Fähigkeit, dieses Material in die richtige Form zu kneten.

Die beiden großen erotischen Mythen unserer Kultur, die in der griechischen Literatur keine Parallele haben, sind der Mythos von Tristan und Isolde oder »Die ganze Welt für die Liebe«, und der Gegenmythos von Don Juan, dem Verführer.

Tristan und Isolde besitzen beide heroische *arete* im epischen Sinn, er ist der tapferste Krieger, sie ist die schönste Frau, beide sind von edler Geburt. Sie können nicht heiraten, weil sie schon die Frau seines Königs und Freundes ist, aber sie verlieben sich dennoch ineinander. In einigen Versionen trinken sie, ohne es zu wissen, einen Liebestrank, der aber nicht eigentlich bewirkt, daß sie sich ineinander verlieben; sondern sie erkennen, daß sie einander bereits lieben, und akzeptieren dies als etwas Vorherbestimmtes und Unwiderrufliches. Ihre Beziehung ist nicht »platonisch« im konventionellen Sinn, aber die Schranken der Ehe und der Umstände geben ihnen wenig Gelegenheit, miteinander ins Bett zu gehen, und wenn sie eine Möglichkeit finden, sind sie nie sicher, ob es nicht das letzte Mal ist. Die Liebe, die sie für einander empfinden, ist absolut im religiösen Sinn, das heißt, jeder ist des anderen höchstes Gut, so daß nicht nur sexuelle Untreue unvorstellbar ist, sondern auch alle Beziehungen zu anderen Menschen und zur ganzen Welt jegliche Bedeutung verlieren. Obwohl aber ihre Beziehung der einzige Wert ist, der für sie existiert, so ist sie dennoch eine Qual, weil ihr sexuelles Verlangen nur der symbolische Ausdruck ihrer wahren Leidenschaft ist, des Verlangens zweier Seelen, sich zu vereinigen, eins zu werden, was unmöglich ist, solange sie zwei Körper haben, so daß ihr Ziel letztlich ist, miteinander zu sterben.

Don Juan hingegen ist kein epischer Held. Im Idealfall ist seine äußere Erscheinung die eines Mannes, der niemandem auffällt, weil er so absolut durchschnittlich wirkt, denn es ist für den Mythos wichtig, daß er, der Mann von heroischem Willen und heroischer Leistung, für den Außenstehenden wie ein Mitglied des Chors aussieht.

Wäre Don Juan entweder schön oder häßlich, dann würde er in den Frauen Gefühle erregen, ehe er noch sein Tun beginnt, und die Verführung wäre nicht absolut, das heißt, kein reiner Triumph seines Willens. Darum ist es wichtig, daß sein Opfer keine Gefühle für ihn hegt, solange er solche Gefühle nicht erregen will. Umgekehrt ist für ihn nicht wichtig, wie die Frau aussieht, sondern einzig die Tatsache, daß sie eine Frau ist; die Alten und Häßlichen sind ihm ebenso recht wie die Jungen und Schönen.

Der Tristan-und-Isolde-Mythos ist ungriechisch, weil kein Grieche einem anderen Menschen absoluten Wert hätte zuschreiben können; der Grieche konnte nur in vergleichenden Begriffen denken: Diese ist schöner als jene, dieser hat größere Taten vollbracht als ein anderer, etc. Der Don-Juan-Mythos ist ungriechisch, wie Kierkegaard gezeigt hat, nicht weil Don Juan mit vielen Frauen schläft, sondern weil er ein Register von ihnen anlegt.

Ein Grieche hätte es verstehen können, daß man ein Mädchen verführt, weil es anziehend ist, und es dann verläßt, weil man ein noch anziehenderes findet, und das erste vergißt. Er hätte aber nicht verstanden, daß man es tut, weil man sich entschlossen hat, der erste Geliebte jeder Frau auf der Welt zu sein, und weil die jeweils Verführte gerade der nächste Posten in dieser unendlichen Reihe war.

Tristan und Isolde leiden, weil sie bis zwei zählen müssen, während sie wünschen, nur bis eins zu zählen; Don Juan leidet, weil die Zahl seiner Verführungen, wie groß sie auch sei, doch eine endliche Zahl bleibt und er nicht ruhen kann, ehe er bis zur Unendlichkeit gezählt hat.

Der große Feind des einen wie der anderen ist die Zeit: Tristan und Isolde fürchten sie, weil sie Veränderung bringt und sie den Augenblick des tiefsten Gefühls für immer unverändert festhalten wollen – daher der Liebestrank und das unumgehbare Hindernis ihrer Lage, die als Abwehr gegen Veränderung dienen. Don Juan fürchtet die Zeit, weil sie Wiederholung zu bringen droht und er wünscht, daß jeder Augenblick absolut neu sei; daher besteht er darauf, für jedes seiner Opfer die erste sexuelle Erfahrung zu sein und nur einmal mit der Verführten zu schlafen.

Beide Mythen hängen mit dem Christentum zusammen, das heißt, sie konnten nur von einer Gesellschaft erfunden werden, die gelernt hatte, zu glauben, a) daß jedes Individuum für Gott von einmaligem und ewigem Wert ist, unabhängig von seiner sozialen Bedeutung in der Welt, b) daß die Hingabe an Gott ein Akt des freien Willens ist, eine absolute Hingabe, unabhängig von jedem Gefühl, mit unendlicher Leidenschaft vollzogen, und c) daß man sich weder vom Augenblick hinreißen lassen noch versuchen darf, ihn zu transzendieren, sondern daß man die Verantwortung für ihn übernehmen und dadurch Zeit in Geschichte verwandeln muß.

Beide Mythen sind Krankheiten der christlichen Phantasie, und obwohl sie herrliche literarische Werke inspiriert haben, war ihr Einfluß auf das menschliche Verhalten, vor allem in den frivolen, verwässerten modernen Versionen, die vergessen lassen, daß sowohl das romantische Liebespaar als auch der einsame Verführer zutiefst unglücklich sind, doch fast gänzlich ein schlechter. Wenn Eheleute sich scheiden lassen, weil sie einander nicht mehr als göttlich erscheinen und den Gedanken nicht ertragen, einen gewöhnlichen Menschen mehr als sich selbst lieben zu müssen, so handeln sie im Banne des Tristan-Mythos. Wenn ein Mann sich sagt: »Ich werde wohl alt, ich habe eine Woche lang keinen Verkehr gehabt. Was würden meine Freunde sagen, wenn sie das wüßten?«, dann spielt er den Don-Juan-Mythos. Es ist auch aufschlußreich – und hätte Platon interessiert, obwohl es ihn wahrscheinlich nicht verwundert hätte –, daß die Beispiele im wirklichen Leben, die der Urgestalt der beiden Mythen am nächsten kommen, in beiden Fällen nicht heterosexuell sind.

Die Tristan und Isolde, die man in Wirklichkeit trifft, sind meist lesbische Paare, und der Don Juan ist ein Päderast.

Der kontemplative Held: Der ideale Mann des griechischen Epos ist der Starke; der ideale Mann der griechischen Tragödie ist der einfache Bürger, voll Verehrung für das Gesetz; der ideale Mann der griechischen Philosophie hat etwas von beiden: wie der letztere hält er sich an das Gesetz, gleich dem ersteren ist er eine außergewöhnliche Persönlichkeit, kein Mitglied des Chors, denn zu lernen, wie man das Gesetz einhält, ist zu einer heroischen Aufgabe geworden, die über die Kräfte des Durchschnittsmenschen geht. Auf die Frage: »Was ist die Ursache von Übel und Leid?« kann Homer nur antworten: »Ich weiß es nicht, vielleicht eine Laune der Götter.« Die Tragödie antwortet: »Die Verletzung der Gesetze der Rechtschaffenheit und Gerechtigkeit durch anmaßende starke Männer.« Die Philosophie antwortet: »Unkenntnis des Gesetzes, die den Geist des Menschen zum Spielball seiner körperlichen Leidenschaften macht.«

Der homerische Held hofft, durch tapfere Taten Ruhm zu gewinnen, bevor er stirbt; der tragische Chor hofft, durch ein bescheidenes Leben dem Unglück bei Lebzeiten auszuweichen. Der kontemplative Held hofft auf ein höchstes Glück der Seele, sobald er gelernt hat, das wahre und ewige Gute zu erkennen und so seine Seele aus den Fesseln des Körpers und der Zeitlichkeit zu befreien; und darüber hinaus muß er die Gesellschaft lehren, wie sie dieselbe Freiheit von Ungerechtigkeit erlangen kann.

Theoretisch müßte die Möglichkeit dazu allen offenstehen, in der Praxis aber ist sie jenen vorbehalten, die der himmlische Eros mit Leidenschaft für das Wissen erfüllt hat und denen es ihre äußeren Umstände erlauben, ihr Leben der Suche nach Weisheit zu widmen. Der Dumme, der es nicht kann, der Frivole, der es nicht will, und der Arme, der keine Zeit dazu hat, sind ausgeschlossen. Sie mögen wertvolle soziale Funktionen haben, aber es ist nicht ihre Sache, zu sagen, wie die Gesetze der Gesellschaft aussehen sollen. Dies ist die Aufgabe des Philosophen.

Dieses Ideal ist uns fremder, als es auf den ersten Blick scheint. Wir sind mit zwei Arten kontemplativer Menschen vertraut: erstens mit dem religiös Kontemplativen, wie er von den verschiedenen Mönchs- und Nonnenorden oder von einzelnen Mystikern repräsentiert wird. Sein Ziel ist es, den verborgenen Gott zu erkennen, das Wesen hinter den Erscheinungen, aber er stellt sich diesen Gott als eine Person vor, das heißt, er versteht unter Wissen nicht objektives Wissen *über* etwas, das für alle gleich ist und, einmal erkannt, anderen vermittelt werden kann, wie die Wahrheiten der Mathematik, sondern eine subjektive Beziehung, die für jedes Individuum einmalig ist. Eine Beziehung kann niemals gelehrt werden, in sie muß man willentlich eintreten, und die einzige mögliche Methode, einen anderen zu überreden, ist das persönliche Beispiel. Wenn B ein Freund von A ist und C nicht, so kann B nicht durch Beschreibung des A den C zum Freund des A machen, aber wenn B, als Resultat der Freundschaft mit A, ein solcher Mensch geworden ist, wie C es gern wäre, jedoch nicht ist, dann könnte C sich entschließen, die Bekanntschaft von A zu suchen.

Objektives Wissen ist das Gebiet von Kontemplativen einer anderen Art, nämlich des Intellektuellen, des Wissenschaftlers, des Künstlers etc., und das Wissen, das sie suchen, ist kein Wissen über irgendein transzendentes Wesen, sondern eines über Erscheinungen. Der Intellektuelle braucht ebenso wie der religiöse Kontemplative eine individuelle Leidenschaft, aber sie beschränkt sich in seinem Fall auf die Suche nach Wissen; gegenüber dem Objekt seiner Suche, den Fakten, muß er leidenschaftslos sein.

Bei der griechischen Auffassung vom kontemplativen Helden verwirrt uns, daß diese beiden Formen der Wahrheitssuche unauflöslich miteinander vermischt sind; manchmal scheint er von einem transzendenten Gott zu sprechen, als wäre dieser ein passives Objekt, und anderswo spricht er von beobachtbaren Erscheinungen wie den Bewegungen der Planeten, als ob sie Personen wären, für die man eine persönliche Leidenschaft empfinden könnte. Nichts finden wir bei Platon verwirrender als die Art, wie er zum Beispiel mitten in einem Stück Dialektik etwas einfügt, das er selbst als Mythos bezeichnet, ohne aber ein solches Vorgehen für ungewöhnlich zu halten.

Es ist schwer zu sagen, ob die Griechen in ihrem Denken mehr anthropomorph waren als wir oder weniger. Einerseits wird in der griechischen Kosmologie alles in der Natur als lebendig gedacht; die Naturgesetze sind nicht Beschreibungen des tatsächlichen Verhaltens der Dinge, Gesetze *von* den

Dingen, sondern, wie menschliche Gesetze, Gesetze *für* die Dinge, denen sie gehorchen sollen, die sie aber auch verletzen können. In der griechischen politischen Theorie anderseits werden die menschlichen Wesen so gesehen, als ob sie bloß der Stoff wären, aus dem der Meisterpolitiker durch seine *techne* die gute Gesellschaft formt, wie ein Töpfer aus Lehm eine Vase macht.

Für die Griechen war der wesentliche Unterschied zwischen dem Menschen und der Natur, daß der Mensch seine Vernunft gebrauchen kann, wenn er will, während für uns der essentielle Unterschied darin besteht, daß der Mensch ein Ich hat, das heißt, daß er, und soweit wir wissen, er allein außer Gott, sich seiner Existenz bewußt ist, und dieses Bewußtsein hat er, ob er will oder nicht, ob er intelligent ist oder nicht. Die Griechen hatten daher keinen wirklichen Begriff vom Willen zum Unterschied vom Wunsch, so daß sie zwar natürlich die psychologische Tatsache der Versuchung beobachtet hatten und wußten, daß man etwas als schlecht Erkanntes trotzdem wünschen kann, dies aber nicht zu erklären vermochten. Der schwächste Punkt in der griechischen Ethik ist die Analyse der Willensfreiheit. Dies ist um so ernster, als die Politik keineswegs an der Peripherie, sondern im Zentrum der griechischen Philosophie steht. Die Bildung der guten Gesellschaft kommt zuerst, die Suche nach persönlicher Erlösung oder nach wissenschaftlichen Erkenntnissen über die Materie und nach imaginativen Erkenntnissen über die menschliche Seele kommt danach. Indem die Griechen als Quelle des Guten die Vernunft und nicht den Willen ansahen, verurteilten sie sich zu der hoffnungslosen Aufgabe, die ideale Gesellschaftsform zu finden, die, wie die Wahrheiten der Vernunft, überall und für alle gültig sein sollte, unabhängig von nationalen Eigenheiten und historischen Umständen.

Ein Begriff ist entweder wahr oder falsch. Jemand, der sich einen falschen Begriff macht, kann durch Argumente zu einem richtigen gebracht werden, aber das bedeutet nicht, daß der falsche Begriff in den wahren eingegangen ist. Es gibt immer einen Punkt in der Dialektik, wie der Augenblick der Erkenntnis in der Tragödie, wo der Umschwung eintritt und der falsche Begriff aufgegeben wird, in der Einsicht, daß er immer schon falsch war. Der dialektische Prozeß mag Zeit brauchen, aber die Wahrheit, die er entdeckt, hat keine Geschichte.

(Ich weiß nicht, ob es da einen historischen Zusammenhang gibt, aber wenn ich Platons Dialoge lese, muß ich immer an die Stichomythie der Tragödie denken. Es scheint auch eine Parallele zwischen der Rolle der sokratischen Dialektik in der Erziehung des Verstandes und der Rolle der freien Assoziation in der psychoanalytischen Erziehung der Gefühle zu geben. Beide werden aus der Beobachtung entwickelt, daß Tugend nicht lehrbar ist, das heißt, daß die Wahrheit nicht einfach vom Lehrer vorgetragen und vom Schüler auswendig gelernt werden kann, weil die Resultate des Lernens nicht getrennt werden können vom Prozeß des Suchens, den jeder Mensch selbst aus erster Hand erleben muß.

Sowohl gegen die sokratische als auch gegen die psychoanalytische Technik können dieselben Einwände vorgebracht werden. Sie benötigen eine individuelle Aufsicht und brauchen sehr lange, was sie für die meisten zu teuer macht, und sie setzen vom Schüler oder vom Patienten eine echte Leidenschaft für die Wahrheit oder die Gesundheit voraus. Wenn die Leidenschaft für die Wahrheit fehlt, ist die Dialektik nur eine Technik zur Vermeidung von Schlußfolgerungen, ebenso wie die Selbsterforschung, wenn die Leidenschaft für die Gesundheit fehlt, nur zur Rechtfertigung der Neurose dient.

Sokrates war ungerecht zur Akademie und überschätzte seine eigene Erziehungsmethode, aber er hatte vielleicht nicht ganz unrecht, wenn er glaubte, daß seine Methode für die Nöte des durchschnittlichen Schülers und die Fähigkeiten des durchschnittlichen Lehrers besser geeignet sei. Es war jedenfalls seine Methode, die von den Römern übernommen und an uns weitervererbt wurde.)

Betrachtet man das politische Problem als das Problem, die ideale Organisationsform zu finden, so führt dies entweder, wenn man weiß, daß man sie nicht gefunden hat, zur politischen Verzweiflung oder, wenn man glaubt, es sei einem geglückt, zur Verteidigung der Tyrannis. Denn wenn man voraussetzt, daß Menschen, die in einer schlechten Ordnung leben, keinen guten Willen haben können und Menschen, die in der richtigen Ordnung leben, keinen bösen, dann ist Zwang nicht nur nötig, um die richtige Ordnung herzustellen, sondern er wird sogar zur moralischen Pflicht des Herrschers.

Der *Staat,* die *Gesetze* und sogar die *Politeia* sollten in Verbindung mit Thukydides gelesen werden. Nur eine so verzweifelte Situation, wie der Historiker sie beschreibt, kann in den Philosophen, die nach einem Heilmittel suchten, einen Radikalismus hervorgerufen haben, der völlig mit der Vergangenheit brechen wollte, um eine neue Gesellschaft *ab initio* zu bauen, und zugleich solch einen pathologischen Horror vor Uneinigkeit und Wandel. Wir, die wir in einem Zeitalter ähnlicher Kämpfe im Weltmaßstab leben, waren Zeugen des Wiederauftretens ähnlicher Symptome sowohl auf der Rechten als auch auf der Linken, im wirtschaftlichen wie auch im psychischen Epizentrum.

Wir haben auch mit eigenen Augen gesehen, wie die Theorie kreativer Politik in die Praxis umgesetzt wurde, und das Schauspiel ist alles andere als utopisch. Diese Erfahrung, die uns zwingt, Platons politische Dialoge ernstzunehmen und sie nicht nur als spielerische Übungen in Logik anzusehen, hat, wie ich glaube, auch unsere Einstellung zu den anderen Dialogen verändert. Wenn es eine wesenhafte und nicht nur eine zufällige Beziehung zwischen Platons Metaphysik und seiner Politik gibt und diese uns katastrophal falsch erscheint, dann muß es auch in jener einen entscheidenden Fehler geben, den wir unbedingt entdecken müssen, wenn wir einen positiven Ersatz für die platonische Lösung politischer Krisen anbieten wollen.

Der komische Held: »Die Komödie«, sagt Aristoteles, »ist eine Nachahmung von Menschen, die schlechter sind als der Durchschnitt; schlechter jedoch nicht in bezug auf alle Arten von Fehlern, sondern in bezug auf einen besonderen, nämlich den der Lächerlichkeit, die eine Form der Häßlichkeit ist. Die Lächerlichkeit kann definiert werden als eine Mißbildung oder eine Abnormität, die anderen weder Schmerz noch Schaden zufügt.«

Die primitivste Form der Komödie scheinen Geschichten gewesen zu sein, in denen erstens Götter und zweitens Heroen und Herrscher sich in unwürdiger und lächerlicher Weise betragen, das heißt, nicht besser als der Durchschnittsmensch, der ihre *arete* nicht besitzt, sondern eher schlechter. Solche primitive Komödien sind verbunden mit Festen der Zügellosigkeit, bei denen den Ressentiments der Kleinen und Schwachen gegen die Großen und Starken freie Bahn gewährt wird, damit am nächsten Morgen, wenn die Regeln des Respekts wieder in Kraft treten, die Luft gereinigt ist.

Wenn, wie in Athen, ein wachsender Rationalismus zu dem

Glauben führt, daß die Götter ihre eigenen Gesetze einhalten, und die politische Macht in den Händen einiger weniger konzentriert wird, dann findet die Komödie neue Opfer und neue Themen.

Es sind nicht länger die Herrschenden als Klasse, sondern bestimmte öffentliche Persönlichkeiten, über die man sich lustig macht, nicht um die Autorität als solche geht es, sondern um aktuelle politische Fragen. Das Gelächter des Publikums ist nicht der kompensatorische Ausbruch der Schwachen gegen jene, die über dem Gesetz stehen, sondern das vertrauliche Lachen von Leuten, die ihre Stärke kennen, das heißt entweder die Verachtung der normalen Mehrheit für die exzentrische oder arrogante Persönlichkeit, deren Benehmen nicht so sehr über dem Gesetz als außerhalb des Gesetzes steht, oder die Polemik einer politischen Partei gegen ihre Rivalin. Die Zielscheibe einer solchen Komödie ist der Mensch, der die ethische Norm verletzt, weil er sie nicht als bindend erachtet, der also kein soziales Gewissen hat. In der Folge stößt er nicht mit dem Gesetz selbst zusammen – es wäre unter der Würde des Gesetzes, sich mit denen zu befassen, die es nicht anerkennen –, sondern nur mit anderen Menschen, die ebenso wie er selbst außerhalb des Gesetzes stehen. Er leidet, aber das Publikum leidet nicht mit ihm, weil es sich nicht mit ihm identifiziert. Auch sein Leiden ist lehrreich: Er wird dadurch von seiner individualistischen Manie geheilt und lernt, dem Gesetz zu gehorchen, aus Vorsicht, wenn schon nicht aus Gewissensgründen.

Dieser zweite Komödientypus wurde von den Griechen erfunden und hat sich in Europa zur Charakterkomödie, wie in den Stücken Ben Jonsons, und zum Sitten- und Problemstück entwickelt. Wenn man das Fehlen echter Poesie außer Betracht läßt, dann kommen die Operetten von Gilbert und Sullivan im Englischen dem aristophanischen Komödientypus am nächsten.

Es gibt jedoch eine dritte Art, die die Griechen nicht hatten – das größte Beispiel ist Don Quichote –, in der die komische Figur zugleich der Held ist. Das Publikum bewundert denselben Menschen, den es auslacht. Diese Art der Komödie basiert auf dem Bewußtsein, daß die Beziehungen zwischen dem Individuum und der Gesellschaft und beider zum wahren Guten unlösbare Widersprüche enthalten, die weniger komisch als ironisch sind. Der komische Held ist komisch, weil er anders ist als seine Mitmenschen, entweder weil er sich wie Don Quichote weigert, ihre Werte anzunehmen, oder weil er sich wie Falstaff weigert, gleich den anderen Lippenbekenntnisse zu Werten abzulegen, an die man sich im Leben nicht hält; zugleich ist er ein Held, weil er eine Individualität ist, und keine Individualität zu sein und sich auf eine bestimmte Art und Weise zu betragen, nur weil alle anderen dies tun, ist ebenfalls eine komische Verrücktheit.

Der tragische Held leidet, und das Publikum, das sich mit ihm identifiziert, leidet auch; das komische Opfer leidet, aber das Publikum, das sich ihm überlegen fühlt, leidet nicht. Die Beziehungen des komischen Helden und des Publikums zum Leiden sind ironisch. Das Publikum sieht, wie der Held unterdrückt und besiegt wird, was man als Leiden betrachten würde, aber es geht ja gerade darum, daß der Held darunter keineswegs leidet, er genießt es im Gegenteil, entweder weil er kein Schamgefühl hat oder weil er sein Unglück als Beweis dafür ansieht, daß er recht hat.

Einer solchen Gestalt am ähnlichsten ist unter den Griechen natürlich Sokrates. In seiner Person enthüllt er den von Nietzsche verabscheuten Widerspruch zwischen seiner subjektiven seelischen *arete* und seinem offensichtlichen Mangal an objektiver *arete;* er, als der beste Mensch, ist der häßlichste. Er erleidet den Tod von der Hand der Gesellschaft und betrachtet sein Schicksal nicht als tragisch. Für die Griechen ist er jedoch beides zugleich, für Aristophanes ein Ziel des Spottes, für Platon ein tragischer Märtyrer, der leidet, weil die falsche Partei an der Macht war, der Mensch, der die »wahre Gesellschaft« repräsentiert. Die Auffassung, daß jeder, der beansprucht, eine Ausnahme zu sein, der Hoffart schuldig ist, und daß alle Gesellschaften und Parteien, gute und schlechte, unrecht haben, bloß weil sie Kollektive sind, wäre ihnen unverständlich gewesen, ebenso wie die christliche Auffassung, daß Jesus entweder der eingeborene Gott war oder kein guter Mensch, und daß er nach römischem Gesetz zu Recht verurteilt wurde.

VI

Ich habe die Unterschiede zwischen der griechischen Kultur und unserer eigenen hervorgehoben, erstens, weil mir dies *ein* möglicher Aspekt eines unerschöpflichen Themas zu sein scheint und man nicht alle Aspekte behandeln kann, und zweitens, weil ich keinen besseren Weg weiß, um anzudeuten, was wir den Griechen schulden, als die Unterschiede aufzuzeigen, denn das ist die Vorgangsweise, die vielleicht dem griechischen Geist am besten entspricht.

Sie haben uns nicht gelehrt, zu denken – das haben alle Menschen immer schon getan –, sondern über unser Denken nachzudenken, Fragen zu stellen wie: »Was denke ich?« – »Was denkt diese oder jene Person, dieses oder jenes Volk?« – »Worüber sind wir uns einig und worüber nicht? Warum?«. Sie haben nicht nur gelernt, Fragen über das Denken zu stellen, sie haben auch entdeckt, wie man, anstatt sofort Antwort zu geben, etwas als Möglichkeit ins Auge fassen und sich dann überlegen kann, was folgen würde, wenn es tatsächlich so wäre.

Um solche geistigen Operationen auszuführen, muß ein Mensch zuerst ungeheuren moralischen Mut und große Disziplin aufbringen, denn er muß gelernt haben, dem unmittelbaren Drängen der Gefühle und der körperlichen Bedürfnisse zu widerstehen und seine natürliche Sorge um die Zukunft hintanzustellen, so daß er sein Ich und seine Welt so betrachten kann, als wären sie nicht die seinen, sondern die eines Fremden.

Wenn sich inzwischen herausgestellt hat, daß die Griechen manche Fragen falsch gestellt haben und daß einige ihrer Antworten unrichtig waren, so ist dies nicht von Bedeutung. Hätte die griechische Kultur nie existiert, so würden wir vielleicht Gott fürchten und gerecht mit unseren Nächsten verfahren, wir würden Kunst betreiben und vielleicht sogar gelernt haben, einfachere Maschinen zu konstruieren, niemals aber hätten wir volles Bewußtsein erlangt, was besagen will, daß wir niemals, zum Guten oder Schlechten, völlig menschlich geworden wären.

Größe, die sich selbst findet

Dr. Erikson ist die glückliche Ausnahme, ein Psychoanalytiker, der den Unterschied zwischen einer Biographie und einer Fallgeschichte kennt. Als Therapie ist es das Ziel der Psychoanalyse, den Patienten von der Sklaverei des unpersönlichen Verhaltens zu befreien, so daß er persönlicher Taten fähig wird. Eine Tat ist ein Akt, in dem der Handelnde sich willentlich anderen gegenüber aufschließt; Verhalten ist unwillkürlich und zeigt nicht eine einmalige Persönlichkeit, sondern entweder jene natürlichen Bedürfnisse, die allen Menschen gemeinsam sind, oder jene diagnostizierbaren Komplexe, die der Patient mit anderen gleichartigen Leidenden teilt. Dank der Psychoanalyse ist es nun allgemein bekannt, daß wir sehr häufig, wenn wir glauben, als wir selbst zu *handeln,* in Wirklichkeit nur ein *Verhalten* zeigen, und es ist eine der Aufgaben des Analytikers, seinen Patienten diese Illusion bewußt zu machen.

Von Berufs wegen, das heißt in seiner täglichen Ordinationspraxis, hat es der Analytiker mit Verhalten zu tun, nicht mit Handlungen. Ein Biograph hingegen befaßt sich mit Handlungen, mit jenen Geschehnissen im Leben seines Helden, die ihn von allen anderen Menschen unterscheiden. Biographische Studien großer Männer von Psychoanalytikern lassen im Leser allzuoft das Gefühl zurück: »Nun, wenn das wirklich alles über sein Leben ist, wo bleibt dann die Größe?« Die meisten großen Männer, die Taten vollbringen, welche den Gang der Geschichte beeinflussen, oder Worte setzen, die ihren eigenen Tod überleben, haben an kritischen Punkten ihres Lebens ein äußerst neurotisches Verhalten an den Tag gelegt, ihre Größe aber kann nicht in den Begriffen ihrer Neurosen wegerklärt werden. Hätte beispielsweise Hölderlin nicht an Schizophrenie gelitten, so wären seine Gedichte anders gewesen – er hätte vielleicht gar keine geschrieben –, aber seine Schizophrenie erklärt nicht, warum seine Gedichte gut sind und warum man sofort erkennt, daß sie von Hölderlin und keinem anderen stammen.

In seiner Untersuchung der psychologischen Krisen in Luthers Leben bis zum Alter von dreiundvierzig Jahren läßt sich Dr. Erikson nie durch seine professionellen Kenntnisse über neurotisches Verhalten verleiten, zu vergessen, daß Luther als historische Persönlichkeit über Luther, den Patienten, hinausgeht. Zugleich aber behandelt er, von seinem Standpunkt ganz richtig, Luthers Geschichte als Psychoanalytiker, nicht als Theologe, als politischer Ökonom oder als Literaturkritiker.

> Da dieses Buch aber ein Geschichtsbuch ist, wird Religion uns hauptsächlich als Quelle von Ideologien für Menschen, die auf der Suche nach sich selbst sind, beschäftigen. Ich schildere das Ringen eines späteren Großen um seine Identität – hierbei geht es mir weniger um die Gültigkeit der Dogmen, die seinen Gehorsam forderten, oder um die Philosophien, die sein systematisches Denken beeinflußten, als um das geistliche und geistige Milieu, das die Ismen jener Zeit (und diese Ismen mußten religiös sein) seiner leidenschaftlichen Suche boten. ... in unserem Buch bedeutet *Ideologie* die dem religiösen, wissenschaftlichen und politischen Denken zugrunde liegende Tendenz, zu gegebener Zeit Tatsachen für Ideen und Ideen für Tatsachen verantwortlich zu machen, um ein Weltbild zu schaffen, das den kollektiven und den individuellen Sinn der Persönlichkeit überzeugend verteidigt ... In gewissen Perioden seiner Geschichte und in gewissen Lebensphasen braucht der Mensch ... eine neue ideologische Ausrichtung so notwendig, wie er der Luft und der Nahrung bedarf.

Im Leben von Menschen, die eine Biographie verdienen, gibt es, Dr. Erikson zufolge, gewöhnlich drei Perioden psychologischer »Krisen«: die Identitätskrise, die Produktionskrise und die Integritätskrise. Im allgemeinen tritt die erste in der Jugend, die zweite in mittleren Jahren und die dritte im Alter ein, doch überschneiden sie sich meist, und ihre Intensität und Dauer sind von Person zu Person verschieden.

In der Identitätskrise sucht der junge Mann oder das junge Mädchen eine Antwort auf die Frage: »Wer bin ich wirklich, zum Unterschied von dem, was andere in mir sehen oder aus mir machen wollen?« Das ist eine Krise des Bewußtseins. Die Produktionskrise ist eine Krise des Gewissens. Die Frage, die nun beantwortet werden soll, lautet: »Ich habe dieses und jenes getan. Meine Taten haben andere auf diese oder jene Art beeinflußt. Habe ich richtig oder unrichtig gehandelt? Kann ich den Einfluß, den ich willentlich oder unwillentlich auf andere ausgeübt habe, rechtfertigen?« Bei beiden Krisen geht es vor allem um Fragen von Freiheit und Wahl. Die Integritätskrise des Alters betrifft Schicksal und Notwendigkeit. Wie Dr. Erikson sagt, verlangt sie »das Hinnehmen des eigenen einmaligen Lebensablaufs als gegeben und durch nichts ersetzbar ... das Wissen, daß ein eigenes individuelles Leben das zufällige Zusammentreffen *eines* Lebenszyklus mit *einem* historischen Geschichtsabschnitt ist«.

In *Der junge Mann Luther* schildert Dr. Erikson die Entwicklung Luthers bis zum Beginn seiner Produktionskrise, die sich zu entwickeln begann, als er Ehemann, Vater und eine weltbekannte Persönlichkeit geworden war. In ein oder zwei Bemerkungen deutet der Autor an, daß seiner Meinung nach Luther in der Lösung dieser Krise weniger erfolgreich war als bei der Identitätskrise, doch beschränkt er seine Studie auf die letztere.

Luther pflegte sich in seinem späteren Leben als Sohn armer Eltern zu bezeichnen. Dies war, wie Dr. Erikson zeigt, weitgehend Phantasie. Hans Luder war wohl ein Bauernsohn, gab aber die Landwirtschaft auf und wurde Bergmann.

> Das Leben eines Bergmanns war zu jener Zeit hart, aber angesehen und wohlgeregelt. Unbeeinflußt vom Römischen Recht, war es weit davon entfernt, Sklavenarbeit zu sein und besaß eine eigengesetzliche Würde. Es unterlag Hygienevorschriften. Der Lohn war bei einer Höchstzahl von Arbeitsstunden gering. Mit seiner Arbeit als Bergmann entging Hans Luder nicht nur der Proletarisierung des landlosen Bauern und ungelernten Arbeiters; er war sogar erfolgreich genug, sich einen Platz in der leitenden Schicht der Miteigentümer des Hüttenbetriebes zu erobern ... Hans Luder einen Bauern zu nennen, wäre deshalb entweder ein Zeichen von Sentimentalität oder von Geringschätzung. Er war ein früher Kleinindustrieller und Kapitalist. Zuerst hatte Luder gearbeitet, um investieren zu können, und danach behütete er das Erworbene mit einer Art würdevoller Wildheit. Als er starb, hinterließ er ein Haus und 1250 Goldgulden.

Wie den meisten Vätern, die einen sozialen Aufstieg

begonnen haben, war ihm sehr daran gelegen, daß sein Sohn noch höher steigen sollte. Er schickte Martin in die Lateinschule und an die Universität und hoffte, der Sohn werde Jurist und vielleicht sogar Bürgermeister werden.

Eltern, die Ehrgeiz für ihre Kinder hegen, sind selten nachsichtig mit ihnen, und in einer Kultur, in der körperliche Bestrafung die normale Disziplinierungsmethode ist, sparen sie auch nicht mit Schlägen. Hans Luder hatte ein aufbrausendes Temperament, aber es gibt keinen Beweis dafür, daß er sadistischer gewesen wäre als der durchschnittliche Vater. Der Bericht des Sohnes über seine Reaktion auf die väterlichen Schläge ist aufschlußreich:

> Mein Vater stäupte mich einmal so sehr, daß ich ihn flohe und war ihm gram, bis er mich wieder zu sich gewöhnte.

Dieser Satz offenbart, wie Dr. Erikson zeigt, zwei Züge in der Beziehung zwischen Vater und Sohn: »Auch wenn er sich vor ihm fürchtete, konnte Martin den Vater nicht aufrichtig hassen, er konnte ihm nur ›gram sein‹. Und Hans, dem es nicht gegeben war, jemals Nähe zwischen sich und seinem Sohn zu schaffen, und den bisweilen mörderischer Zorn beherrschte, konnte ihn nicht lange lassen.«

Die meisten modernen Bücher über Kindererziehung warnen die Eltern, nicht ihren eigenen Ehrgeiz auf die Kinder zu projizieren und von ihnen allzu große Leistungen zu verlangen. Mir scheint diese Warnung nur in jenen Fällen angebracht, wo der Ehrgeiz der Eltern in keinem Verhältnis zu den tatsächlichen Begabungen des Kindes steht. Wenn das Kind dumm ist, dann ist es offensichtlich schädlich, Ärger oder Beschämung zu zeigen, weil es nicht Klassenbester ist, ebenso wie es falsch ist, wenn ein Vater seinen Sohn, der, sagen wir, zum Ingenieur begabt ist, zwingt, im Gemüsegeschäft der Familie zu arbeiten. Aber es gibt viele Fälle, wo der Ehrgeiz eines Vaters ganz berechtigt ist – wenn sein Kind begabt ist, auf die Art begabt, wie der Vater glaubt. Aus eigener Erfahrung würde ich sagen, daß in den meisten Fällen die Kinder von Eltern, die für sie ehrgeizig waren, Erfolg haben und ungeachtet aller Konflikte und Fehler in ihrem späteren Leben anerkennen, in welchem Maß sie ihren Erfolg dem hohen Leistungsniveau verdanken, das ihnen zu Hause abverlangt wurde. Hans irrte in seiner Ansicht, daß Martin eine weltliche Karriere einschlagen sollte, aber in jeder anderen

Hinsicht verstand er den Charakter seines Sohnes erstaunlich gut. Er wußte, als Martin noch vom Gegenteil überzeugt war, daß er nicht zum zölibatären Leben eines Mönchs berufen war, und zu gegebener Zeit verließ Martin das Kloster und heiratete. Der Vater hoffte, seinen Sohn im öffentlichen Leben erfolgreich zu sehen, und Martins Erfolg überstieg seine kühnsten Träume.

Die Reformationszeit könnte die Ära der rebellierenden Söhne genannt werden, aber diese Rebellion richtete sich mehr gegen die Väter im allgemeinen als gegen den eigenen Vater. Der Protestantismus setzte sich das Ziel, die kollektive äußere Stimme der Tradition durch die innere Stimme des individuellen Gewissens zu ersetzen, die, da sie dem Menschen innewohnt, sein Altersgenosse ist. In der Religion verlagert er das Schwergewicht von der menschlichen Vernunft, die eine Gabe ist, welche wir mit unseren Nächsten teilen, und dem menschlichen Körper, der zugleich mit anderen menschlichen Körpern an denselben liturgischen Handlungen teilnehmen kann, auf den menschlichen Willen, der einmalig ist und jedem Individuum allein zugehört.

Da diese Verinnerlichung des väterlichen Gewissens ein Prozeß ist, den jeder Mensch nur für sich selbst durchführen kann, wurden in der protestantischen Ära der Charakter und das Verhalten des leiblichen Vaters für die eigene Entwicklung bedeutungsvoller, als sie es früher gewesen, da eines Mannes Vater nur einer unter vielen Angehörigen der Väterklasse war.

In einer tieferen Schicht implizierte der Protestantismus eine Zurückweisung der Mutter – wobei Zurückweisung nicht dasselbe ist wie Rebellion. Die Prädestinationslehre, die Gottes Handlungen von menschlichem Standpunkt aus willkürlich erscheinen läßt, macht den Begriff der Notwendigkeit bedeutungslos und leugnet daher die geistige Relevanz der Tatsache, daß wir in einem naturnotwendigen Vorgang aus dem Körper unserer Mutter geboren wurden.

Die protestantische Frömmigkeit, mag sie noch so puritanisch sein, ist weniger asketisch als die katholische, eben weil sie dem Fleisch weniger spirituelle Bedeutung beimißt. Was immer man von Fasten oder Körperstrafen hält, diese Praktiken zeugen von dem Glauben, daß der Körper ein Partner der Seele im geistigen Leben sei.

Die Lehre von der Rechtfertigung durch den Glauben

leugnet diese Partnerschaft ausdrücklich, denn das Fleisch, das der Naturnotwendigkeit unterliegt, kann Glauben weder besitzen noch nicht besitzen, aber das Fleisch ist das einzige Mittel, durch welches Werke getan werden.

Sowohl während seiner Identitätskrise als auch in seinem späteren Leben dachte Luther viel über seine Beziehung zu seinem Vater und zu einem allzu männlichen Gott nach, aber viele Anzeichen deuten darauf hin, daß seine Mutter eine weit wichtigere Rolle in seinem Leben spielte, als ihm bewußt war. Wir wissen wenig von ihr, außer daß sie eine abergläubische Phantasie und einen etwas unterwürfigen Charakter besaß. Sie soll ihrem kleinen Sohn ein Wiegenlied gesungen haben: »Mir und dir ist niemand hold, das ist unser beider Schuld.« Es ist aber, wie Dr. Erikson sagt, außergewöhnlich selten, daß ein Mensch seine Identitätskrise erfolgreich löst, wenn die Beziehung zu seiner Mutter in seiner Kindheit nicht eine des Urvertrauens war. Luthers Laufbahn läßt darauf schließen, daß er sich in seiner Kindheit glücklich und sicher fühlte und daß Hans Luder, wie die meisten Väter, den kleinen Martin vor allem in der Obhut der Mutter ließ. Später jedoch, als er die Aufsicht und Erziehung seines Sohnes selbst übernahm, war seine Frau zu passiv, um sich zwischen die beiden zu stellen oder für die Rechte des Kindes einzutreten, wenn Papa unvernünftig oder ungerecht war. Wenn das Cranach-Porträt ähnlich ist, dann muß das Band der Identität zwischen Luther und seiner Mutter ungewöhnlich eng gewesen sein, denn Luther sieht auf dem Bild aus wie eine Frau in mittleren Jahren. Wir wissen auch, daß Luther im späteren Leben sehr dick geworden ist, und ein dicker Mann sieht immer aus wie eine Kreuzung zwischen einem kleinen Kind und einer schwangeren Frau. Und dann, wie verschieden auch die Ansichten über Luthers Theologie und seine Handlungen sein mögen, so hat doch noch nie jemand seine meisterliche Beherrschung der Muttersprache geleugnet, seine Fähigkeit, als Prediger die »Milch« des Wortes zu geben. (Luther selbst sagte: »Man muß predigen, wie eine Mutter ihr Kind säugt.«) Von den drei Arten menschlicher Aktivität – Arbeit, Produktion und Tat – kann man sagen, daß Arbeit geschlechtslos ist, Produktion weiblich und Tat männlich. Predigen ist eine Kunst, das heißt eine Art der Produktion, keine Art der Tat, und alles »Machen« ist eine Imitation der Mutter und nicht des Vaters. Es ist faszinierend, darüber zu spekulieren, was aus Luther geworden wäre, wenn er in seiner Adoleszenz den Vater verloren hätte. Ich vermute, er wäre kein Theologe und religiöser Führer geworden, sondern ein großer weltlicher Schriftsteller, wahrscheinlich ein komischer, und gewiß kein Protestant. Aber Papa starb nicht, und so wurde der Papst der Antichrist, die Madonna ein Nichts, und das einzige weibliche Ideal, das Luther anzubieten hatte, waren, wie Dr. Erikson witzig bemerkt, »Frauen, die wie ein Pfarrer sein wollten, wenn sie nicht Pfarrersfrauen werden konnten«.

Das Eintreten von Luthers Identitätskrise kann genau datiert werden. Am 2. Juni 1505, als er siebzehn war, geriet er in ein Gewitter, ein Blitz schlug neben ihm in den Boden ein. Voll Todesangst schrie er: »Hilf mir, heilige Anna (die Schutzpatronin der Bergleute), ich will ein Mönch werden!« Bald erzählte er seinen Freunden, er fühle sich verpflichtet, ins Kloster zu gehen, aber seinem Vater sagte er nichts davon. Diese Entscheidung ist ein deutliches Beispiel für die versuchsweise Annahme einer Maske (Dr. Erikson vergleicht sie mit Freuds Beschluß, praktizierender Neurologe zu werden). Zu jener Zeit war der Eintritt in ein Kloster etwas ganz Alltägliches für einen jungen Mann:

> Mönch werden bedeutete lediglich, auf einer bestimmten beruflichen Ebene Eingang in die kirchliche Hierarchie des katholischen Imperiums zu finden, zu deren Aufgaben diplomatischer Dienst, soziale Fürsorge, das Priesteramt und die mehr oder weniger asketische Pflege des eigenen Seelenheils gehörten . . . Als Martin dem Augustinerorden beitrat, wurde er Angehöriger dieses klerikalen Mittelstandes, der jener weltlichen Klasse entsprach, in der er nach seines Vaters Wunsch hatte Fuß fassen sollen.

Solch ein Schritt war auch keineswegs unwiderruflich, man konnte immer austreten, wenn man es nur mit der nötigen Diskretion tat.

Vom Vernunftstandpunkt aus war der Zorn des Vaters unberechtigt, aber intuitiv hatte Hans recht, insofern er erriet, daß sein Sohn einen Fehler machte, und zwar aus Trotz.

> . . . Denn das endgültige Gelübde bedeutete, daß Martin künftig einem anderen Vater diente, und daß er auch niemals Vater von Hans Luders Enkelkindern werden würde. Die Priesterweihe verlieh dem Sohn das Amt eines

geistlichen Vaters, eines Hüters der Seele und Führers zur Ewigkeit, und wies dem natürlichen Vater lediglich physische und gesetzliche Bedeutung zu.

Kaum war Luther im Kloster, begannen natürlich die Schwierigkeiten. In seinem Bewußtsein war Luther entschlossen, sich selbst und seinem Vater zu beweisen, daß er richtig gehandelt hatte, im Unterbewußtsein wußte er aber, daß er nicht zum Mönch berufen war. Er versuchte daher, alle anderen Mönche an Frömmigkeit zu übertreffen, und wurde zum Schrecken seiner Beichtväter. Als er ungefähr fünfundzwanzig war, ereignete sich etwas, das zeigt, wie nahe er einer Katastrophe kam. Er fiel eines Tages im Chor des Klosters zu Boden und brüllte mit der Stimme eines Stiers: »Ich bin's nit!« Das Glück oder die göttliche Vorsehung retteten ihn durch die Übersiedlung in das Wittenberger Kloster und die Bekanntschaft mit dem Generalvikar jener Provinz, Dr. Staupitz. Staupitz war nicht weiter bemerkenswert, aber er liebte Luther wie einen Sohn, und Luther fühlte sich zum ersten Mal im Leben von einem älteren Mann als Mensch von Bedeutung behandelt. Staupitz bahnte außerdem Luthers eigentlichen Talenten den Weg, indem er ihn zum Vortragen und Predigen ermunterte. Unter welchen inneren Konflikten Luther auch weiterhin litt, sein Ich hatte von nun an die Befriedigung, daß es etwas gab, in dem er hervorragend war. Das Predigen vor einer Zuhörerschaft ermöglichte es ihm auch, seine persönlichen Probleme zu objektivieren, sie nicht länger als eine nur ihm eigene Besonderheit, sondern als repräsentativ für die geistigen Probleme seiner Zeit zu betrachten.

Ein junger Mensch hat seine wahre Identität entdeckt, sobald er seine Gedanken und Handlungen wirklich seine eigenen nennen kann. Wenn er ein außergewöhnlicher Mensch ist, dann werden diese Gedanken und Handlungen ebenfalls außergewöhnlich sein, allgemein als neu und revolutionär erkennbar. Freud wurde Freud, als ihm die Idee des Ödipuskomplexes kam, Darwin wurde Darwin, als er erkannte, daß die höheren Arten sich aus den niederen entwickelt haben müssen. Luther wurde Luther, als er in dem Paulus-Satz: »Der Gerechte wird seines Glaubens leben« die authentische Stimme Gottes vernahm. Daß ihm diese Offenbarung auf dem Abort zuteil wurde, ist faszinierend, aber, wie ich glaube, nicht überraschend. Es muß viele Menschen geben, denen religiöse, intellektuelle oder künstlerische Einsichten an diesem Ort zuteil wurden, denn die Entleerung ist sowohl der kreative Urakt – jedes Kind ist die Mutter seiner Ausscheidungen – als auch der Urakt der Revolte und der Verwerfung der Vergangenheit – was einmal gutes Essen war, ist schlechter Abfall geworden und muß ausgeschieden werden. Von da an war Luther Herr seines Schicksals.

Dr. Eriksons Buch ist so voll von klugen Beobachtungen nicht nur über Luther, sondern auch über das menschliche Leben, daß Zitate allein ihm nicht gerecht werden können: man muß es ganz lesen. Für mich ist es besonders aufschlußreich und wichtig, weil ich glaube, daß die protestantische Ära, das heißt jene, in der die vorherrschende Ideologie die des Protests und die katholische Ideologie die hemmende und kritische Opposition war, jetzt vorüber ist, daß wir in ein katholisches Zeitalter eingetreten sind, in dem die beiden Ideologien ihre Rollen getauscht haben, weil das Wesen der individuellen wie der kollektiven Identitätskrise sich geändert hat, und zwar eben dank dem Erfolg des Protestantismus in allen Formen. Eine Lösung unserer Schwierigkeiten kann nicht auf protestantischem Wege gefunden werden, weil gerade der Protestantismus diese Schwierigkeiten verursacht hat.

In der Religionsgeschichte markiert Newmans Übertritt zum Katholizismus im Jahr 1845 den Anfang unserer Ära. Die christliche Lehre, die der Protestantismus betont, lautet, jeder Mensch, ohne Unterschied von Familie, Klasse oder Beruf, sei vor Gott einmalig. Die komplementäre und gleichermaßen christliche Lehre, die der Katholizismus betont, ist, daß wir alle miteinander Einwohner sowohl der »irdischen« als auch der »himmlischen« Stadt seien.

Man könnte auch sagen, indem man die Gegenwartsform des Verbums »sein« konjugiert, daß der Katholizismus sich auf den Plural, der Protestantismus auf den Singular konzentriert. Die wahre menschliche Existenz verlangt jedoch, daß dem Singular wie dem Plural, allen drei Personen und allen drei Geschlechtern, gleiche Bedeutung und gleicher Wert zukommen. Der Protestantismus hat daher recht, wenn er behauptet, daß das »Wir sind« der Gesellschaft eine falsche Identität ausdrückt, wenn nicht jedes ihrer Mitglieder sagen kann: »Ich bin«; der Katholizismus hat dagegen recht, wenn er versichert, daß der einzelne, der sich den anderen nicht anschließen kann und will, um »wir« zu sagen, die Bedeutung von »ich« nicht kennt.

Ob man sich selbst, seine Freunde und Nachbarn oder die Geschichte der letzten hundert Jahre betrachtet, es scheint klar, daß die Hauptgefahr für unser Identitätsbewußtsein in unserem ungenügenden Glauben an die Existenz der anderen und in unserer mangelnden Bereitschaft, sie zu akzeptieren, liegt. Daher der erschreckende Erfolg der totalitäten Bewegungen, denn der Böse kann uns nur verführen, weil er uns Scheinlösungen für wirkliche Bedürfnisse anbietet. Eines davon ist das Bedürfnis nach persönlicher Autorität, sowohl um ihr zu gehorchen als auch um sie auszuüben (Gewalt ist unpersönlich und durch und durch böse). Die Funktion des Protestantismus ist heute nicht, unsere Probleme zu lösen, sondern uns zu warnen und sich allen Lösungen entgegenzustemmen, die nur scheinbar, nicht wirklich katholisch sind, sowie hervorzuheben, daß eine katholische Gemeinde nur durch den Willen jedes lutheranischen Einzelnen, sie zu schaffen, verwirklicht werden kann. Unter »katholische Gemeinde« verstehe ich nicht das Christentum des dreizehnten Jahrhunderts und unter »lutheranischer Einzelner« keinen Lutheraner des sechzehnten. Es ist, wie Lichtenberg bemerkte, »ein großer Unterschied, ob man etwas *noch immer* oder *schon wieder* glaubt«.

Shakespeares Sonette

Über kaum ein Werk der Weltliteratur ist mehr Unsinn gesagt und geschrieben und mehr intellektuelle und emotionelle Energie verschwendet worden als über Shakespeares Sonette. Sie sind tatäschlich der beste mir bekannte Prüfstein, um die Schafe von den Böcken zu trennen, das heißt jene, die die Dichtkunst um ihrer selbst willen lieben und ihr Wesen verstehen, von denen, die Gedichte nur entweder als historische Dokumente schätzen oder weil sie Gefühle oder Ansichten ausdrücken, die der Leser zufällig billigt.

Es ist nun so, daß wir fast nichts über die historischen Umstände wissen, unter denen Shakespeare die Sonette geschrieben hat: wir wissen nicht, an wen sie gerichtet sind oder wann genau sie geschrieben wurden, und wir werden es wohl nie wissen, sofern nicht ganz neue Beweise auftauchen, was jedoch unwahrscheinlich ist.

Dies hat aber viele sehr gelehrte Herren nicht daran gehindert, ihre Gelehrsamkeit und Spekulationsfähigkeit vorzuführen. Obwohl es mir eher dumm erscheint, so viel Zeit auf Vermutungen, die weder bewiesen noch widerlegt werden können, zu verschwenden, so liegt darin doch nicht mein Haupteinwand gegen diese Bemühungen. Wogegen ich wirklich bin, das ist die Illusion, daß, wenn sie erfolgreich wären, wenn die Identität des »Freundes«, der »Dunklen Dame«, des »Dichterrivalen« ganz einwandfrei bewiesen werden könnte, dies irgendwie unser Verständnis der Sonette selbst vergrößern würde.

Diese Illusion verrät meiner Meinung nach entweder ein völliges Verkennen des Wesens der Beziehung zwischen Kunst und Leben oder den Versuch, gewöhnliche müßige Neugier mit Vernunftgründen zu rechtfertigen.

Müßige Neugier ist ein unausrottbares Laster des menschlichen Geistes. Uns alle gelüstet es, die Geheimnisse unserer Nachbarn zu entdecken, vor allem die häßlichen. Das war immer so und wird wahrscheinlich immer so sein. Verhältnismäßig neu jedoch – man findet es kaum vor der zweiten Hälfte des achtzehnten Jahrhunderts – ist die Verwischung der Grenzlinie zwischen Wahrheitssuche und müßiger Neugier; diese Grenzlinie ist heute derart völlig ausgelöscht, daß wir uns ohne die geringsten Gewissensbisse der müßigen Neugier hingeben können. Ein Großteil dessen, was heute als wissenschaftliche Forschung gilt, ist im Grunde nichts anderes, als läse man jemandes private Korrespondenz, während er gerade nicht im Zimmer ist, und es wird dadurch moralisch nicht besser, wenn der Jemand nicht im Zimmer ist, weil er im Grab liegt.

Im Fall eines Mannes der Tat – eines Herrschers, eines Staatsmanns, eines Generals – ist der Mensch identisch mit seiner Biographie. Im Fall eines Künstlers jedoch, der ein Macher, kein Tuer ist, unterscheidet sich seine Biographie, die Geschichte seines Lebens, von der Geschichte seiner Werke. Bei einem Mann der Tat können wir leicht zwischen seinem privaten und seinem öffentlichen Leben unterscheiden, aber beide sind Leben der Tat und können einander daher beeinflussen. Die politischen Interessen der Mätresse eines Königs beispielsweise können einen Einfluß auf seine politische Entscheidungen haben. Der Historiker auf seiner Suche nach der Wahrheit ist daher berechtigt, das Privatleben eines Mannes der Tat insofern zu untersuchen, als es Licht auf jene Geschichtsperiode wirft, an deren Gang er beteiligt war, auch wenn es dem Opfer lieber wäre, daß seine Geheimnisse nicht bekannt würden.

Bei einem Künstler ist es ganz anders. Kunstgeschichte, der Vergleich eines Werkes mit einem anderen, einer Kunstepoche mit einer anderen, die Untersuchung der stilistischen Einflüsse und Veränderungen – das alles ist durchaus berechtigt. Das Buch des kürzlich verstorbenen J. B. Leishman *Themes and Variations in Shakespeare's Sonnets* ist ein bewundernswertes Beispiel einer solchen Untersuchung. Auch die Biographie eines Künstlers ist zulässig, vorausgesetzt, der Biograph und seine Leser sind sich dessen bewußt, daß eine solche Lebensbeschreibung nicht das geringste Licht auf das Werk des Künstlers wirft. Die Beziehung zwischen seinem Leben und seinen Werken ist zu offensichtlich, um eines Kommentars zu bedürfen – jedes Kunstwerk ist in einem gewissen Sinn eine Selbstenthüllung – und gleichzeitig zu kompliziert, als daß man sie jemals darstellen könnte. So ist es offensichtlich, daß Catulls Liebe zu Lesbia seine Liebesgedichte inspirierte und daß, wenn jeder von den beiden einen anderen Charakter gehabt hätte, die Gedichte anders ausgefallen wären; aber keine noch so genaue Untersuchung ihrer Lebensgeschichten kann uns sagen, warum Catull gerade jene Gedichte schrieb anstelle einer unendlichen Zahl von ähnlichen, die er hätte schreiben können, warum er eigentlich überhaupt Gedichte schrieb und warum sie gut sind. Sogar wenn man einen Dichter selber über die Beziehung zwischen einem seiner Gedichte und den Ereignissen, die ihn zum Schreiben veranlaßten, befragen könnte, wäre auch er nicht imstande, eine befriedigende Antwort zu geben, weil auch das »Gelegenheitsgedicht« im Goetheschen Sinn nicht nur von der »Gelegenheit« abhängt, sondern die ganze Lebenserfahrung des Dichters einbezieht und nicht einmal dieser selbst alle Elemente, die zum Gedicht beigetragen haben, angeben könnte.

Ferner sollte man nicht vergessen, daß die meisten echten Künstler es vorziehen würden, wenn man über sie keine Biographie schriebe. Ein echter Künstler glaubt, daß er auf der Welt ist, um eine bestimmte Aufgabe, die durch das ihm verliehene Talent bestimmt wird, zu erfüllen. Sein persönliches Leben liegt natürlich ihm selbst und, wie er hofft, auch seinen persönlichen Freunden am Herzen, aber er glaubt nicht, daß es das Publikum etwas angeht oder angehen sollte. Das einzige, was beispielsweise ein Schriftsteller sich wünscht, sind aufmerksame Leser seiner Schriften. Er hofft, daß sie die Texte genau genug lesen, um Druckfehler zu finden. Shakespeare wäre den vielen Gelehrten dankbar, die, von Malone angefangen, vernünftige Korrekturen an der Quarto-Ausgabe vorgeschlagen haben. Und er hofft, daß sie ihn mit Geduld und Verstand lesen werden, um so viel Sinn wie möglich aus seinem Text zu entnehmen. Wenn Shakespeares Schatten Professor William Empsons Erläuterung der Zeile »They that have power to hurt and will do none« (»Wer macht zu schaden hat und schränkt sie ein«, Sonett 94) liest, fragt er sich vielleicht verwundert: »Habe ich das wirklich alles gesagt?«, aber er wird sicherlich Herrn Empson für seine liebevolle Sorgfalt dankbar sein.

Echte Dichter würden es nicht nur vorziehen, daß keine Biographien von ihnen geschrieben werden, sondern sogar, wenn es nur praktisch möglich wäre, ihre Werke anonym zu veröffentlichen.

Shakespeare befindet sich in der einzigartig glücklichen Lage, daß er so gut wie anonym ist. Daher gibt es Leute, die zu beweisen suchen, daß seine Stücke von jemand anderem geschrieben wurden. (Wie sonderbar, daß Freud fest an die Earl-of-Oxford-Theorie geglaubt hat!)

Was nun die Sonette betrifft, so gibt es nur zwei gesicherte Tatsachen: Zwei der Sonette, »When my love swears that she is made of truth« (»Wenn meine liebe schwört, sie sei ganz wahr«, Nr. 138) und »Two loves I have of comfort and despair« (»Zwei lieben habe ich von trost und pein«, Nr. 144) erschienen in *The Passionate Pilgrim*, einer Auswahl verschiedener Dichtungen, 1599 gedruckt, und die ganze Sammlung wurde 1609 mit der Widmung »To.The.Onlie.Begetter.Of. These.Insuing.Sonnets.Mr.W.H.« (»Dem.Einzigen.Erzeuger.Dieser.Nachfolgenden.Sonette.Herrn.W.H.«) von G. Eld für T. T. gedruckt. Der Hinweis von Meres im Jahr 1598 auf »sugred Sonnets« von Shakespeare ist nicht schlüssig: Das Wort »Sonett« wurde ganz allgemein für Lyrik verwendet, und wenn Meres es auch im engeren Sinn gebraucht haben sollte, so wissen wir doch nicht, ob er die Sonette meinte, die uns heute vorliegen.

Abgesehen vom Text selbst ist das alles, was wir mit Sicherheit wissen und jemals wissen werden. Aus philologischen Gründen bin ich geneigt, jenen Gelehrten zuzustimmen, die annehmen, daß das Wort »Begetter« (in deutschen Übersetzungen mit »Erzeuger« wiedergegeben), Vermittler bedeutet, so daß W. H. nicht der Freund ist, der die meisten der Sonette inspirierte, sondern die Person, die das Manuskript für den Verleger sicherstellte.

Was die Entstehungszeit betrifft, so wissen wir nur, daß die Beziehung zwischen Shakespeare und dem »Freund« mindestens drei Jahre gedauert hat:

Three April perfumes in three hot Junes burned,
Since first I saw you fresh, which yet are green. (Nr. 104)

(das blühn
Des mai dreimal von juni-glut verbrannt
Seit erst ich frisch euch sah, euch jetzt noch grün.)

Die Tatsache, daß der Stil der Sonette jenem der früheren Stücke näher zu sein scheint, ist kein schlüssiger Beweis, daß sie auch früher geschrieben wurden, denn der Stil eines Dichters wird immer sehr stark von der jeweiligen Versform beeinflußt. Prof. C. S. Lewis sagt: »Wenn Shakespeare sich eine Stunde vor der Niederschrift des *Lear* freigemacht hätte, um ein Sonett zu schreiben, so wäre es vielleicht nicht im Stil des *Lear* gewesen.« Im allgemeinen glaube ich jedoch, daß eine frühe Entstehungszeit wahrscheinlicher ist als eine späte, weil die Erfahrungen, die die Sonette beschreiben, eher die eines jungen als die eines älteren Mannes sind.

Wir wollen jedoch von Shakespeares Person absehen, die Spekulationen über allfällige Beteiligte, die schon genannten oder noch zu nennenden Namen Southampton, Pembroke, Hughes usw. den Dummen und Müßigen überlassen und die Sonette selbst betrachten. Wenn wir die 154 Sonette durchlesen, fällt uns sofort auf, daß sie in keiner geplanten Ordnung aufeinanderfolgen. Die einzige oberflächliche Ordnung ist die Einteilung in zwei ungleiche Teile: Die Sonette 1 bis 126 richten sich an einen jungen Mann, wenn man annimmt, was wahrscheinlich, aber keineswegs sicher ist, daß nur ein einziger junger Mann angesprochen wird, und die Sonette Nr. 127 bis 154 sind an eine dunkelhaarige Frau gerichtet. In beiden Teilen wird auf eine Dreieckssituation Bezug genommen, in der Shakespeares Freund und seine Geliebte ihn betrügen, was beweist, daß die Anordnung nicht chronologisch ist. Die Sonette Nr. 40 und 42 »Take all my loves, my love, yea take them all«; »That thou hast her, it is not all my grief« (»Nimm meine lieben, lieb, ja nimm sie alle«; »Daß du sie hast, ist nicht mein ganzer gram«) müssen mehr oder weniger zur gleichen Zeit entstanden sein wie Nr. 144 und 152: »Two loves I have, of comfort and despair«; »In loving thee thou know'st I am forsworn« (»Zwei lieben habe ich von trost und pein«; »Daß ich, dich liebend, falsch schwor, ist dir kund«).

Man kann auch, wenn man die beiden Teile gesondert betrachtet, unmöglich annehmen, daß die Reihenfolge chronologisch ist. Manchmal folgen hintereinander mehrere Sonette, die offensichtlich zusammengehören – zum Beispiel am Anfang Nr. 1 bis 17, in denen der Freund gedrängt wird, sich zu verheiraten, obwohl auch hier Nr. 15 nicht hineinzupassen scheint, da darin keine Heirat erwähnt wird. Anderseits stehen wieder Sonette, die im Thema ähnlich sind, weit auseinander. Nehmen wir ein einfaches Beispiel. In Nr. 77 spricht Shakespeare davon, daß er seinem Freund ein Notizbuch gegeben hat:

Look what thy memory cannot contain,
Commit to these waste blanks.

(Was du nicht festhältst hinter deiner stirn
Gib diesen leeren blättern . . .)

Und in Nr. 122 spricht er von einem Geschenk seines Freundes an ihn:

Thy gift, thy tables, are within my brain.

(Das merkbuch, dein geschenk, trag ich in mir.)

Es ist doch wahrscheinlich, daß sie Geschenke ausgetauscht haben und daß diese beiden Sonette daher zusammengehören.

Der Haupteinwand gegen die Reihenfolge der Sonette Nr. 1 bis 126, in der sie in der Quarto-Ausgabe stehen, ist jedoch ein psychologischer. Sonette, die Gefühle ungetrübten Glücks und der Zuneigung aussprechen, sind mit solchen gemischt, die Kummer und Entfremdung ausdrücken. In manchen ist die Rede von Kränkungen, die der Freund Shakespeare angetan hat, in anderen von einem Skandal, in den der Freund verwickelt war, in wieder anderen von einer Untreue Shakespeares; die Reihenfolge ergibt vom Gefühl her keinen Sinn.

Jede leidenschaftliche Beziehung kann schmerzliche Krisen durchmachen und überstehen und dadurch nur noch stärker werden. Wie Shakespeare im Sonett Nr. 119 schreibt:

O, benefit of ill: now I find true
That better is by evil still made better:
And ruined love, when it is built anew,
Grows fairer than at first, more strong, far greater.

(O glück des übels! nun seh ich genau:
Das bessre wird durch übel stets noch besser.
Zerstörte liebe wird beim neuen bau
Schöner wie erst und kräftiger und größer.)

Verzeihung und Versöhnung löschen jedoch die Erinnerung an die Vergangenheit nicht aus. Es ist unmöglich, zurückzukehren zu dem unschuldigen Glück, das man empfand, bevor die ersten Wolken am Himmel erschienen. Ich kann nicht glauben, daß Shakespeare nach den Erfahrungen, die in den Sonetten Nr. 40 und 42 beschrieben sind, die Sonette Nr. 53:

In all external grace, you have some part,
But you like none, none you, for constant heart.

(Kein äußerer reiz der nicht an dir erfreue!
Doch gleichst du keinem, keiner dir, an treue.)

und Nr. 105:

Let not my love be called idolatry,
Nor my beloved as an idol show,
Since all alike my songs and praises be
To one, of one, still such, and ever so.
Kind is my love today, tomorrow kind,
Still constant in a wondrous excellence.

(Nennt meine liebe nicht abgötterei
Drin den geliebten ihr als götzen seht –
Sagt nicht, mein sang und lob sei einerlei:
Einem, an einen, immer noch und stet.
Gut ist heut meine liebe, morgen gut,
Beständig stets in wunderbarem grad . . .)

geschrieben hätte.

Es ist nicht nur keine chronologische Reihenfolge, sondern es kann auch keine sein, die Shakespeare zur Veröffentlichung bestimmt hat. Jeder Autor, der an ein Publikum denkt, weiß, daß eine Gedichtreihe mit einem der besten abgeschlossen werden muß. Die Reihenfolge, wie sie heute vorliegt, endet mit zweien der schlechtesten Sonette, trivialen Betrachtungen über eine Reise nach Bath, wo der Verfasser die Kur zu machen gedenkt. Auch wird ein Autor, der etwas zur Veröffentlichung vorbereitet, darin keinen unvollendeten Entwurf stehen lassen, wie das Sonett Nr. 99 mit seinen fünfzehn Zeilen es offenkundig ist.

Manche Gelehrte haben versucht, die Sonette in eine logischere Ordnung zu bringen, aber solche Bemühungen können immer nur auf Mutmaßungen beruhen, und es ist am besten, die Unordnung hinzunehmen, so wie sie ist.

Wenn der erste Eindruck, den die Sonette auf uns machen, der ihrer zufälligen Anordnung ist, so ist der zweite der ihres äußerst ungleichen poetischen Wertes.

Nach der Ausgabe von 1609 waren die Sonette mehr als anderhalb Jahrhunderte lang so gut wie vergessen. 1640 brachte Benson einen außergewöhnlichen Mischmasch heraus, in dem einhundertsechsundvierzig der Sonette zu zweiundsiebzig Gedichten mit erfundenen Titeln arrangiert und manche »er« und »seine« in »sie« und »ihre« verwandelt waren. Erst 1780 edierte Malone eine beachtliche kritische Ausgabe. Es war dies eine Zeit, in der die Kritiker das Sonett als Gedichtform ablehnten. Steevens schrieb 1766:

> Geziertheit, Dunkelheit und Tautologie müssen als die konstituierenden Teile dieser exotischen Gattung angesehen werden . . . Ich bin einer von denen, die wünschen, sie wäre in dem Land, in dem sie geboren wurde, auch gestorben . . . (Ein Sonett) wird in den höchsten Graden von Affektation, Pedanterie, Umschreibung und Unsinn komponiert.

Und über Shakespeares Versuche in dieser Form:

> Das strengste Gesetz, welches das Parlament beschließen könnte, würde nicht genügen, um die Leute zum Lesen dieser Gedichte zu zwingen.

Auch als dieses Vorurteil gegen das Sonett abklang und die Vergötterung Shakespeares einsetzte, hörte die negative Kritik an seinen Sonetten nicht auf.

So vermerkte Wordsworth, der viel zur Rehabilitierung des Sonetts beigetragen hat (obwohl er die Form Petrarcas und nicht die Shakespeares verwendete):

> Diese Sonette ab Nr. 127, die an seine Geliebte gerichtet sind, sind ärger als ein Puzzle-Spiel. Sie sind abscheulich mißtönend, dunkel und wertlos. Die anderen sind zumeist viel besser, sie haben viele schöne Zeilen und Passagen. An manchen Stellen sind sie auch voll Leidenschaft. Ihre Hauptfehler – und diese wiegen schwer – sind Gleichförmigkeit, Langeweile, Geziertheit und ausgeklügelte Dunkelheit.

Hazlitt:

> Wenn Shakespeare nichts als die Sonette geschrieben hätte – wäre er . . . in die Klasse der kalten, künstlichen Autoren einzureihen, die keinen echten Sinn für Natur oder Leidenschaft haben.

Keats:

Sie scheinen voll von schönen Wendungen – unabsichtlich formuliert in dem heißen Bemühen, *Concetti* zustande zu bringen.

Landor:

Nicht ein einziges Sonett ist wirklich bewundernswert ... Sie sind heiß und schwül; es gibt viel Verdichtung, wenig Zartheit; wie Himbeermarmelade ohne Sahne, ohne Rinde, ohne Brot, um ihre Klebrigkeit zu mindern.

In diesem Jahrhundert haben wir wieder Geschmack an *Concetti* gefunden wie auch an barocker Architektur, und wir glauben nicht länger, Künstlichkeit sei unvereinbar mit Leidenschaft. Aber trotzdem kann kein ernst zu nehmender Kritiker glauben, daß alle Sonette gleich gut sind.

Wenn ich die hundertvierundfünfzig durchgehe, dann finde ich neunundvierzig, die mir ganz ausgezeichnet erscheinen, nicht wenige von den übrigen enthalten ein paar bemerkenswerte Zeilen, aber es gibt auch einige, die ich nur aus Pflichtgefühl lesen kann. Wir haben kein Recht, Shakespeare wegen der minder gelungenen zu verdammen, sofern wir nicht glauben, daß er sie alle veröffentlichen wollte, wofür es jedoch keine Beweise gibt.

Abstrakt betrachtet, gleichsam als platonische Idee, scheint das Petrarca-Sonett eine ästhetisch befriedigendere Form zu sein als das Shakespearsche. Da jenes nur zwei verschiedene Reime in der Oktave und zwei in der Sestine hat, ist jeder Teil durch den Reim in eine geschlossene Einheit gebunden, und das asymmetrische Verhältnis von 8 zu 6 ist gefällig. Die Shakespearsche Form hingegen mit ihren sieben verschiedenen Reimen wird fast unvermeidlich ein Gedicht von drei symmetrischen Vierzeilern, die mit einem epigrammatischen Reimpaar schließen. In der Regel bildet Shakespeare sein rhetorisches Argument dementsprechend, das heißt, es gibt gewöhnlich eine Zäsur nach der vierten, der achten und der zwölften Zeile. Nur in einem einzigen Fall, im Sonett Nr. 86, »Was it the proud full sail of his great verse«, (»Tat dies sein prächtig segelnd großes lied«), steht die Zäsur in der Mitte des zweiten Vierzeilers, so daß sich das Sonett in 6 : 6 : 2 aufteilt.

Das abschließende Reimpaar bildet in der Shakespearschen Form die große Gefahr. Der Dichter ist versucht, darin entweder eine Zusammenfassung der vorangegangenen zwölf Zeilen zu geben, was unnötig ist, oder eine Moral zu ziehen, was zu glatt und abgedroschen ist. Zwar gibt es einige wunderbare Schlußverse, zum Beispiel in Nr. 61:

For thee watch I, whilst thou dost wake elsewhere,
From me far off, with others all too near.

(Ich wache für dich hier und du wachst da,
Weit von mir weg, mit andren allzunah.)

oder in Nr. 87:

Thus have I had thee as a dream doth flatter,
In sleep a king, but waking no such matter.

(So hatt ich dich wie träume, die beschleichen –
Im schlaf ein fürst, doch wachend nichts dergleichen.)

Aber nur zu oft sind die Schlußverse auch in einigen der besten Sonette die schwächsten und glanzlosesten, und da sie eben am Ende kommen, hat der Leser das Gefühl einer enttäuschenden Antiklimax.

Dennoch scheint es mir von Shakespeare weise gehandelt, daß er lieber diese Form als die Form Petrarcas wählte. Verglichen mit dem Italienischen ist das Englische so arm an Reimen, daß es fast unmöglich ist, ein Sonett in der Form Petrarcas zu schreiben, das ganz und gar ungezwungen klingt. Auch in den besten Beispielen von Milton, Wordsworth, Rossetti findet man mindestens eine Zeile, in der das Reimwort nicht selbstverständlich klingt, als das einzig mögliche Wort, das die Absicht des Dichters genau ausdrückt. Man fühlt, es ist nur da, weil der Reim es verlangt.

Außerdem gibt es gewisse Dinge, die man in der Shakespeare-Form tun kann, nicht aber in der Petrarca-Form mit ihrer scharfen Unterteilung in Oktave und Sestine. Im Sonett Nr. 66: »Tired with all these, for restful death I cry« (»Dies alles müd, ruf ich nach todes rast«) und Nr. 129: »Th'expense of spirit in a waste of shame«, (»Verbrauch von geist in schändlicher verzehr«) ist Shakespeare imstande, zwölf einzeilige Beispiele für das Elend dieser Welt und die Schrecken der Leidenschaft zu geben, mit gewaltiger kumulativer Wirkung.

Was den Stil betrifft, so sind zwei Charakteristika der Sonette hervorzuheben. Zuerst ihr »Cantabile«: sie sind das Werk eines Menschen mit unfehlbarem Gehör. In seinen späteren Blankversen wurde Shakespeare ein Meister äußerst komplizierter Effekte von Klang und Rhythmus, die er mit dem Sinn verwob; in den Sonetten aber ist er bemüht, die Verse so melodiös wie möglich im einfachsten und wörtlichsten Sinn zu machen, und es gibt auch in den schwächeren kaum eine Zeile, die hart oder ungeschickt klingt. Hie und da findet man Zeilen, die die Freiheit seiner späteren Verse vorausahnen lassen. Zum Beispiel:

Not mine own fears nor the prophetic soul
Of the wide world dreaming on things to come (Nr. 107)

(Nicht eigne angst noch der prophetische geist
Der weiten welt, der künftige dinge ahnt).

In der Regel aber hält sich der Rhythmus ziemlich genau an die metrische Basis. Inversionen, ausgenommen im ersten Versfuß, sind selten, desgleichen dreisilbige Substitutionen. Die gebräuchlichsten musikalischen Stilmittel sind Alliteration:

Then were not summer's distillation left,
A liquid prisoner pent in walls of glass (Nr. 5)

(Doch bliebe flüssig nicht in glases haft
Als geist zurück des sommers filterung)

Let me not to the marriage of true minds
Admit impediments . . . (Nr. 116)

(Man spreche nicht bei treuer geister bund
Von hindernis! . . .)

und die sorgfältige Verteilung von kurzen und langen Vokalen:

How many a holy and obsequious tear (Nr. 31)
(Wie hat viel heilige trauerhafte zähren)

Nor think the bitterness of absence sour (Nr. 57)
(Noch denk ich, wie die ferne bitter ist)

So far from home into my deeds do pry (Nr. 61)
(So weit von heim in meinen taten sucht).

Das zweite Charakteristikum ist die Beherrschung aller möglichen rhetorischen Kunstgriffe. Z. B. die Wiederholung von Wörtern mit gleicher oder verschiedener Bedeutung:

love ist not love
which alters when it alteration finds,
of bends with the remover to remove (Nr. 116)

(Liebe ist nicht liebe,
die wechselt, wenn ihr abwechslung erscheint
Oder bei trennung selbst zur trennung triebe),

oder die Vermeidung jeder Monotonie durch kunstvolle Variierung des Themas oder durch Illustration.

Ich wüßte nichts Besseres, als die Analyse des Sonetts Nr. 18 von Professor C. S. Lewis zu zitieren. »Wie so oft«, sagt er, »beginnt das Thema in der 9. Zeile:

But thy eternal summer shall not fade
(Doch soll dein ewiger sommer nie ermatten).

Es geht über vier Zeilen, und die Applikation liegt im Schlußreim:

So long as men can breathe or eyes can see,
So long lives this, and this gives life to thee.

(Solang als menschen atmen, augen sehn
Wird dies und du, der darin lebt, bestehn.)

Die erste Zeile:

Shall I compare thee to a summer's day

(Soll ich vergleichen einem sommertage)

bringt einen Vergleich. Zeile 2:

Thou art more lovely and more temperate

(Dich der du lieblicher und milder bist)

korrigiert ihn. Dann kommen zwei Zeilen Beispiele, die die Korrektur rechtfertigen:

Rough winds do shake the darling buds of May,
And summer's lease hath all too short a date:

(Des maien teure knospen drehn im schlage
Des sturms, und allzu kurz ist sommers frist.)

Dann ein zweizeiliges Beispiel über die Sonne:

Sometime too hot the eye of heaven shines,
And often is his gold complexion dimmed:

(Manchmal zu heiß des himmels auge brennt,
Und oft sehn wir sein gold durch schleier nur)

und zwei weitere Zeilen:

And every fair from fair sometime declines,
By chance, or nature's changing course, untrimmed.

(Und jedes schön und schönsein einst sich trennt
Durch zufall oder wandel der natur),

die nicht, wie man erwarten könnte, ein viertes Beispiel hinzufügen, sondern eine Verallgemeinerung. Die beiden letzten Variationen haben also gleiche Länge, aber verschiedene Funktionen.

Die Bilder werden gewöhnlich von den offensichtlich schönsten Naturgegenständen genommen, doch in einigen wird ein einzelnes metaphorisches *Concetto* methodisch formuliert, wie etwa in Nr. 87:

Farewell, thou art too dear for my possessing

(Lebwohl! zu teuer ist dein besitz für mich),

wo eine Gefühlsbeziehung in Ausdrücken eines Vertrags formuliert wird.

In den weniger guten Sonetten mögen solche Kunstgriffe dem Leser zu gesucht vorkommen, aber er sollte bedenken, daß sie ohne diese Kunstgriffe vielleicht schlechter wären. Das Schlimmste, was man meiner Meinung nach sagen kann, ist, daß rhetorische Geschicklichkeit es einem Dichter erlaubt, ohne echte Inspiration ein Gedicht zu schreiben, das er ohne diese Geschicklichkeit überhaupt nicht hätte schreiben können.

Jene Sonette hingegen, die leidenschaftliche Gefühle wie Anbetung, Zorn, Schmerz oder Verachtung ausdrücken, gewinnen ein Großteil ihrer Wirkung genau aus jener Kunstfertigkeit Shakespeares, denn ohne die Zurückhaltung und Distanzierung, die die rhetorischen Kunstmittel geben, hätten Intensität und Unmittelbarkeit des Gefühls vielleicht kein Gedicht, sondern nur ein peinliches »menschliches Dokument« hervorgebracht. Wordsworth definiert das Gedicht als Gefühl, in Ruhe erinnert. Es ist höchst unwahrscheinlich, daß Shakespeare viele dieser Sonette aus einem erinnerten Gefühl heraus schrieb. Hier ist es die Kunstfertigkeit, die den Mangel an Ruhe aufwiegt.

Während die Ungewißheit der historischen Umstände, unter denen die Sonette entstanden, die müßige Neugier angeregt hat, bietet ihr Inhalt gewissen Ideologen eine herrliche Möglichkeit, ihrer Vorliebe für Simplifizierung auf Kosten der Wahrheit zu frönen. Angesichts der äußerst seltsamen Geschichte, die sie erzählen, der Tatsache, daß Shakespeare in vielen Sonetten einen jungen Mann mit Ausdrücken leidenschaftlicher Zuneigung anspricht, sind die braven Normalbürger entsetzt von dem Gedanken, daß unser »Großdichter« Erfahrungen gemacht haben könnte, die ihnen fremd sind, und sie wünschen, Shakespeare hätte die Sonette nie geschrieben, oder sie versuchen sich wider alle Vernunft einzureden, Shakespeare hätte nur in etwas übertriebenen Ausdrücken, wie man sie von einem elisabethanischen Dichter erwarten könne, über Gefühle geschrieben, wie jeder normale Mann sie für einen Freund des gleichen Geschlechts empfinde. Der homosexuelle Leser dagegen, ganz darauf aus, den »Großdichter« als Schutzpatron für die »Homintern« zu gewinnen, ist von den ersten 126 Sonetten unkritisch entzückt und zieht es vor, jene an die »dunkle Dame«, die eindeutig Liebesgedichte sind, ebenso zu ignorieren wie die Tatsache, daß Shakespeare verheiratet und Vater mehrerer Kinder war.

Dag Hammerskjöld machte in seinem Tagebuch, das nach seinem Tod gefunden und kürzlich in Schweden veröffentlicht wurde, eine Bemerkung, welche beide obenerwähnten Typen sich hinter die Ohren schreiben sollten:

> Wie leicht hat es uns die Psychologie gemacht, dieses verwirrende Geheimnis mit einem Etikett zu versehen, das es in die Liste der gewöhnlichen sexuellen Verirrungen einreiht.

Daß wir es in den Sonetten eher mit einem Geheimnis als mit einer sexuellen Verirrung zu tun haben, wird für mich dadurch bewiesen, daß Männer und Frauen, deren sexuelle Bedürfnisse völlig normal sind, die aber Gedichte mögen und schätzen, darin stets das ausgedrückt fanden, was sie unter »Liebe« verstehen, ohne dabei das männliche Fürwort als ein Hindernis zu empfinden.

Ich glaube, die Sonette an den Freund entsprangen einer Erfahrung, die ursprünglich eine mystische war.

Alle Erfahrungen, die man mystisch nennen kann, haben gewisse gemeinsame Merkmale:

1. Die Erfahrung wird einem »geschenkt«. Das heißt, sie kann durch eine Willensanstrengung weder hervorgebracht noch verlängert werden, obwohl die Bereitschaft eines Menschen, sie zu empfangen, zum Teil durch sein Alter, seinen psychosomatischen Zustand und sein kulturelles Milieu bedingt ist.

2. Was immer der Inhalt der Erfahrung, ihr Träger ist davon überzeugt, daß sie eine Offenbarung der Wirklichkeit sei. Wenn sie vorüber ist, sagt man nicht wie beim Erwachen aus einem Traum: »Jetzt bin ich wach und bin mir wieder der wirklichen Welt bewußt«, sondern man sagt: »Für eine kurze Zeit hat sich der Schleier gelüftet und eine Wirklichkeit enthüllt, die mir im ›normalen‹ Zustand verborgen ist.«

3. Was die Vision auch zeigt, ob Dinge, Menschengestalten oder Gott, es wird erlebt als *numinos*, in Herrlichkeit gehüllt, von stärkstem Da-Sein erfüllt.

4. Angesichts der Vision geht der Mensch, voll von Ehrfurcht, Freude und Schrecken, völlig auf in der Betrachtung und vergißt, solange die Vision andauert, gänzlich sein Selbst, seine Wünsche und seine Bedürfnisse.

Naturmystische Erfahrungen, das heißt Visionen, die sich auf erschaffene Wesen und nicht auf Gott den Schöpfer beziehen und keinen unmittelbar religiösen Inhalt haben, sind von zweierlei Art: die Vision der Mutter Natur und die Vision des Eros.

Die klassischen Beschreibungen der ersteren findet man natürlich in gewissen Gedichten von Wordsworth, wie *The Prelude*, *The Immortality Ode*, *Tintern Abbey* und *The Ruined Cottage*. Sie zeigt eine Vielzahl von erschaffenen Dingen, lebenden und unbelebten, aber keine Personen, obwohl sie von Menschen hergestellte Gegenstände einschließen kann. Wenn Menschen in der Vision erscheinen, dann sind sie, wie ich glaube, dem Visionär immer völlig fremd, das heißt, sie sind für ihn keine Personen. Diese Vision scheint in unserem Kulturkreis ziemlich oft bei Kindern, aber selten bei Erwachsenen vorzukommen.

Die Vision des Eros betrifft hingegen nur eine einzige Person, die sich dem Mystiker als ein Wesen von grenzenloser, heiliger Wichtigkeit offenbart. Die klassischen Beschreibungen finden sich in Platons *Gastmahl*, in Dantes *La Vita Nuova* und in einigen Shakespeare-Sonetten.

Sie kann, wie es scheint, auch schon vor der Pubertät erlebt werden. Wenn sie später auftritt, so ist sich der Betroffene wohl ihrer erotischen Natur bewußt, doch steht sein Verlangen zurück hinter der Heiligkeit des geliebten Wesens, das er als ihm selbst unendlich überlegen empfindet. Mehr als alles andere wünscht der Liebende das Glück der Geliebten.

Die Vision des Eros ist wahrscheinlich viel seltener, als die meisten Menschen unseres Kulturkreises glauben, wenn sie aber echt ist, dann hat es, glaube ich, wenig Sinn, auf sie solche Begriffe wie »heterosexuell« oder »homosexuell« anzuwenden. Diese Begriffe gelten nur für die profanen erotischen Erfahrungen, mit denen wir alle vertraut sind, beispielsweise auf die Begierde, bei der man die andere Person ausschließlich als Sexualobjekt sieht, und auf jene Verbindung von sexuellem Verlangen und *Philia*, der Zuneigung, die auf gemeinsamen Interessen, Werten und Erfahrungen beruht und die sicherste Grundlage für eine glückliche Ehe bildet.

Daß in der Vision des Eros das Erotische das Medium, nicht aber die Ursache ist, wird meiner Meinung nach bewiesen durch die von allen glaubwürdigen Berichten bestätigte Tatsache, daß sie eine wirkliche Sexualbeziehung nicht lang zu überleben vermag. Es ist sehr zweifelhaft, ob die Vision jemals beiderseitig sein kann: Die Geschichte von Tristan und Isolde ist ein Mythos, kein historisches Faktum. Um für die Vision empfänglich zu sein, muß ein Mensch anscheinend außergewöhnlich viel Phantasie haben. Auch das Klassenbewußtsein dürfte eine Rolle spielen: Kein Mensch kann offensichtlich eine solche Vision haben in bezug auf eine Person aus einer Schicht, die er als seiner eigenen untergeordnet anzusehen gelernt hat, so daß die ihr Angehörenden für ihn keine vollgültigen Personen sind.

Das Medium der Vision ist jedoch unzweifelhaft erotisch. Niemand, der sich nicht seines erotischen Interesses bewußt wäre, würde das offenherzige, ja sogar brutale sexuelle Bild gebrauchen, das Shakespeare verwendet, um vom ausschließlichen Interesse seines Freundes für Frauen zu sprechen:

But since she pricked thee out for women's pleasure,
Mine be thy love, and thy love's use their treasure. (Nr. 20)

(Schuf sie dich schon, den fraun zur lust zu dienen,
Laß mir dein lieben, liebesnutzung ihnen.)

Das geliebte Wesen ist immer schön, im unpersönlichen Sinn des Wortes ebenso wie im persönlichen.

Die dem Petrarca entlehnte Unterscheidung zwischen der Liebe des Auges und der Liebe des Herzens, die Shakespeare in mehreren Sonetten verwendet, ist meiner Meinung nach ein Versuch, den Unterschied zwischen diesen beiden Arten der Schönheit und unserer Reaktion darauf auszudrücken.

In der Vision des Eros sind stets beide zugegen. Für den Liebenden ist die zweite aber wichtiger. Dante glaubte gewiß, daß jedermann Beatrices Schönheit bewundern würde, es wäre ihm aber nicht eingefallen, ihre Schönheit mit der anderer florentinischer Mädchen zu vergleichen.

Platon und Dante versuchen beide, eine religiöse Erklärung für die Vision zu geben. Beide betrachten die Liebe zu einem erschaffenen menschlichen Wesen als Mittel, um den Liebenden der Liebe zur unerschaffenen Quelle aller Schönheit näher zu bringen. Der Unterschied zwischen ihnen besteht darin, daß Platon unseren Begriff der Person, sei sie nun menschlich oder göttlich, nicht kennt; er kann nur in den Begriffen des Individuellen und des Universellen denken, und Schönheit ist für ihn immer Schönheit im unpersönlichen Sinn. Auf der platonischen Leiter muß daher die Liebe zu einem Individuum in der Liebe zum Universalen vergessen werden; was wir Untreue nennen, wird zur moralischen Pflicht. Wie verschieden davon ist Dantes Interpretation! Weder er noch Beatrice sagen, was er eigentlich getan hat, das ihn an den Rand des Verderbens brachte, aber beide bezeichnen es als einen Mangel an Treue in Dantes Liebe zu Beatrice. Im Paradies ist sie bei ihm bis zum letzten Augenblick, da er sich der »Ewigen Quelle« zuwendet, aber auch dann noch weiß er, daß ihre Augen in dieselbe Richtung blicken. Anstelle der vielen Sprossen der Platonischen Leiter gibt es nur einen Schritt, den der Liebende tun muß, den von der Person des geliebten Geschöpfes zur Person ihres gemeinsamen Schöpfers.

Es stimmt überein mit Shakespeares Art des Denkens, wie wir sie in den Stücken antreffen, wo man nie mit Sicherheit weiß, was seine persönlichen Ansichten über irgendein Thema waren, daß die Sonette keine Theorie der Liebe enthalten: Shakespeare begnügt sich damit, einfach die Erfahrung zu beschreiben.

Obwohl, wie ich glaube, die Sonette ursprünglich vom Erlebnis der Vision des Eros ausgehen, handeln sie natürlich nicht nur davon. Damit die Vision ungetrübt bleibe, ist es wahrscheinlich notwendig, daß der Liebende sehr wenig Kontakt mit dem geliebten Wesen hat, wie liebenswert er oder sie auch sein mag. Dante hat schließlich Batrice nur ein- oder zweimal gesehen, und sie wußte wahrscheinlich wenig von ihm. Die Geschichte der Sonette scheint mir die Geschichte eines verzehrenden Kampfes zu sein, den Shakespeare führte, um die Herrlichkeit der Vision zu bewahren, die ihm zuteil geworden war in einer mindestens drei Jahre dauernden Beziehung zu einer Person, welche es anscheinend darauf anlegte, die Vision mit Schmutz zu bewerfen.

Auf uns Außenstehende macht Shakespeares Freund den Eindruck eines wirklich nicht sehr anständigen jungen Mannes, der sich seines guten Aussehens sehr bewußt und imstande war, seinen Charme jeden Augenblick spielen zu lassen, aber im Grunde frivol, kaltherzig und egozentrisch; wahrscheinlich wußte er, daß er einige Macht über Shakespeare hatte – wenn er überhaupt darüber nachdachte, fand er zweifellos eine zynische Erklärung dafür –, doch ohne einen Begriff von der Intensität der Gefühle, die er ungewollt erregt hatte. Ein Mensch ähnlich dem Bassano im *Kaufmann von Venedig*.

Die an die »Dark Lady« gerichteten Sonette handeln von der erniedrigendsten aller erotischen Erfahrungen, der sexuellen Hörigkeit – *Vénus toute entière à sa proie attachée.*

Einfache Begierde ist unpersönlich, daß heißt, der Jäger betrachtet wohl sich selbst als Person, seine Beute aber als Sache, deren menschliche Qualitäten, sofern sie überhaupt welche besitzt, ihm gleichgültig sind. Gelingt es ihm, sein Ziel zu erreichen, so rechnet er damit, sich gefahrlos empfehlen zu können, sobald er genug hat. Manchmal gerät er jedoch in die Falle. Anstatt genug zu bekommen, wird er sexuell hörig, und das Mädchen, anstatt bequemerweise ein Objekt zu bleiben, wird für ihn zur wirklichen Person, aber zu einer, die er nicht nur nicht liebt, sondern verabscheut.

Kein anderer Dichter, nicht einmal Catull, hat die Qual, die Selbstverachtung und die Verzweiflung, die diese unglückliche Lage hervorbringt, so genau beschrieben wie Shakespeare in einigen dieser Sonette, zum Beispiel in Nr. 141, »In faith I do not love thee with my eyes« (»Ich liebe dich nicht mit den augen, traun!«) oder Nr. 151, »Love is too young to know what conscience is«, (»Lieb' ist zu jung und kennt gewissen nicht . . .«).

Abgesehen von den ersten sechzehn Sonetten, in denen er seinen Freund zum Heiraten drängt – und die vielleicht, wie einige Forscher meinen, auf Wunsch der Familie des jungen Mannes geschrieben wurden –, abgesehen von diesen also und von einem Halbdutzend eleganter Belanglosigkeiten, ist das Erstaunliche an den Sonetten, daß sie den Eindruck einer unverhüllt autobiographischen Beichte vermitteln, um so erstaunlicher, wenn man bedenkt, zu welcher Zeit sie geschrieben wurden. Die Zeitgenossen der Königin Elisabeth neigten im allgemeinen nicht dazu, Selbstbiographien zu schreiben oder »ihr Herz auszuschütten«. Die Liebesgedichte Donnes waren zweifellos von persönlicher Leidenschaft inspiriert, doch ist diese hinter der Darstellung verborgen. Erst zur Zeit Rousseaus und des Sturm und Drang wird die Lebensbeichte zur literarischen Kunstform. In der englischen Dichtung kenne ich nach den Sonetten nichts ähnlich Autobiographisches bis zu Merediths *Modern Love,* und auch dort scheinen mir die persönlichen Erlebnisse sehr sorgfältig »arrangiert« zu sein.

Man kann unmöglich glauben, daß Shakespeare eine Veröffentlichung der Sonette wünschte, noch daß er die meisten von ihnen dem jungen Mann und dem Mädchen, an die sie gerichtet waren, gezeigt hat, wer immer sie auch gewesen sein mögen. Nehmen wir an, Sie hätten das Sonett Nr. 57 geschrieben:

Being your slave, what should I do but tend
Upon the hours and times of your desire?

(Ich bin dein sklave, der nur auf die stunden
Und zeiten deiner lust zu harren weiß.)

Können Sie sich vorstellen, daß Sie es der Person zeigen, an die Sie gedacht haben? Und umgekehrt, was würden Sie denken, wenn jemand, den Sie kennen, Ihnen das Sonett in die Hand drückte und sagte: »Das ist über dich.«?

Obwohl Shakespeare die Sonette dem einen oder anderen seiner engsten literarischen Freunde gezeigt haben mag – alle Anzeichen deuten darauf hin –, so bin ich ganz sicher, daß er sie wie ein Tagebuch allein für sich selbst geschrieben hat, ohne an ein Publikum zu denken.

Wo die Sonette wirklich dunkel sind, sind sie es in dem Sinn, wie ein Tagebuch es sein kann, wo der Schreiber sich nicht die Mühe nimmt, Anspielungen zu erklären, die ihm selbstverständlich sind, die ein anderer aber nicht verstehen kann. Zum Beispiel die ersten Zeilen des Sonetts Nr. 125:

Were't aught to me I bore the canopy,
With my extern the outward honoring.

(Umsonst nur trüge ich den baldachin,
Mit meinem äußern huldigend dem schein.)

Der Leser kann nicht wissen, ob Shakespeare es nur bildlich meint oder ob er sich auf irgendeine Zeremonie bezieht, an der er tatsächlich teilgenommen hat, und was für eine Zeremonie es war. Ebenso bleibt die Schlußzeile von Nr. 124 unergründlich:

To this I witness call the fools of Time.
Which die for goodness, who have lived for crime.

(Hier mögt ihr narrn der zeit mir rede stehn:
Ihr starbt fürs recht und lebtet fürs vergehn.)

Einige Wissenschaftler meinen, dies sei ein verschlüsselter Hinweis auf die Jesuiten, die unter der Anklage des Hochverrats hingerichtet wurden. Das mag sein, aber im Text steht nichts, mit dem man es beweisen könnte, und wenn es auch so wäre, so verstehe ich nicht die Bedeutung der Jesuiten als Zeugen für Shakespeares Liebe, die kein Unglück und kein Eigeninteresse schmälern kann.

Wie es dazu kam, daß die Sonette veröffentlicht wurden – ob Shakespeare sie einem Freund gegeben hat, der ihn dann verriet, oder ob ein Feind sie gestohlen hat –, werden wir wahrscheinlich nie wissen. Eines erscheint mir gewiß: Shakespeare muß entsetzt gewesen sein, als sie veröffentlicht wurden.

Das elisabethanische Zeitalter war sicherlich ebenso weltklug wie unseres, aber nicht toleranter, eher weniger tolerant. Sodomie war damals schließlich noch ein Kapitalverbrechen. Die Dichter jener Zeit, wie Marlowe und Barnfield, von denen wir wissen, daß sie homosexuell waren, gaben sehr darauf acht, ihre Gefühle nicht in der ersten Person Einzahl, sondern in der Sprache der klassischen Mythologie auszudrükken. Das Italien der Renaissance galt in dieser Hinsicht als tolerant, doch als Michelangelos Neffe seine Sonette an Tomasso de Cavalieri veröffentlichte, die viel zurückhaltender sind als die Shakespeares, änderte er mit Rücksicht auf den Ruf seines Onkels das Geschlecht, ebenso wie Benson es 1640 mit Shakespeare machte.

Shakespeare muß gewußt haben, daß im Jahre 1609 viele Leser seine Sonette ebenso lesen würden, wie viele es heute noch tun – mit Stirnrunzeln. Obwohl ich glaube, daß eine solche Reaktion auf einem Mißverständnis beruht, kann man sie doch nicht als unverständlich bezeichnen.

Wir haben in unserer Kultur allen Anlaß, skeptisch zu sein, wenn jemand behauptet, die Vision des Eros erlebt zu haben, und wir haben sogar guten Grund, zu bezweifeln, ob sie überhaupt jemals vorkommt, denn die Hälfte unserer Literatur, der populären wie der gehobenen, basiert, seit die provençalischen Dichter den verheerenden Fehler begingen und eine mystische Erfahrung in einen sozialen Kult zu verwandeln suchten, auf der Annahme, daß eine Erfahrung, die wahrscheinlich sehr selten ist, fast jedem zuteil werde oder zuteil werden sollte; wer diese Erfahrung nicht mache, mit dem müsse irgendetwas nicht stimmen. Wir wissen alle nur zu genau, daß die wahren Gefühle eines Menschen, der sagt, er habe »sich verliebt«, sich in viel derberen Ausdrücken beschreiben ließen. La Rochefoucauld bemerkt:

> Wahre Liebe ist wie eine Geistererscheinung: Wir alle sprechen darüber, aber nur wenige von uns haben je etwas Derartiges gesehen.

Daraus folgt aber nicht, daß wahre Liebe oder Geister nicht existieren. Dichter erleben sie eher als andere Menschen oder sind Dichter geworden, weil sie sie erlebt haben. Vielleicht hat Hannah Arendt recht: »Dichter sind die einzigen Menschen, für die die Liebe nicht nur eine äußerst wichtige, sondern eine unumgängliche Erfahrung ist. Das berechtigt sie, sie für eine allgemeine Erfahrung zu halten.«

Um auf Shakespeare zurückzukommen: Wie seine Beziehungen zu seinem Freund und zu seiner Geliebten sich weiterentwickelten, ob sie mit einem Streit abrupt endeten oder allmählich in Gleichgültigkeit versandeten, kann jeder sich nach Belieben selbst ausmalen. Fühlte Shakespeare später, daß die Qual am Ende kein zu hoher Preis für die Herrlichkeit der ursprünglichen Vision gewesen war? Ich hoffe und glaube es. Dichter sind jedenfalls zäh und können aus den schrecklichsten Erfahrungen Nutzen ziehen.

In dem Stück *The Two Noble Kinsmen,* das die meisten Forscher Shakespeare zuschreiben und das, wenn es von ihm ist, vermutlich sein allerletztes Werk war, gibt es eine Szene, in der Palamon Venus um ihre Hilfe bittet. Der Monolog ist bemerkenswert, erstens wegen der Wahl der Beispiele für die Macht der Göttin – fast alle sind demütigend oder schrecklich –, und zweitens wegen des intensiven Abscheus vor männlicher sexueller Eitelkeit.

Hail, Sovereign Queen of secrets, who has power
to call the fiercest tyrant from his rage,
And weep unto a girl; that hast the might
Even with an eye-glance, to choke Mars's drum
And turn th'alarm to whispers; that canst make
A cripple flourish his crutch, and cure him
Before Apollo; that mayst force the King
To be his subjects' vassal, and induce
Stale gravity to dance; the polled bachelor –
Whose youth, like wanton boys through bonfires,
Have skipped thy flame – at seventy thou canst catch
And make him, to the scorn of his hoarse throat,
Abuse young lays of love: what godlike power
Hast thou not power upon? . . .
. . . Take to thy grace
Me, thy vowed soldier, who do bear thy yoke
As 'twere a wreath of roses, yet is heavier
Than lead itself, stings more than nettles.
I have never been foul-mouthed against thy law,
Nev'r revealed secret, for I knew none; would not
Had I kenned all that were; I never practised
Upon man's wife, nor would the libels read
Of liberal wits; I never at great feasts
Sought to betray a beauty, but have blushed
At simp'ring Sirs that did; I have been harsh
To large confessors, and have hotly asked them
If they had mothers: I had one, a woman,
And women 'twere they wronged. I knew a man
Of eighty winters, this I told them, who
A lass of fourteen brided. 'Twas thy power
To put life into dust; the aged cramp
Had screwed his square foot round,
The gout had knitted his fingers into knots,

Torturing convulsions from his globy eyes,
Had almost drawn their sphere, that what was life
In him seemed torture: this anatomy
Had by his young fair pheare a boy, and I
Believed it was his, for she swore it was,
And who would not believe her? Brief, I am
To those that prate, and have done, no companion;
To those that boast, and have not, a defier;
To those that would, and cannot, a rejoicer.
Yea, him I do not love, that tells close offices
The foulest way, nor names concealments in
The boldest language. Such a one I am,
And vow that lover never yet made sigh
Truer than I. O, then, most soft, sweet Goddess,
Give me victory of this question, which
Is true love's merit, and bless me with a sign
Of they great pleasure.
(Here music is heard, doves are seen to flutter; they fall again upon their faces, then on their knees.)
Oh thou, that from eleven to ninety reign'st
In mortal bosoms, whose chase is this world,
And we in herds thy game; I give thee thanks
For this fair token, which, being laid unto
Mine innocent true heart, arms in assurance
My body to this business. Let us rise
And bow before the Goddess; Time comes on.
(Exeunt. Still music of records.)

(Heil, Herrin der Geheimnisse, die Macht hat,
den grausamsten Tyrannen zu erschüttern,
daß wie ein Kind er weint; so mächtig bist du,
daß unter deinem Blick des Krieges Trommel
verstummt und Schlachtgeschrei zum Flüstern wird;
du machst den Krüppel seine Krücken schwingen
und heilst ihn vor Apoll; du zwingst den König,
des Untertans Vasall zu sein, und bringst zum Tanzen
den steifen Ernst; den kahlen Junggesellen,
der, als er jung war, deiner Flamm' entronnen,
fängst du mit siebzig, und des Alters spottend
wirfst du ihn nieder auf ein Liebeslager;
sprich: über welche Götter hast du keine Macht?
. . . Nimm mich auf in Gnaden,

mich, deinen Knecht und Söldner, der dein Joch trägt,
als wär's ein Rosenkranz, und ist doch schwerer
als Blei und brennender als Nesseln.
Nie hab ich dein Gesetz geschmäht, noch jemals
verraten ein Geheimnis, denn ich kannte
gar keines, und ich hätt' auch nichts verraten,
hätt' ich selbst alle, die da sind, gekannt;
hab keines andern Weib verführt und nie
gewünscht, zu lesen freche Schriften; niemals
bei großen Festen sucht' ich zu betören
ein schönes Mädchen, und errötend sah ich,
wie feine Herr'n dies taten; streng verwies ich's
den allzu Frechen, und ich fragt' sie zornig,
ob sie nicht Mütter hätten; meine Mutter
sei eine Frau, und Frauen seien's, denen
sie Böses täten. Ja, ich kannte einen,
der zählte achtzig Winter, und er freite
ein Kind von vierzehn. Es war deine Macht,
die Leben eingehaucht dem Staub; der Krampf
des Alters lähmte ihm die Beine, gichtig
verknotet waren seine Finger, daß
vor Schmerz die Augen ihm fast aus
den Höhlen sprangen; was noch Leben war
an ihm, schien Folter; dies Gerippe
ward Vater eines Knäbleins, das geschenkt ihm
sein junges Weib; ich glaube wohl, daß es
von ihm war, denn sie schwor es, und wer hätte
ihr nicht geglaubt? Nun kurz, ich bin kein Freund
von solchen, die sich ihrer Taten rühmen,
ich hass' die Prahler, die sich dessen brüsten,
was sie gar nicht getan, und freu mich derer,
die gerne möchten, es jedoch nicht können.
Ach nein, ich mag nicht ihn, der das Geheimste
in schmutz'ger Rede nennt und das Verborgne
frech offenbart. So bin ich, und ich schwöre,
daß keiner jemals treuer hat geliebt
als ich. Oh gute, süße Göttin, gib
den Sieg mir in der Sache, die Verdienst ist
der treuen Liebe, und gewähre mir
ein Zeichen deiner Gunst!
[Man hört Musik, man sieht Tauben flattern; sie fallen aufs Antlitz, dann auf die Knie.]

Oh du, die du regierst der Menschen Herzen
von elf bis neunzig Jahr', du Jägerin
im Jagdrevier der Welt, wir sind dein Wild;
ich danke dir für dieses gute Zeichen,
das, mir an mein unschuldig treues Herz
gelegt, mich wappnet mit Gewißheit
für mein Geschäft. Nun laßt uns aufsteh'n und
uns vor der Göttin beugen. Es ist Zeit.
[Sie gehen ab, während die Musik weiterspielt.])

Italienische Reise

Jedermann weiß, daß die Throne der europäischen Literatur von dem Triumvirat eingenommen werden, das in *Finnegans Wake* Daunty, Gouty and Shopkeeper (Dante, Goethe und Shakespeare) heißt, aber für die meisten englischsprechenden Leser ist der zweite nur ein Name. Deutsch ist schwieriger zu erlernen als Italienisch, und während sich Shakespeare anscheinend sehr gut ins Deutsche übertragen läßt, widersetzt sich besonders Goethe einer Übersetzung ins Englische; Hölderlin und Rilke beispielsweise kommen viel besser heraus. Bei einer Übersetzung des *Faust* kann jeder Leser merken, daß Goethe außergewöhnlich intelligent gewesen sein muß, er wird aber wahrscheinlich den Eindruck gewinnen, daß er zu intellektuell, zu wenig leidenschaftlich gewesen sei, weil keine Übersetzung eine angemessene Vorstellung von Goethes erstaunlicher Beherrschung aller Stilgattungen, vom Derben über das Witzige und das Lyrische bis zum Erhabenen, zu geben vermag.

Jener Leser dagegen, der etwas Deutsch kann und anfängt, sich für Goethe zu interessieren, stößt auf eine kulturelle Barriere, nämlich die humorlose Vergötzung Goethes durch deutsche Professoren, die jedes Wort, das er jemals gesagt hat, als heilig betrachten. Auch wenn es in unserer Art läge, unsere großen Dichter auf diese Weise zu verehren, so wäre es für uns viel schwieriger, den Menschen Shakespeare zu vergöttern, weil wir nichts über ihn wissen, während Goethe im Grunde ein autobiographischer Autor war, über dessen Leben mehr Dokumente vorliegen als über irgendeinen anderen Menschen, der je gelebt hat; verglichen mit Goethe ist sogar Dr. Johnson eine schattenhafte Figur.

Für jene, deren Unkenntnis des Deutschen sie hindert, Goethes Dichtkunst unmittelbar kennenzulernen, und die eine instinktive Abneigung gegen Professorentum haben, mag die *Italienische Reise* für den Anfang am besten geeignet sein. Vor allem einmal gibt es Hunderte und Tausende von

Engländern und Amerikanern, die selber eine italienische Reise gemacht haben, und für viele von ihnen war ihre Begegnung mit Italien, seiner Landschaft, seinen Menschen, seiner Kunst eine ebenso wichtige Erfahrung wie für Goethe, so daß der Inhalt des Buches, vom Autor ganz abgesehen, sie interessieren wird. Es wird ihnen Vergnügen machen, das Italien nach dem Zweiten Weltkrieg, das sie kennen, mit dem Italien vor der Französischen Revolution, das Goethe sah, zu vergleichen. (Ich bin immer wieder erstaunt, wie ähnlich sie einander sind. Gibt es ein anderes Land in Europa, wo der Charakter der Menschen anscheinend so wenig von den politischen und technischen Veränderungen beeinflußt wurde?)

Goethe ging nach Italien nicht als Journalist auf der Suche nach Neuigkeiten, doch verdanken einige der besten Passagen in der *Italienischen Reise* ihren Wert ebensosehr dem journalistischen Glück wie dem literarischen Talent des Autors. Während Goethe bei Malcesine einen zerstörten Befestigungsturm skizziert, wird er verdächtigt, ein österreichischer Spion zu sein, und entgeht nur knapp einer Verhaftung; der Vesuv ist so gefällig, einen größeren Ausbruch zu veranstalten, während Goethe in Neapel weilt; als er von Sizilien zurücksegelt, ist das Schiff, das er genommen hat, so freundlich, fast an Capris Küste zu stranden; exzentrische und komische Charaktere kreuzen seinen Pfad, wie die neapolitanische Prinzessin mit der zügellosen Sprache, der cholerische Gouverneur von Messina oder Miss Hart, die zukünftige Lady Hamilton, die anscheinend – Gott möge es ihr vergeben – den modernen Tanz erfunden hat; eine zufällig überhörte Bemerkung führt zu einer Begegnung mit den bescheidenen Verwandten Cagliostros, des berühmtesten internationalen Schwindlers seiner Zeit. Goethe gilt gewöhnlich nicht als Humorist, aber seine Beschreibungen solcher Begebnisse zeigen eine erstaunliche komische Begabung und, was noch überraschender ist, seine Bereitschaft, sich selbst in einem komischen Licht zu sehen.

Um ein erfolgreiches Reisebuch zu schreiben, braucht man Beobachtungsgabe und Talent zur Beschreibung. Goethe hatte sehr entschiedene Ansichten über die Kunst des Schilderns; man findet sie zusammengefaßt in einem Brief, in dem Goethe 1826 über einen jungen Autor schrieb, der ihn um Rat gefragt hatte:

Bis jetzt ist er noch im Kreis der modernen, subjektiven, mit sich selbst beschäftigten, in sich selbst befangenen Poesie eingeengt. Was sich auf Erfahrung, Gefühl, Gemüt und Reflexion darüber beschränkt, gelingt ihm recht gut, und eine Aufgabe, die hiezu Gelegenheit bietet, wird er glücklich lösen; zu allem eigentlich Gegenständlichen aber hat er seine Fähigkeiten bisher noch nicht ausgebildet, ja er fühlt, wie alle jüngeren Männer, gewissermaßen eine Scheu vor der Wirklichkeit, worauf denn doch alles Imaginative sich gründen und alles Ideelle sich niederlassen muß. Seine Aufgabe war: Hamburg, und zwar als wenn er soeben wieder dahin zurückkäme, zu schildern. Da ergriff er gleich den sentimentalen Anlaß, von seiner Mutter, seinen dortigen Freunden, ihrer Liebe, Duldung und Beihilfe zu sprechen. Die Elbe blieb ein Silberfaden, Reede und Stadt waren für nichts dabei, von dem tätigen Menschengetümmel keine Spur, so daß man ebensogut – Naumburg oder Merseburg hätte erlangen können. Ich habe ihm dies alles redlich eröffnet, und wenn er sich nun jetzt zu seinen Haus- und Familiengefühlen noch das Panorama einer nordischen großen Handelsstadt ausbildet, so kann er was Vorzügliches leisten.

Goethes eigene Vorgangsweise ist ungewöhnlich und erinnert mich merkwürdig an die Antiliteratur des modernen französischen *nouveau roman*. Die traditionelle Beschreibungsmethode besteht darin, die sinnliche Wahrnehmung der Objekte mit den subjektiven Gefühlen, die sie erregen, durch ein Gleichnis oder ein metaphorisches Bild zu vereinigen. Goethe tut dies nur äußerst selten. Im Gegenteil, er hält bewußt Wahrnehmung und Gefühl auseinander. Er gibt sich größte Mühe und türmt ein beschreibendes Adjektiv auf das andere, um möglichst genau zu sagen, welche Form und welche Farbe ein Gegenstand hat und in welcher räumlichen Beziehung er zu anderen Gegenständen steht; im Gegensatz aber zu dieser Präzision sind die Adjektive, mit denen er seine gefühlsmäßigen Reaktionen ausdrückt, fast immer unbestimmt und banal – Wörter wie *schön, wichtig, wertvoll* kommen wieder und wieder vor.

Die Schwierigkeit bei diesem Verfahren liegt darin, daß die Sprache ihrem Wesen nach ein allzu abstraktes Medium ist. Keine wörtliche Beschreibung, und sei sie noch so sorgfältig, kann ein einmaliges Objekt darstellen, sie kann bestens Dinge einer bestimmten Art wiedergeben. Die einzigen Medien, die ein Objekt in seiner konkreten Einzigartigkeit zeigen können, sind die bildenden Künste und die Photographie. Goethe wußte dies natürlich und sprach es aus:

> Wir sollten weniger sprechen und mehr zeichnen. Ich selbst würde am liebsten das Reden ganz aufgeben und wie die organische Natur alles durch Skizzen sagen.

Er wußte selbstverständlich auch, daß das eine Übertreibung war. Die Dinge haben gewisse Eigenheiten, die genauso »objektiv« sind wie ihre visuelle Erscheinung und die nur die Sprache ausdrücken kann. Eine Zeichnung kann zeigen, wie ein Gegenstand in einem gegebenen Moment aussieht, aber sie kann nicht zeigen, wie er geworden ist oder was im nächsten Moment damit geschehen wird; das vermag nur die Sprache. Der Wert von Goethes Beschreibungen besteht nicht in »Wortmalerei« – er läßt nicht, wie beispielsweise D. H. Lawrence, eine Landschaft oder ein Gebäude »sichtbar werden« –, sondern in seinem leidenschaftlichen Interesse an der historischen Entwicklung: besser als jeder andere Autor zeigt er, *warum* die Dinge zu dem geworden sind, was sie sind. Er hat sich immer geweigert, das Schöne vom Notwendigen zu trennen, denn er war überzeugt, daß man die Schönheit eines Gegenstandes nicht richtig schätzen könne, wenn man nicht verstehe, worin sie liegt und wie sie entstanden ist. Für Goethe war ein Mensch, der eine schöne Wolke anschaut, ohne etwas von Meteorologie zu wissen oder wissen zu wollen, der eine Landschaft betrachtet, ohne Geologie zu kennen, eine Pflanze, ohne ihre Struktur und die Art ihres Wachstums zu untersuchen, den menschlichen Körper, ohne Anatomie zu studieren, in jener ästhetischen Subjektivität befangen, die er als die Hauptsünde der Autoren seiner Zeit beklagte.

Goethe ist besser in der Beschreibung der Natur als in der Beschreibung von Kunstwerken. Der Leser ertappt sich oft bei dem Wunsch, Goethe hätte sich konsequenter an das gehalten, was er selbst predigte: Die Kunst existiere, um gesehen, nicht um besprochen zu werden, ausgenommen vielleicht in ihrer Gegenwart. Ein Grund dafür ist natürlich, daß Goethe sehr viel von Naturgeschichte und sehr wenig von Kunstgeschichte verstand. Ein anderer Grund liegt vielleicht darin, daß diese beiden Arten von Geschichte verschieden sind: Die

Naturgeschichte, ebenso wie die soziale und politische Geschichte, ist kontinuierlich, es gibt keinen Augenblick, in dem nichts geschieht. Die Kunstgeschichte aber ist diskontinuierlich; der Kunsthistoriker kann zeigen, welche Einflüsse und Umstände es möglich und wahrscheinlich gemacht haben, daß ein bestimmter Maler auf eine bestimmte Art und Weise malt, *wenn er malen will,* aber er kann nicht erklären, warum der Maler ein Bild malt, anstatt keines zu malen. Ein Werk der Natur und ein großes Kunstwerk geben uns beide, wie Goethe sagte, ein Gefühl der Notwendigkeit; während aber die Notwendigkeit der Natur ein *Müssen* ist, ist jene der Kunst ein *Sollen.*

Als nach dreißig Jahren der erste Teil der *Italienischen Reise* veröffentlicht wurde, war die deutsche Künstlerkolonie in Rom empört. Jene, die Goethe nicht erwähnt hatte, waren beleidigt, und in Anbetracht der Kunstwerke, die er nicht gesehen hatte, und der Urteile, die er über jene, welche er gesehen hatte, fällte, gelangten sie zu der Meinung, er müsse mit geschlossenen Augen durch Italien gereist sein.

Das war ungerecht. Wie jeder Mensch, hatte auch Goethe einen subjektiven Geschmack, bedingt teils durch sein Temperament, teils durch seine Zeit. Die Giotto-Fresken in der Arena-Kapelle in Padua waren anscheinend nicht zu besichtigen, als Goethe dort war, obwohl er sie zu sehen versuchte; er weigerte sich aber ganz bewußt, die beiden Kirchen in Assisi zu besuchen. Für Goethe gab es weder eine Malerei noch eine Bildhauerei zwischen dem klassischen Altertum und Mantegna.

Zieht man aber in Betracht, wie wenig Malerei, Bildhauerei und Architektur Goethe gesehen hatte, ehe er nach Italien kam, so ist man erstaunt über seine Aufgeschlossenheit. Obwohl beispielsweise Palladio sein Ideal eines modernen Architekten war, zeigte er doch mehr Verständnis für das Barock, als man erwartet hätte, fast mehr als die meisten seiner Nachfolger im neunzehnten Jahrhundert. Er begann mit einem ausgeprägten Vorurteil gegen christliche Bildthemen und überwand es. Obleich für ihn der Apollo von Belvedere der Höhepunkt der griechischen Kunst war, lernte er doch, Werke der archaischen Periode wie jene in Paestum zu bewundern. Und obwohl er sich schockiert über die groteske Villa des Prinzen von Pallagonien äußert, verrät doch der Eifer, mit der er sie beschreibt, daß er fasziniert war.

Schließlich erhob Goethe nicht den Anspruch, einen Führer zur italienischen Kunst zu schreiben. Er erzählt, was er gesehen und was ihm gefallen hat und behauptet nicht, sein Urteil sei unfehlbar, und obwohl er vielleicht nach unserer Ansicht einige Bilder allzusehr gelobt hat, so glaube ich nicht, daß er irgendwelche verdammte, die wir für wirklich gut halten.

Ein Grund, weshalb wir gerne Reisebücher lesen, liegt darin, daß eine Reise eines der archetypischen Symbole ist. Wir können keinen Zug und kein Flugzeug besteigen, ohne zu träumen, wir wären fahrende Helden, die ausziehen, um auf den Wassern des Lebens nach einer verzauberten Prinzessin zu suchen. Und manche Reisen – so auch die Goethes – dienen wirklich einer Suche.

Die *Italienische Reise* ist nicht nur eine Beschreibung von Orten, Menschen und Dingen, sondern auch ein psychologisches Dokument erster Ordnung, das von einer Lebenskrise handelt, die wir alle in unterschiedlicher Intensität irgendwann zwischen dem fünfunddreißigsten und dem fünfundvierzigsten Lebensjahr durchmachen.

Die erste Krise in Goethes Leben ereignete sich 1775, als er sechsundzwanzig Jahre alt und bereits als Autor des *Götz von Berlichingen* und des *Werther* berühmt war. Stark vereinfachend könnte man sagen, daß die literarische Bewegung des Sturm und Drang, als deren Führer Goethe damals galt, für Unmittelbarkeit des Gefühls gegen Konvention und Förmlichkeit, für Shakespeare und Ossian gegen Racine und Corneille, für das heiße Herz gegen die kühle Vernunft eintrat. Solche Bewegungen hat es in der Geschichte oft gegeben, und die Folgen sind fast immer die gleichen gewesen. Ihre Anhänger produzieren in jungen Jahren ein bemerkenswertes Werk, dann aber versagen sie, wenn sie nicht, wie es oft geschieht, sich dem Trunk ergeben oder sich erschießen. Eine Kunst, die sich im Namen der Natur der Kunst entgegenstellt, muß sich selbst verneinen. Kierkegaards »ästhetische Religion«, die ihren ganzen Glauben in die Stimmung des unmittelbar gegebenen Augenblicks setzt, führt zuerst zur »Kultivierung der eigenen Hysterie in Entzücken und Schrecken«, wie Baudelaire sagte, und letztlich zur Verzweiflung. Auch Goethe geriet dadurch an den Rand einer Katastrophe: »Ich falle«, schrieb er im April 1775, »von einer Verwirrung in die andere.« Sein Vater riet ihm zu einer Italienreise, und Goethe beabsichtigte, dem Rat zu folgen. Anfang November war er in Heidelberg. Der junge Großherzog von Weimar sandte seine Kutsche und lud Goethe ein, zu ihm zu kommen. Ein oder zwei Tage später folgte Goethe der Einladung.

Man würde nicht erwarten, daß ein junger Dichter, der wohlhabend genug war, um zu tun, was ihm gefiel, sich dazu entschließen würde, Beamter an einem kleinen Hof zu werden, wenn er nach Italien hätte fahren können. Daß Goethe es getan hat, beweist seinen erstaunlichen Instinkt, der ihn sein ganzes Leben lang zur jeweils richtigen Entscheidung leiten sollte. In dem Zustand, in dem er sich befand, konnte seine Rettung vor einer sinnlosen Existenz nicht Freiheit sein, sondern nur eine Einschränkung der Freiheit, das heißt die Zügelung seiner subjektiven Gefühle, wie sie sich aus der Verantwortung für andere Menschen und Dinge ergeben würde, und genau das bot ihm Weimar. Mit Ausnahme des Großherzogs und der Herzogin, die erst achtzehn war, war Goethe der jüngste Mensch am Hofe; dennoch wurde er schon ein Jahr später Geheimer Rat, und im Lauf der nächsten zehn Jahre leitete er erst das Bergbauministerium, dann das Kriegsressort und schließlich das Schatzamt des Großherzogtums. Zusätzlich und als weitere Verteidigung gegen jede Subjektivität begann er ernsthaft Naturwissenschaft zu studieren und machte im März 1784 eine wichtige Entdeckung: er wies nach, daß der Mensch ebenso wie die anderen Säugetiere einen Zwischenkieferknochen hat.

Goethes erste elf Jahre in Weimar waren auch die Zeit seiner platonischen, hauptsächlich aus dem Austausch von Briefen bestehenden Beziehung zu Charlotte von Stein, einer eher unhübschen verheirateten Frau mit drei Kindern, die elf Jahre älter war als er. Wieder scheint es seltsam, daß ein Mann in seinen Zwanzigern und Dreißigern mit solch einer »geistigen«, unfleischlichen Beziehung zufrieden war; es zeigt aber vielleicht wieder Goethes gesunden Instinkt. Während er als Geheimer Rat bereit war, eine unpersönliche Verantwortung auf sich zu nehmen, so war er doch noch nicht reif, die gefühlsmäßige Verantwortung für einen anderen Menschen zu tragen. Was er damals brauchte, war emotionale Sicherheit ohne Verantwortung, und das kann man nur in einer platonischen Beziehung haben, wie zu einer Mutter oder zu einer älteren Schwester.

Einem Außenstehenden mußte Goethes Leben im Jahr

1786 beneidenswert erscheinen. Er hatte eine hohe Position, wurde bewundert und geliebt. Dennoch stand er in Wirklichkeit am Rande eines Zusammenbruchs. Die Stabilität, die Weimar ihm gegeben hatte, drohte zum Gefängnis zu werden. Obwohl sie es ihm ermöglichst hatte, den *Werther* hinter sich zu lassen, gab sie ihm keine Anregungen, wie er nun auf andere Weise schreiben sollte, denn während er nach Weimar gegangen war, um vom *Werther* loszukommen, hatte Weimar ihn doch gerade als Autor des Werther begrüßt und schätzte ihn immer noch in dieser Eigenschaft. Das Beamtenleben hatte auf ihn eine heilende Wirkung ausgeübt, aber da er sich nicht dazu berufen fühlte, wurden ihm seine Pflichten zu sinnlosen Aufgaben, die seine Energien verbrauchten, ohne seine Phantasie anzuregen. Sein größter Gewinn waren seine wissenschaftlichen Studien gewesen, aber Goethe war auch nicht zum Gelehrten, sondern zum Dichter berufen. Wissenschaftliche Kenntnisse waren nötig für die Dichtungen, die er schreiben wollte, doch solang er in Weimar blieb, waren seine wissenschaftlichen Forschungen und sein Dichten zwei getrennte Tätigkeiten ohne wirklichen Einfluß aufeinander. Was seine Freunde in Weimar betrifft, so begann er ihnen über den Kopf zu wachsen – das kommt davon, wenn man ein Genie ist. Von Herder, dem er seit seiner Straßburger Studentenzeit so viel verdankte, konnte er nichts mehr lernen, und vermutlich begann ihn auch das Schulmeisterhafte an Herder, der gerne Schüler hatte, zu irritieren. Was Charlotte betrifft, so scheint Goethe – wie Yeats – ein Mann gewesen zu sein, bei dem das Bedürfnis nach physischen sexuellen Beziehungen erst verhältnismäßig spät im Leben dringlich wurde. 1786 war es soweit. Wann ihm die Idee, aus Weimar nach Italien zu fliehen, zuerst gekommen ist, werden wir niemals wissen. Goethe berichtet, sein Verlangen nach »klassischem« Boden sei so groß geworden, daß er nicht länger die Klassiker zu lesen wagte, weil sie ihn zu sehr erregten; aber seine Entscheidung, zu reisen, mag im letzten Augenblick gefallen sein. Am 28. August feierte er seinen siebenunddreißigsten Geburtstag in Karlsbad, wo einige Mitglieder des Hofes die Kur machten. Zwei oder drei Tage später kehrten alle bis auf Goethe und den Großherzog nach Weimar zurück, in der Meinung, Goethe unternehme eine kurze geologische Exkursion in die Berge. Nachdem sie fort waren, bat Goethe den Großherzog um Urlaub, und am 3. September um drei Uhr früh sprang er, ohne Bedienten und fast ohne Gepäck, in eine Postkutsche, gab seinen Namen als »Möller« an und riß aus. Er scheint auch seinen Souverän nicht genau über seine Pläne informiert zu haben, denn der Großherzog kann den vom 2. September datierten Brief Goethes erst nach dessen Abreise erhalten haben:

> Verzeihen Sie, daß ich beim Abschied von meinem Reisen und Außenbleiben nur unbestimmt sprach, selbst jetzt weiß ich noch nicht, was aus mir werden soll.
>
> Sie sind glücklich, Sie gehen einer gewünschten und gewählten Bestimmung entgegen, Ihre häuslichen Angelegenheiten sind in guter Ordnung, auf gutem Wege, und ich weiß, Sie erlauben mir auch, daß ich nun an mich denke, ja Sie haben mich selbst oft dazu aufgefordert. Im Allgemeinen bin ich in diesem Augenblicke gewiß entbehrlich, und was die besonderen Geschäfte betrifft, die mir aufgetragen sind, diese habe ich so gestellt, daß sie eine Zeitlang bequem ohne mich fortgehen können; ja ich dürfte sterben und es würde keinen Ruck tun. Noch viele Zusammenstimmungen dieser Konstellation übergehe ich und bitte Sie nur um einen unbestimmten Urlaub. Durch den zweijährigen Gebrauch des Bades hat meine Gesundheit viel gewonnen, und ich hoffe auch für die Elastizität meines Geistes das Beste, wenn er eine Zeitlang, sich selbst gelassen, der freien Welt genießen kann. Die vier ersten Bände sind endlich in Ordnung; Herder hat mir unermüdlich treu beigestanden, zu den vier letzten bedarf ich Muße und Stimmung; ich habe die Sache zu leicht genommen und sehe jetzt erst, was zu tun ist, wenn es keine Sudelei werden soll. Dies alles und noch viele zusammentreffende Umstände dringen und zwingen mich, in Gegenden der Welt mich zu verlieren, wo ich ganz unbekannt bin, ich gehe ganz allein unter einem fremden Namen und hoffe von dieser etwas sonderbar scheinenden Unternehmung das Beste. Nur bitt ich, lassen Sie niemanden nichts merken, daß ich außenbleibe. Alle, die mir mit- und untergeordnet sind oder sonst mit mir im Verhältnis stehen, erwarten mich von Woche zu Woche, und es ist gut, daß das also bleibe und ich auch abwesend als ein immer Erwarteter würke . . .

Der einzige Mensch, den Goethe in Rom kannte – und auch ihn nur brieflich – war der deutsche Maler Tischbein. Durch ihn wurde Goethe bei der deutschen Künstlerkolonie eingeführt, und obwohl er immer wieder nach Weimar schrieb, wie einsam er sei, ist es klar, daß er sehr bald lebhaft am Gesellschaftsleben teilnahm. In Rom aber war er frei, sich seine Gesellschaft auszusuchen, was er in Weimar nicht hatte tun können, und seine Anonymität, obwohl sie nicht lange gewahrt blieb, wurde anscheinend respektiert. Aus eigener Wahl, oder weil man Italiener nicht so leicht kennenlernt, hielt er sich ziemlich eng an seine Landsleute. Während die meisten seiner Freunde in Weimar älter waren als er, waren die Menschen, mit denen er in Rom am häufigsten zusammenkam – Angelika Kaufmann ausgenommen –, alle jünger. Als Goethe siebenunddreißig war, waren Tischbein fünfunddreißig, Kaiser, Knie und Schütz einunddreißig, Moritz neunundzwanzig, Lipps achtundzwanzig, Meyer sechsundzwanzig und Bury dreiundzwanzig. Nur einer von ihnen, Moritz, war Schriftsteller und Intellektueller, keiner war Dichter oder Geistlicher, und alle, wieder mit Ausnahme Angelikas, waren weniger wohlhabend als Goethe. Für ihn hatte damals eine solche Gesellschaft viele Vorteile. Ehe er nach Italien gekommen war, hatte er sehr wenig Architektur, Bildhauerei und Malerei aus der Antike und der Renaissance im Original gesehen, und er war vernünftig genug, zu begreifen, daß er seine Augen erziehen mußte, ehe er jene Kunst wirklich verstehen und schätzen lernen konnte. Er wollte auch Zeichnen lernen, nicht so sehr als Selbstzweck – er bildete sich niemals ein, daß er im Ernst ein Zeichner werden könnte – als um der Disziplin willen. Zeichnen war für ihn der beste Weg, sich zu zwingen, die Außenwelt mit Aufmerksamkeit zu betrachten. Um sein Auge zu schulen, um zeichnen zu lernen, bedurfte er der Hilfe professioneller bildender Künstler, was die meisten seiner römischen Freunde waren. Und wenn er sich als Dichter weiterentwickeln wollte, war in diesem Augenblick, da ihm ein literarisch ebenbürtiger Mann wie Schiller fehlte, eine unliterarische Gesellschaft oder wenigstens eine, deren literarische Urteile er nicht ernstzunehmen brauchte, die beste für ihn. Sie wußten natürlich alle, daß er ein berühmter Dichter war, und Angelika war eine mitfühlende Zuhörerin, aber sie bildeten sich nicht ein, Experten für schöne Literatur zu sein, und er konnte sich über ihre Kritik in einer Weise hinwegsetzen, wie es ihm bei der aus Weimar kommenden immer noch schwerfiel. Er gab gern zu, von den prosodischen Theorien von Moritz gelernt zu haben, sonst aber erhielt er neue Anregungen für seine Phantasie nicht aus Gesprächen und Lektüre, sondern aus der Beobachtung der Italiener und aus dem Leben inmitten der italienischen Natur, deren Klima, Formen und Farben so gänzlich verschieden waren von denen des Nordens, die er bisher gekannt hatte. Wie nötig es für Goethe war, der literarischen Atmosphäre von Weimar zu entkommen, kann man seinen Briefen über die Neufassungen der *Iphigenie* und des *Egmont* entnehmen, denn es ist klar, daß man in Weimar die älteren Fassungen vorzog und an Goethes neuem Klassizismus nicht viel Gefallen fand.

Und schließlich gab ihm die etwas bohemienhafte Künstlerkolonie in einer Großstadt eine Freiheit des persönlichen Lebens, die an einem provinziellen deutschen Hof ganz ausgeschlossen war. Da er uns nur seine Seite der Korrespondenz wiedergibt, können wir lediglich daraus folgern, wie die Weimarer auf sein ganzes italienisches Abenteuer reagierten. Sie scheinen ziemlich verletzt, mißtrauisch, mißbilligend und eifersüchtig gewesen zu sein. Wenn der Leser manchmal etwas ungeduldig wird über Goethes endlos wiederholte Versicherungen, wie eifrig er *arbeite,* wie *gut* ihm Italien tue, dann muß er bedenken, daß Goethe versuchte, seine Freunde mit der Tatsache zu versöhnen, daß er ohne sie so strahlend glücklich sein konnte. Einer der Gründe, warum sein Bericht über seinen Aufenthalt in Rom, besonders über den zweiten, weniger interessant ist als der Rest der *Italienischen Reise,* liegt darin, daß man das Gefühl hat, Goethe habe viel erlebt, was für ihn von größter Wichtigkeit war, was er uns aber nicht erzählt. Es gibt keine Ursache, anzunehmen, daß Goethe sich in Rom ähnlich aufgeführt hat wie Byron in Venedig, aber man kann unmöglich glauben, daß sein Leben ganz so respektabel und so ausschließlich höheren Dingen zugewandt war, wie er es – aus offensichtlichen Gründen – in seinen Briefen nach Hause glauben machen wollte. Der Unterschied zwischen dem überfeinen, zarten, fast neurasthenischen Antlitz auf den Porträts aus der Zeit vor der Italienreise und dem männlichen, selbstsicheren auf den nach seiner Rückkehr angefertigten Bildnissen ist sehr auffallend. Es ist nun das Antlitz eines Mannes, der sexuelle Befriedigung genossen hat.

Wenn Goethe auch nicht alles erzählt, so ist doch das, was er sagt, wahr genug. Er arbeitete wirklich sehr eifrig, und

Italien tat ihm sehr gut. Jeder Schriftsteller wird faszinierend finden, was Goethe in der *Italienischen Reise* über seine Arbeitsmethode sagt. Er konnte mit außerordentlicher Schnelligkeit im Kopf dichten – wenn er es nicht gleich niederschrieb, vergaß er es oft –, unabhängig von den äußeren Umständen: es kann nicht viele Dichter gegeben haben, die in seekrankem Zustand zu schreiben vermochten. Seine Hauptschwierigkeit lag darin, ein Werk zu Ende zu führen, teils wegen seines ungeduldigen Temperaments, teils weil ihm so viel auf einmal einfiel und ihn so vieles interessierte. Er beginnt die Neufassung der *Iphigenie auf Tauris* zu schreiben und läßt sich ablenken von dem Gedanken an ein anderes Stück, eine *Iphigenie in Delphi.* Er geht in den Gärten von Palermo spazieren und plant ein neues Stück über Nausikaa, als ihm ganz plötzlich eine Idee über die Urpflanze kommt und die Botanik die Muse verscheucht.

Und er hat so viele unvollendete Stücke liegen! Als er endlich die *Iphigenie,* die er 1779 begonnen hatte, fertig hat, wartet der 1775 angefangene *Egmont* auf ihn. Er beendet *Egmont,* und dann gibt es zwei alte Singspiele umzuarbeiten. Sobald er das getan hat, nimmt er das schon vergilbte Manuskript des *Faust* heraus, das achtzehn Jahre alt ist, und fügt die eine und andere Szene hinzu; und er fährt von Rom weg mit der Absicht, auf der Reise den neun Jahre alten Entwurf des *Tasso* umzuarbeiten. Das tut er alles inmitten eines lebhaften geselligen Leben, während er Bauwerke und Bilder besichtigt, Münzen, Edelsteine, Minerale, Gipsabgüsse sammelt, zeichnen lernt, zu Vorträgen über Perspektive geht und botanische Experimente macht. Wenn soviel Energie auch etwas ermüdend wirkt, so ist es doch ein ungeheures Vernügen, über einen Mann zu lesen, der sein Leben genießt.

Wir haben versucht, eine Übersetzung zu machen, keinen »Schmierer«. Ein »Schmierer« ist wie eine Brille für Sehschwache, eine Übersetzung ist wie ein in Braille-Schrift geschriebenes Buch für Blinde. Das heißt, ein Übersetzer muß annehmen, daß seine Leser weder jetzt noch in Zukunft imstande sein werden, das Original zu lesen. Und das impliziert wiederum, daß sie keine Spezialisten in bezug auf den Autor sind. Sie wissen wahrscheinlich wenig über ihn und haben wohl auch kein großes Verlangen nach gelehrten Fußnoten.

Das schwierigste Problem des Übersetzers ist nicht, auszudrücken, *was* der Autor sagt, sondern den Klang seiner Stimme wiederzugeben. Wie in aller Welt soll ein Mann, der deutsch dachte und schrieb, englisch denken und schreiben und dennoch eine einzigartige Persönlichkeit namens Goethe bleiben? Dem Publikum eine Übersetzung anbieten, heißt behaupten, man wisse, wie Goethe geschrieben hätte, wäre Englisch seine Muttersprache gewesen; es läuft also hinaus auf die Behauptung, mediale Fähigkeiten zu besitzen, und wie wir alle wissen, sind Medien oft zweifelhafte Charaktere.

Die Umstände, unter denen die *Italienische Reise* geschrieben, zusammengestellt und veröffentlicht wurde, bieten noch ein besonderes Problem. Der Großteil des Inhalts basiert auf Briefen und einem zur gleichen Zeit geschriebenen Tagebuch, aber erst fünfundzwanzig Jahre später ging Goethe daran, ein Buch daraus zu machen, und der dritte Teil erschien erst, als Goethe fast achtzig war. Eine Zusammenstellung dieser Art bedarf der Durchsicht, und man muß leider zugeben, daß Goethe es daran hat fehlen lassen. Wenn ein Mann am selben Tag zwei Briefe an zwei verschiedene Leute schreibt, dann ist es unvermeidlich, daß er sich hie und da wiederholt, und wenn er am Ende eines aufregenden und ermüdenden Tages eilig die Ereignisse in seinem Tagebuch notiert, so ist es nur natürlich, daß seine Erzählung etwas ungeordnet ist – was zuerst kommen sollte, wird später angeführt usw. –, aber wenn er sich entschließt, aus solchem Material ein Buch zu machen, dann kann man mit Recht erwarten, daß er Wiederholungen ausmerzt, das Chaotische in Ordnung bringt und das Unklare klarstellt.

Schon in den ersten zwei Teilen der *Italienischen Reise* gibt es Stellen, wo Goethe nachlässig war. So stellt er zum Beispiel seinen Besuch bei den Verwandten Cagliostros als eine Passage aus seinem Tagebuch mit dem Datum 13. und 14. April 1787 dar. Plötzlich, ohne jeden Übergang, liest man jedoch von Ereignissen, die erst 1789 stattfanden. Hier hat Goethe nicht sein Tagebuch wiedergegeben, sondern einen Vortrag über Cagliostro, den er 1792 in Weimar gehalten hatte. Was den dritten Teil betrifft, so können wir nur annehmen, daß Goethe das Material seinem Sekretär übergeben hat, ohne es noch einmal durchzulesen, und daß der Sekretär zuviel Ehrfurcht vor dem großen Mann hatte, um irgendwelche Korrekturen vorzuschlagen.

Wir haben uns daher entschlossen, selber ein wenig zu redigieren. Ein früherer englischer Übersetzer, ein anglikanischer Geistlicher, ließ alle freundlichen Hinweise Goethes auf die römisch-katholische Kirche aus; wir haben uns auf Stilfragen beschränkt. Wir haben einige Passagen gestrichen, die uns als Wiederholungen erschienen, und einige Anspielungen auf Dinge, die den Briefempfängern bekannt waren, für den heutigen Leser aber ohne eine lange Anmerkung unverständlich wären, und hie und da haben wir Sätze in eine logischere Reihenfolge gebracht. Wir haben auch den ganzen Essay *Über die malerische Imitation des Schönen* weggelassen. Unsere offizielle Entschuldigung ist, daß die darin enthaltenen Gedanken nicht von Goethe, sondern von Moritz sind; in Wirklichkeit haben wir es getan, weil der Essay ein wortreicher Unsinn ist und wie eine Parodie auf »tiefsinnige« deutsche Prosa klingt.

Jenen, denen solche Eingriffe als Sakrileg erscheinen, können wir als Autorität nur den Meister selbst zitieren (Brief an Streckfuß, 1827):

> . . . Aber wer seinen Autor durchdringt, wird doch auch nach dem, was dieser leistete, in sich aufrufen können, was jener hätte leisten wollen und sollen. Ich habe wenigstens beim Übersetzen immer so verfahren, will aber nicht behaupten, daß es zulässig sei.

Sören Kierkegaard

> Ich bin nicht die christliche Strenge im Gegensatz zur christlichen Milde. Ich bin . . . bloße menschliche Ehrlichkeit.
>
> *Kierkegaard*

Obwohl seine Schriften zum Teil brillant dichterisch und zum Teil tief philosophisch sind, war Kierkegaard weder ein Dichter noch ein Philosoph, sondern ein Prediger, ein Ausleger und Verteidiger der christlichen Lehre und des christlichen Lebens. Der Zeitgenosse, mit dem man ihn am ehesten vergleichen kann, ist nicht jemand wie Dostojewskij oder Hegel, sondern jener zweite große Prediger des neunzehnten Jahrhunderts, John Henry, später Kardinal Newman. Beide Männer standen vor dem Problem, einer säkularisierten Gesellschaft zu predigen, die offiziell noch christlich war, und keiner von beiden war ein naiver Gläubiger, so daß man beim Lesen ihrer Werke erkennt, daß sie zu zwei Gemeinden gepredigt haben: zu einer außerhalb und zu einer innerhalb der Kirche. Beide wurden vom intellektuellen Ehrgeiz in Versuchung geführt. Newman hat vielleicht der Versuchung erfolgreicher widerstanden (man muß gestehen, daß Kierkegaard sich manchmal wie eine geistliche Primadonna aufführte), aber ihm blieb auch jene außergewöhnliche Situation erspart, in der Kirkegaard sich befand, die Situation einer einzigartigen Bedrängnis.

Alle Umstände trugen dazu bei, Kierkegaard leiden zu machen. Sein Vater war besessen von Schuldgefühl, weil er als Knabe Gott verflucht hatte; seine Mutter war eine Dienstmagd, die sein Vater vor der Ehe verführt hatte; die zarte, nervös-labile Konstitution, die Sören geerbt hatte, wurde durch den Sturz von einem Baum noch zusätzlich erschüttert. Sörens geistige Frühreife und der intensive Religionsunterricht, den sein Vater ihm erteilte, gaben ihm schon in der Kindheit das Bewußtsein eines Erwachsenen. Und schließlich war es sein Schicksal, nicht in der stimulierenden Atmosphäre von Oxford oder Paris, sondern in der geistigen Provinz Kopenhagen zu leben, ohne Anregung und Verständnis. Wie Pascal, dem er in mehr als einem Zug ähnelt, oder wie Richard III., an den er oft dachte, war er dazu bestimmt, eine Ausnahme und ein Leidender zu sein, was immer er auch tat. Er hätte niemals ein selbstzufriedener oder vorsichtiger Bürger werden können, ebensowenig wie Pascal je ein Montaigne werden konnte.

Der vom Schicksal zum Leiden Bestimmte gerät in sonderbare Versuchungen: Wenn er sich auf sich selbst konzentriert, ist er versucht, zu glauben, Gott sei nicht gut, sondern lasse den Unschuldigen böswillig leiden, das heißt, er wird zu dämonischem Trotz verleitet. Geht er von der Voraussetzung aus, Gott sei gut, dann wird er versucht, sich selbst für schuldig zu halten, ohne zu wissen, wessen er schuldig ist, das heißt, er erleidet die Versuchung zu dämonischer Verzweiflung. Wenn er ein Christ ist, dann gibt es für ihn noch eine dritte Versuchung, und zwar wegen der paradoxen Stellung des Leidens im christlichen Glauben. Dieses Paradoxon wird vom reumütigen Schatten des Forese ausgedrückt, wenn er zu Dante spricht:

Und nicht bloß einmal werden aufgefrischet
Auf dieses Wegs Umwandrung unsre Qualen;
Ich sage Qual und sollte Wonne sagen.

Denn während die christliche Botschaft letztlich die »frohe Botschaft« ist: »Ehre sei Gott in der Höhe und Friede auf Erden und den Menschen ein Wohlgefallen« – »Kommet her zu mir alle, die ihr mühselig und beladen seid; ich will euch erquicken«, so ist sie unmittelbar für die menschliche Eigenliebe die schlimmstmögliche Botschaft: »Nimm dein Kreuz und folge mir.«

Vom Leiden in einem Sinn befreit zu werden, heißt daher willentlich Leiden in einem anderen Sinn annehmen. Wie Kafka sagt: »Die Freuden dieses Lebens kommen nicht von ihm selbst, sondern von unserer Furcht, zu einem höheren Leben aufzusteigen; die Qualen dieses Lebens kommen nicht von ihm, sondern von unserer Selbstquälerei wegen jener Furcht.«

Werden diese beiden Arten des Leidens verwechselt, dann gerät der leidende Christ in Versuchung, darin einen Beweis dafür zu sehen, daß er Gott näher sei als andere, die weniger leiden.

Kierkegaards Polemik – und alle seine Schriften sind polemisch – bewegt sich gleichzeitig in zwei Richtungen: äußerlich gegen den bürgerlichen Protestantismus im Dänemark seiner Zeit und innerlich gegen seine Leiden. Zu jenem sagt er: »Ihr glaubt, daß ihr alle Christen und zufrieden seid, weil ihr vergessen habt, daß jeder von euch ein existierendes Einzelwesen ist. Wenn ihr daran denkt, müßt ihr einsehen, daß ihr Heiden und verzweifelt seid.« Zu sich selbst sagt er: »Solange dein Leiden dich aufsässig und verzweifelt macht, solange du dein Leiden mit dir selbst als einem existierenden Einzelwesen identifizierst, solange du trotzig und verzweifelt eine Ausnahme bist, solange bist du kein Christ.«

Kierkegaard und der Existentialismus

Wie kompliziert und dunkel der Existentialismus in seinen Entwicklungen auch geworden ist, er beginnt mit einigen ganz einfachen Beobachtungen.

a) Alle Propositionen setzen die Existenz ihrer Begriffe als Grundlage voraus, das heißt, man kann nicht fragen: »Ist X?«, sondern nur: »Hat dieser seiende X den Charakter A oder den Charakter B?«
b) Die subjektive Voraussetzung »Ich bin« ist einmalig. Es ist ganz gewiß keine Proposition, die experimentell bewiesen oder widerlegt werden kann, und dennoch ist sie, zum Unterschied von allen anderen Voraussetzungen, unzweifelhaft und läßt keine gegenteilige Ansicht zu. Es scheint auch zwingend, anzunehmen, daß andere gleich mir existieren: das Gegenteil ist jedenfalls in historischer Zeit niemals angenommen worden. Die Annahme hingegen, daß eine Welt der Natur existiert, das heißt eine Welt von Dingen an sich, wird nicht immer gemacht. Zauberer machen sie nicht. (Der christliche Ausdruck für diese Voraussetzung ist das Dogma: »Am Anfang schuf Gott Himmel und Erde.«)
c) Die absolute Gewißheit, mit der ich glaube, daß ich bin, ist nicht das einzige Charakteristikum. Das Bewußtsein der Existenz ist auch absolut privat und nicht mitteilbar. Meine Gefühle, Wünsche usw. können Gegenstand meines Wissens sein, und ich kann mir daher vorstellen, was andere

Menschen fühlen. Mein Sein kann kein Gegenstand meines Wissens sein. Während ich also, sofern ich die nötige schauspielerische Phantasie und Begabung habe, die Rolle eines anderen so gut spielen kann, daß ich dessen besten Freunde täusche, kann ich mir nie vorstellen, wie es wäre, die andere Person zu *sein*, sondern ich muß immer ich selbst sein und kann nur vorgeben, ein anderer zu sein.

d) Wenn ich vom Bewußtsein meiner Existenz alles abstrahiere, was Gegenstand meines Wissens werden kann, was bleibt dann?

1. Das Bewußtsein, daß meine Existenz nicht aus sich selbst kommt. Ich kann mit Recht von *meinen* Gefühlen sprechen, nicht aber von *meiner* Existenz.

2. Das Bewußtsein, frei wählen zu können. Den Akt der Wahl kann ich nicht objektiv beobachten. Wenn ich es versuche, werde ich nicht wählen. Dr. Johnsons Widerlegung des Determinismus, »dem Stein einen Tritt geben und sagen: ›Wir wissen, daß wir frei sind, und das genügt‹ «, ist richtig, weil das Bewußtsein der Freiheit subjektiv ist, das heißt objektiv unbeweisbar.

3. Das Bewußtsein, *mit* der Zeit zu sein, das heißt, die Zeit als eine ewige Gegenwart zu erleben, auf die Vergangenheit und Zukunft sich beziehen, anstatt meine Gefühle und die Außenwelt so zu erfahren, wie sie sich *in* der Zeit bewegen oder verändern.

4. Ein Zustand der Angst (oder des Schreckens), der Hoffart (im theologischen Sinn), der Verzweiflung oder des Glaubens. Dies sind nicht Gefühle in dem Sinn wie Furcht oder Lust oder Zorn, denn ich kann sie nicht objektiv erkennen; ich kann sie nur erkennen, wenn sie Gefühle wie die vorhin erwähnten, die beobachtbar sind, erregen. Denn diese Zustände der Angst, der Hoffart usw. sind Angst vor dem Sein, Hoffart im Sein, und ich kann nicht außerhalb ihrer stehen, um sie zu beobachten. Einem Vielfraß mag es gelingen, sein Laster in meiner Gegenwart zu beherrschen, wenn ich ihn aber ständig beobachten könnte, so würde ich ihn ertappen. Ich könnte aber einen Menschen sein ganzes Leben lang beobachten und würde doch niemals sicher wissen, ob er hoffärtig ist, denn die Handlungen, die wir hoffärtig oder demütig nennen, haben möglicherweise ganz andere Gründe. Hoffart wird mit Recht die Wurzel aller Sünden genannt, weil sie für den,

der sich ihrer schuldig macht, unsichtbar ist, und er kann nur aus den Resultaten auf ihr Vorhandensein schließen. Diese Tatsachen der Existenz werden in der christlichen Lehre von der Erschaffung des Menschen und vom Sündenfall ausgedrückt. Der Mensch ist zum Ebenbild Gottes erschaffen; zum Ebenbild, weil seine Existenz nicht aus sich selbst kommt, und zum göttlichen Ebenbild, weil jeder Mensch wie Gott sich der Einmaligkeit seiner Existenz bewußt ist. Der Mensch ist zu Fall gekommen durch seine Hoffart, durch den Wunsch, wie Gott zu werden, seine Existenz aus sich selbst zu haben, und nicht durch Sinnlichkeit oder durch die Triebe seiner »Natur«.

Die drei Kategorien Kierkegaards

Jeder Mensch, sagt Kierkegaard, lebt entweder ästhetisch, ethisch oder religiös. Da es Kierkegaard hauptsächlich darum geht, zu beschreiben, wie diese Kategorien auf die christliche oder nachchristliche Gesellschaft anzuwenden sind, kann man vielleicht seine Ansicht deutlicher machen, wenn man diese Kategorien historisch betrachtet, das heißt, indem man das Ästhetische und das Ethische in einem Stadium untersucht, als jedes eine Religion war, und sie dann mit dem christlichen Glauben vergleicht, um den Unterschied zu sehen, erstens zwischen zwei rivalisierenden und unvereinbaren Naturreligionen und zweitens zwischen ihnen und einer offenbarten Religion, in der keines von beiden zerstört oder verleugnet wird, sondern in der das Ästhetische entthront und das Ethische erfüllt wird.

Die ästhetische Religion (z. B. die griechischen Götter)

Die Erfahrung, von der die ästhetische Religion ausgeht, die Tatsache, die sie zu überwinden trachtet, ist die Erfahrung der physischen Schwäche des Ichs angesichts eines übermächtigen Nicht-Ichs. Um zu überleben, muß ich energisch und entschlossen handeln. Was gibt mir die Kraft dazu? Die Leidenschaft. Die ästhetische Religion betrachtet die Leidenschaften nicht als zum Ich gehörig, sondern als göttliche Heimsuchungen, als Mächte, die es, um zu überleben, anziehen oder zurückweisen muß.

So werden in der ästhetischen Kosmologie die Götter von der Natur erschaffen, sie steigen zum Himmel auf, haben Menschengestalt, ihre Zahl ist begrenzt (wie die der Leidenschaften), und sie sind miteinander verwandt. Da sie Sinnbilder von Leidenschaften sind, empfinden sie selbst nicht die Leidenschaft, die sie verkörpern – Aphrodite ist nicht verliebt, Mars ist nicht zornig; wenn sie sich scheinbar leidenschaftlich verhalten, dann geschieht es aus Frivolität. Wie Schauspieler leiden sie weder, noch ändern sie sich. Sie schenken dem Menschen Macht, verwehren oder entziehen sie ihm, wann und wie es ihnen gefällt. Sie interessieren sich nicht für die Mehrzahl der Menschen, sondern nur für einige wenige Ausnahmsgeschöpfe, die sie besonders begünstigen, und manchmal zeugen sie sogar mit menschlichen Müttern. Diese Ausnahmsgeschöpfe, mit denen die Götter in Beziehung treten, sind Helden. Woran erkennt man, daß einer ein Held ist? An seinen großen Taten, an seinem Glück. Der Held ist ruhmreich, aber nicht verantwortlich für seine Erfolge oder Mißerfolge. Wenn zum Beispiel Odysseus erfolgreich ist, so verdankt er es seiner Freundin Pallas Athene, wenn ihm etwas mißlingt, dann ist sein Feind Poseidon schuld. Das ästhetische Entweder-Oder ist nicht gut oder böse, sondern stark oder schwach, glücklich oder unglücklich. Die zeitliche Aufeinanderfolge von Ereignissen hat keine Bedeutung, denn was geschieht, ist einfach das, was die Götter wollen. Die Griechen und die Trojaner müssen einander bekämpfen, weil es der »hassende Ares« gebietet. Für die ästhetische Religion ist alle Kunst Ritual, dazu bestimmt, die Gnade der Götter zu gewinnen, die das Ich stark macht, und das Ritual ist die einzige Handlung, die der Mensch aus freier Wahl vollziehen oder unterlassen kann und für die er daher verantwortlich ist.

An zwei Tatsachen zerbricht und verzweifelt die ästhetische Religion, wobei sie in ihrem Todeskampf die Tragödie hervorbringt: an der Erkenntnis von Gut und Böse und an der Gewißheit, daß der Tod zu allen Menschen kommt, das heißt, daß es letztlich kein Entweder-Oder von Stärke und Schwäche gibt, sondern auch für das Ausnahmsgeschöpf nur das Schicksal der absoluten Schwäche. Beide Tatsachen versucht sie in ihren eigenen Begriffen zu erklären, es mißlingt aber. Sie versucht, Gut und Böse mit Glück und Unglück, Stärke und Schwäche in Beziehung zu setzen und kommt zum Schluß, daß ein Mensch, der unglücklich ist, auch schuldig sein muß.

Vatermord und Inzest des Ödipus sind nicht eigentlich seine Sünden, sondern seine Strafe für die Sünde der Hybris. Der homerische Held kann nicht sündigen, der tragische Held muß sündigen, aber keiner fällt je in Versuchung. Bald erregt jedoch die Beobachtung, daß manche böse Menschen glücklich und manche gute Menschen unglücklich sind, den Zweifel, ob die Götter wirklich gut seien, bis es endlich im *Prometheus* des Aischylos offen gesagt wird, daß Macht und Güte nicht identisch sind. Ebenso versucht die ästhetische Religion das Bewußtsein des unausweichlichen Todes ästhetisch auszudrücken, das heißt individuell in Gestalt der Parzen, denen sogar die Götter sich beugen müssen, sie verrät aber ihre Unfähigkeit, sich das Allgemeine vorzustellen, indem sie deren drei braucht.

Die ethische Religion
(Der Gott der griechischen Philosophie)

Um das Problem des menschlichen Todes und der menschlichen Schwäche zu lösen, beginnt die ethische Religion mit der Frage: »Kennt der Mensch etwas, das nicht wie die Leidenschaften kommt und vergeht?« Ja: die Begriffe seiner Vernunft, die sowohl gewiß als auch von Zeit, Raum und Person unabhängig sind, denn die Gewißheit ist dieselbe, ob ein Mensch krank oder gesund, ein König oder ein Sklave ist.

Anstelle der überhöhten Leidenschaften der ästhetischen Religion erhebt die ethische Religion die Ideen, den ersten Urheber, das Universum zum Gott. Während in der ästhetischen Religion die Welt Götter erzeugte, die sie dann regierten, weil sie stärker waren als alle anderen Geschöpfe, sind in der ethischen Gott und die Welt gleichermaßen ewig. Gott hat die Welt nicht aus der Materie geschaffen, er ist nur der Verursacher der Ordnung in ihr, und das nicht durch eine Tat – das sächliche Geschlecht würde ihm eher zukommen –, denn göttlich zu sein, heißt selbstgenügend zu sein, »keiner Freunde zu bedürfen«. Es ist eher die Materie, die in dem Wunsch, der eingeborenen Unordnung ihrer Zeitlichkeit zu entkommen, sich in Gott »verliebt« und seine Unveränderlichkeit nachzuahmen versucht, so wie sie es eben kann, nämlich indem sie regelmäßige Bewegungen annimmt. (Platons Einführung eines geheimnisvollen Dritten, des Demiurgen, der die Ideen liebt und sie der Materie aufzwingt, kompliziert die Kosmologie, verändert sie aber nicht wesentlich.) Der Mensch jedoch, mit Vernunft begabt, kann Gott direkt als Idee und Gesetz erkennen, seine endlichen körperlichen Leidenschaften transzendieren und wie Gott werden.

Für das ästhetische Entweder-Oder von Stärke und Schwäche, Glück und Unglück setzt die ethische Religion das Entweder-Oder von Kenntnis und Unkenntnis des Guten. Für die ästhetische Religion war das Böse der Mangel an Macht über die endliche Welt, denn alle Endlichkeit, alle Leidenschaft ist Schwäche, so wie in der ethischen Religion das Gute durch Transzendierung der endlichen Welt gewonnen wird, durch eine Kenntnis der ewigen und universalen Wahrheiten der Vernunft, die man nicht kennen kann, ohne ihnen zu gehorchen. Für die ästhetische Religion war die Zeit nichtssagend und überwältigend, für die ethische ist sie eine durchschaubare Erscheinung. Der ästhetisch Gläubige war von seinen Göttern abhängig, die mit ihm in Beziehung traten, wenn und wann es ihnen gefiel. Der ethisch Gläubige tritt durch seine eigenen Anstrengungen mit seinem Gott in Beziehung, und wenn er das einmal getan hat, ist die Beziehung ewig, keiner von beiden kann sie brechen. Der ethische Held ist nicht der starke Mann, der Handelnde, sondern der Philosoph, der Wissende.

Wie sein Vorgänger kommt er jedoch nicht in Versuchung, und er trifft keine Wahl, denn solange er unwissend ist, ist er seinen Leidenschaften ausgeliefert, das heißt, er *muß* der Leidenschaft des Augenblicks nachgeben; sobald er aber das Gute kennt, muß er es wollen; er kann sich ebensowenig weigern, dem Guten zuzustimmen, wie den Wahrheiten der Geometrie.

Wie im Fall der ästhetischen Religion gibt es auch hier Tatsachen, mit denen die ethische Religion nicht fertig wird und an denen sie scheitert. Ihrer Prämisse: »Sünde ist Unwissenheit, das Gute zu kennen heißt, es zu wollen«, steht die Tatsache gegenüber, daß alle Menschen unwissend geboren werden und jeder Mensch daher den Willen braucht, das allgemeine Gute zu erkennen, um es zu wollen. Dieser Wille läßt sich nicht ethisch erklären, erstens, weil er keine rationale Idee ist, so daß die ethische Religion auf die ästhetische Idee eines himmlischen Eros zurückgreifen muß, um ihn zu begründen. Zweitens ist er keineswegs allgemein: für manche Menschen ist er vorhanden oder wünschenswert, für andere nicht, so daß die ethische Religion den ästhetischen Helden wiedereinführen muß, den sie das Gute erkennen läßt, und der dann mit Gewalt die Gerechtigkeit durchsetzt. Kunst ist für die Auserwählten kein religiöses Ritual mehr, sondern ein unmoralischer Schein, eine unlautere, aber pragmatisch wirksame Methode, um die unwissenden Massen zum Gesetz der Tugend, das sie nicht verstehen, zu bekehren.

Schließlich aber kommt die Entdeckung, daß die Erkenntnis des Guten den Erkennenden nicht automatisch dazu veranlaßt, es auch zu wollen. Er mag das Gesetz kennen und dennoch nicht nur versucht sein, ihm nicht zu gehorchen, sondern dieser Versuchung auch nachgeben. Er mag ihm sogar absichtlich trotzen, nur um zu zeigen, daß er frei ist.

Offenbarte Religion: Judentum und Christentum

Eine offenbarte Religion ist eine, in der Gott kein Gegenstand des Bewußtseins ist, weder als ein Gefühl noch als Idee. Er ist nicht der Welt entsprungen und bringt auch nicht Ordnung in ihr ewiges Strömen, sondern er erschafft die Welt aus dem Nichts, so daß Gott zwar in jedem Augenblick mit der Welt verbunden, aber nicht als Objekt erkennbar ist. Während in der ästhetischen Religion die Gefühle und in der ethischen die Ideen gleichbedeutend waren mit der Gegenwart Gottes, sind es nun nur *meine* Gefühle, *meine* Ideen, und wenn ich glaube, daß das, was ich fühle (z. B. Gott ist anwesend) oder denke (z. B. Gott ist gerecht), durch meine Beziehung zu Gott verursacht wird, dann ist dieser Glaube eine Offenbarung, denn die Ursache liegt außerhalb meines Bewußtseins. Als ein Glied einer Beziehung, deren anderes Glied Gott ist, kann ich nicht die ganze Beziehung objektiv überblicken, sondern sie nur analogisch in Begriffen einer ähnlichen menschlichen Beziehung beschreiben, das heißt, wenn das Gefühl, von dem ich unmittelbare Gewißheit habe, sich annähernd als das eines Sohnes beschreiben läßt, dann kann ich von Gott als dem Vater sprechen.

Es geht nicht mehr darum, eine Beziehung zwischen Gott und mir herzustellen, denn als Schöpfer steht er notwendigerweise zu seinem Geschöpf in Beziehung, und diese Beziehung ist durch meine Existenz vorgegeben: es kann nur eine Frage der *richtigen* Beziehung geben. Die Einzigartigkeit der Beziehung besteht darin, daß sie eine Beziehung zu einem Anderen ist, zugleich aber ist sie so permanent und unausweichlich wie meine Beziehung zu mir selbst. Die Beziehung des ästhetisch Gläubigen zu seinen Göttern ist intermittierend und hängt vom Wohlwollen der Götter ab – sie brauchen auch gar nicht mit ihm in Berührung zu kommen. Die Beziehung des ethisch Gläubigen zu den Ideen ist intermittierend oder nicht, je nach dem, wie er es will. Sie sind immer da, um betrachtet zu werden, wenn es ihm gefällt, wie ein Fluß immer da ist, so daß man daraus trinken kann, wenn man durstig ist, aber wenn er sie nicht betrachtet, dann gibt es keine Beziehung. Hingegen ist die Beziehung zum Schöpfergott einer offenbarten Religion unzerreißbar: Ich, sein Geschöpf, kann sie vergessen, wie ich meine Beziehung zu mir selbst vergessen kann, wenn ich an andere Dinge denke, aber sie ist immer da, und wenn ich versuche, sie dauernd aus meinem Bewußtsein zu verdrängen, werde ich sie doch nicht los, sondern erfahre sie negativ als Schuld und Verzweiflung. Der Zorn Gottes ist keine Beschreibung Gottes in einem bestimmten Gemütszustand, sondern eine Beschreibung der Art und Weise, wie ich Gott erlebe, wenn ich meine Beziehung zu ihm verdrehe oder verleugne. So schrieb Dante ans Höllentor: »Mich schufen Gottes Kraft, höchste Weisheit und uranfängliche Liebe« – und Landor sagte mit Recht über das Inferno, daß seine Einwohner es nicht verlassen wollen. Für die ästhetische wie für die ethische Religion war das Böse ein Mangel an Beziehung zu Gott, zurückzuführen in dem einen Fall auf Gottes Willen, in dem anderen Fall auf die Unwissenheit des Menschen. Für die offenbarte Religion ist das Böse Sünde, das heißt, Rebellion des menschlichen Willens gegen die Beziehung zu Gott.

Die ästhetischen Gebote können nicht kodifiziert werden, weil sie willkürliche Gebote der Götter sind und sich fortwährend ändern. Die ethischen Gebote sollten vollkommen kodifizierbar sein als ein Gebäude allgemeingültiger moralischer Gesetze. Die offenbarte Religion zeigt, warum dies unmöglich ist. Ein Gesetz ist entweder ein Gesetz *von* oder ein Gesetz *für*. Gesetze *von*, beispielsweise die Gesetze der Wissenschaft, sind Muster regelmäßigen Verhaltens, wie es ein unbeteiligter Zuschauer beobachtet. Ein Gesetz muß ausnahmslos gelten; wenn eine Ausnahme auftritt, muß das Gesetz so geändert werden, daß die Ausnahme zu einem Teil des Modells wird, denn es ist eine Voraussetzung der Wissenschaft, daß Naturereignisse gesetzmäßig sind, das heißt, ein physikalischer Vorgang unterliegt stets irgendeinem Gesetz, auch wenn es eines ist, das die Wissenschaftler noch nicht kennen. Gesetze *für,* wie die menschliche Gesetzgebung, sind Verhaltensmuster, einem Verhalten auferlegt, dem vorher das Muster fehlte. Voraussetzung für die Schaffung solcher Gesetze ist, daß es wenigstens einige Menschen gibt, die ihnen nicht entsprechen. Ungleich den Gesetzen *von,* die restlos erklären müssen, wie bestimmte Vorgänge ablaufen, betreffen Gesetze *für* nur die Anordnung oder Untersagung jeweils einer Kategorie von Handlungen, und ein Mensch kommt nur dann in Beziehung zum Gesetz, wenn es darum geht, eine Handlung jener Kategorie auszuführen oder zu unterlassen. Wenn seine Handlungen von keinem Gesetz gedeckt sind, zum Beispiel wenn er allein in seinem Zimmer sitzt, hat er überhaupt mit keinem Gesetz zu tun.

Wären die Gebote Gottes Gesetze *vom* Menschen, dann wäre Ungehorsam unmöglich; wären sie Gesetze *für* den Menschen, dann wäre seine Beziehung zu Gott nicht permanent, sondern intermittierend. Die Gebote Gottes sind weder ein ästhetischer Befehl: »Tu, was du mußt«, noch eine ethische Lehre: »Dies darfst du oder darfst du nicht tun«, sondern ein Ruf zur Pflicht: »Entscheide dich, das zu tun, was ich dir in diesem Augenblick und in diesem Zusammenhang auftrage.«

Der anstößige Christus

Für einen, der glaubt, daß Jesus war, was er zu sein behauptete: Gottes Sohn, verkörpert in einem Menschen, erzeugt vor allen Welten von seinem Vater, der alles erschaffen hat –, für den sind Jesu Geburt, Leben und Tod erstens eine Offenbarung der unendlichen Liebe Gottes – gerecht sein heißt lieben – und zugleich der fast unendlichen Sündhaftigkeit des Menschen – ohne die Gnade des Heiligen Geistes ist es ihm unmöglich, die Wahrheit anzunehmen; zweitens eine Offenbarung, daß Gott zu allen Menschen in Beziehung steht, aber zu jedem einzeln als zu einem existierenden Individuum, das heißt, Gott ist der Vater aller Menschen, nicht nur eines auserwählten Volkes, und alle Menschen sind Ausnahmen, nicht ästhetisch, sondern als existierende Individuen – es ist ihre Existenz, nicht ihre Natur, die jeden von ihnen zum einzigen macht; drittens eine Offenbarung, daß das Leben kein Objekt für ästhetische Bewunderung und die Wahrheit kein Objekt für ethische Aneignung ist, sondern ein Weg, dem man folgen muß, eine Neigung des Herzens, ein Geist, in dem alle Handlungen geschehen. Insofern die Juden ihre Beziehung zu Gott kollektiv als ästhetisch einmalig und individuell als ethische Beziehung zu seinem Gesetz betrachteten, ist diese Offenbarung für sie ein Skandalon; insofern sie verkündet, daß Gott Vater nicht *ein* Gott ist, sondern *der* Gott, daß Christus kein Lehrer der Wahrheit ist, sondern *die* Wahrheit, ist sie ein Skandalon für die Heiden.

Die Juden hätten einen Messias, der zu ihnen allein gekommen wäre, willkommen geheißen, nicht aber einen, der verlangte, sie sollten verzichten auf ihren Anspruch, das auserwählte Volk zu sein, und auf ihren Glauben, das Gesetz decke alle Pflichten eines Menschen. Die Phantasie der Heiden hätte einen neuen Kulturheros akzeptiert, um ihn ihren alten hinzuzufügen, die Vernunft der Heiden einen neuen Lehrer, der ihrem Wissen neue Erkenntnisse hinzugefügt hätte, aber sie konnten keinen passiven Dulder hinnehmen, der den Glauben höher stellte als die Vernunft und Ausschließlichkeit beanspruchte. Die Juden kreuzigten Jesus unter der schweren Anklage, er sei ein Gotteslästerer, die Heiden unter der frivolen, er sei ein öffentliches Ärgernis.

Den Ungläubigen predigen

»Es ist«, sagte Newman, »ebenso absurd, Menschen durch Argumente zum Glauben bringen zu wollen wie durch Folter.« Wie überzeugend ein Argument auch sei und wie heilig auch der Argumentierende, der Glaubensakt bleibt ein Akt der freien Wahl, den niemand für einen anderen tun kann. Pascals »Wette« und Kierkegaards »Sprung« sind beides keine adäquaten Beschreibungen, denn die eine läßt an vorsichtige Berechnung, die anderen an perverse Willkür denken. Beide haben jedoch einen gewissen Wert: Die erste lenkt die Aufmerksamkeit der Menschen auf die Tatsache, daß sie auf allen anderen Gebieten des Lebens ständig auf guten Glauben hin handeln, und das ganz willig, so daß sie kein Recht haben, mit der Religion eine Ausnahme zu machen; die zweite erinnert sie daran, daß sie nicht leben können, ohne an irgend etwas zu glauben, und daß sie, wenn ihr Glaube zusammenbricht und sie den Boden unter den Füßen verlieren, den Sprung ins Ungewisse wagen *müssen*, wenn sie der sicheren Vernichtung entgehen wollen.

Es gibt nur zwei christliche Propositionen, über die man mit einem Ungläubigen streiten kann: erstens, daß Jesus gelebt hat, und zweitens, daß ein Mensch, der nicht glaubt, daß Jesus der Erlöser ist, verzweifelt ist.

Es ist wahrscheinlich richtig, daß nie jemand wirklich zum Christentum bekehrt wurde, der nicht »den Mut verloren« hatte, entweder weil er ästhetisch unglücklich oder weil er ethisch machtlos war, das heißt unfähig, das zu tun, was er als seine Pflicht erkannt hatte. Ein Großteil der Werke Kierkegaards richtet sich an den Menschen, der bereits seiner selbst unsicher geworden ist. Er ermutigt ihn, sich selbst näher zu betrachten, und zeigt ihm, daß seine Lage ernster ist, als er dachte. Die Punkte, die Kierkegaard am meisten betont, sind erstens, daß kein Gläubiger oder Ungläubiger, der einmal dem Einfluß des Christentums ausgesetzt war, wieder zur ästhetischen oder zur ethischen Religion zurückkehren kann, als wäre nichts geschehen. Er mag wohl zurückkehren, wenn er seinen christlichen Glauben verloren hat, denn er kann nicht ohne jeden Glauben existieren, aber er wird kein naiver Gläubiger mehr sein, sondern ein verschlagener, der zum Exzeß getrieben wird durch die Notwendigkeit, sich zu verhehlen, daß er an die Götzenbilder, die er aufgerichtet hat, nicht wirklich glaubt.

Der ästhetische Mensch ist daher nicht mehr zufrieden mit der passiven Mäßigung des Heidentums; er gehorcht nicht mehr einfach den Leidenschaften seiner Natur, sondern muß fortwährend durch Willenskraft seine Leidenschaft erregen, um etwas zu haben, dem er gehorchen kann. Der ungetreue Liebhaber des Heidentums, der sich verliebt und entliebt, wird zum Don Juan, dem Verführer, der ein Register führt, um nicht zu vergessen. Der ethische Philosoph ist nicht länger damit zufrieden, ein einfacher Wissenschaftler zu sein, der nicht weniger und nicht mehr versteht, als er entdecken kann. Er muß zum System-Philosophen werden, der eine Erklärung für alles Existierende hat, ausgenommen natürlich seine eigene Existenz, bei der er am Ende seiner Weisheit steht. Es darf nur das geben, was er erklären kann. Die Masse der einfachen Männer und Frauen kann nicht zur zufriedenen Gemeinschaft des griechischen Chors zurückkehren, denn sie können nicht vergessen, daß sie Individuen sind. Sie können nur versuchen, dieses Gefühl zu unterdrücken, indem sie sich in einer Abstraktion auflösen, in der Menge, im Publikum, das von der Mode regiert wird. Wie Rudolf Kassner in seinem faszinierenden Buch *Zahl und Gesicht* sagt:

> Der antike Mensch der Mitte war gegen die Mittelmäßigkeit gefeit. Der Christ ist leichter in Gefahr, mittelmäßig zu werden. Nun wird aber diese Mittelmäßigkeit des Christen, wenn wir mit der Idee, mit dem Absoluten, das der Christ für sich in Anspruch nimmt, darauf eindringen, Komik. Der antike Mensch hätte noch mittelmäßig sein können, ohne komisch zu wirken. Und darum war seine Mittelmäßigkeit noch Mitte, hatte teil daran. Nicht so der Christ.

Für Kierkegaard besteht die einzig wahre christliche Apologetik darin, dem Ungläubigen zu zeigen, daß er verzweifelt ist, weil er nicht an *seine* Götter zu glauben vermag, und ihm dann zu zeigen, daß Christus kein von Menschen gemachter Gott sein kann, weil er in jeder Hinsicht ein Skandalon für den natürlichen Menschen ist. Die falsche Apologetik, die er seinen christlichen Zeitgenossen vorwirft, ist das Bestreben, den Unterschied zwischen dem Christentum und den Naturreligionen zu verwischen, indem man entweder zu beweisen versucht, daß die Christen in Wirklichkeit ohnehin dasselbe glauben wie alle anderen, oder indem man andeutet, das Christentum lohne sich im weltlichen Sinn, es mache die Menschen gesund, reich und weise, schütze die Gesellschaft, halte die Jugend im Zaum usw. Abgesehen davon, daß diese Methode unehrlich ist, sagt Kierkegaard, funktioniert sie auch nicht, weil jene, die mit dieser Welt zufrieden sind, kein Interesse daran haben, und die Unzufriedenen nach einem Glauben Ausschau halten, dessen Werte nicht von dieser Welt sind.

Den Gläubigen predigen

Die Gefahr für den Christen in einer offiziell christlichen Gesellschaft liegt darin, daß er glauben könnte, er sei ein Christ. Aber niemand außer Christus, und vielleicht die Heiligen am Ende ihres Lebens, *sind* Christen. Wenn man sagt: »Ich bin ein Christ«, dann heißt das eigentlich: »Ich, der ich ein Sünder bin, soll wie Christus werden.« Er meint vielleicht, aus eigenem Entschluß zu glauben, während er in Wirklichkeit nur glaubt, was seine Eltern gesagt haben, so daß er ein Mohammedaner wäre, wenn sie es gewesen wären. Die Aufgabe des christlichen Predigers besteht daher erstens darin, die christlichen Gebote zu bekräftigen und den Menschen ihre Sünden zum Bewußtsein zu bringen, und zweitens darin, die Beziehung des einzelnen zu Christus real, das heißt gegenwärtig zu machen.

Die Welt hat sich seit der Zeit Kierkegaards sehr verändert, und nur allzu viele seiner Prophezeiungen sind Wirklichkeit geworden. Die selbstgerechte bürgerliche Christenheit, die er anklagte, ist zerbrochen, und übrig blieb eine amorphe, verzweifelte Masse von Heimatlosen und paralysierten Hamlets. Die überall auftretende Gewalttätigkeit unseres Zeitalters ist nicht wirklich leidenschaftlich, sondern ein verzweifelter Versuch, von der Reflexion zur Leidenschaft zurückzukehren, anstatt vorwärts in den Glauben zu springen. Das Entsetzlichste beispielsweise an der Massenvernichtung der Juden durch die Nazis ist nicht die Grausamkeit, sondern die Frivolität: Die Nazis glaubten nicht ernstlich, daß die Juden eine Gefahr seien, wie es die Inquisition von den Ketzern glaubte, nein, es war eher so, als hätten sie sich gesagt: »Wir müssen etwas tun. Warum nicht alle Juden ausrotten?«

Fast zwangsläufig wird Kierkegaard, wie so viele andere polemische Autoren, auf falsche Art oder von den falschen Leuten gelesen werden. Die Zufriedenen lesen ihn gar nicht oder nur aus wissenschaftlichem Interesse als eine interessante Fallgeschichte. Die unglücklichen und zum größten Teil ungläubigen Intellektuellen, die ihn lesen, beschränken sich auf seine psychologischen Analysen, wie *Die Krankheit zum Tode,* oder auf seine philosophischen Polemiken wie *Schluß und unwissenschaftliche Nachschrift,* die sie als Dichtung lesen, als sympathische und stimulierende Widerspiegelung ihrer eigenen Gefühle und Gedanken, aber sie meiden Bücher wie *Einübung im Christentum* oder *Die Werke der Liebe,* weil sie entweder nicht so unglücklich sind, wie sie vorgeben, oder weil sie wirklich an jedem Trost verzweifeln und sich trotzig an ihr Leiden klammern.

Kierkegaard ist besonders anfällig für solche Mißverständnisse, weil das einzige, was uns zwingen kann, einen Autor so zu lesen, wie er es gemeint hat, eine von ihm vollzogene Tat ist, die unverständlich wird, wenn wir ihn anders lesen; so eine

Tat war beispielsweise Newmans Übertritt zum Katholizismus. Auch in Kierkegaards Fall gibt es eine solche Tat, aber diese Tat ist wieder ein Buch, *Der Angriff auf die Christenheit.* Alle seine anderen Schriften bis zu dieser, die er in seinem letzten Lebensjahr schrieb, sogar die Predigten, sind tatsächlich »poetisch«, das heißt, Kierkegaard spricht in ihnen als Genie und nicht als Apostel, so daß sie alle anonym hätten erscheinen können (einige erschienen wirklich anonym). *Der Angriff auf die Christenheit* hingegen ist eine *contradictio in adiecto,* ein »existentielles« Buch. Was für den Autor das wichtigste Buch seines Lebens war, ist für uns als Leser das am wenigsten wichtige, denn für uns ist nicht wichtig, was es enthält, sondern daß Kierkegaard es geschrieben hat. Aus diesem Grund wurde kein Auszug daraus in diese Auswahl aufgenommen.

Grimm und Andersen

I

Viele beklagenswerte Wesenszüge des modernen Lebens – Irrationalismus, Nationalismus, Vergötterung des Massenempfindens und der Massenmeinung – lassen sich auf die romantische Reaktion gegen die Aufklärung und deren »schöne Wissenschaften« zurückführen; doch der gleichen Reaktion verdanken wir auch das Werk von Jacob und Wilhelm Grimm, die mit ihren Nachfolgern das Märchen zu einem Teil der Allgemeinbildung gemacht haben – eine Tat, die nur wenige bedauern werden. Man kann so manches gegen das bürgerliche Familienleben im neunzehnten Jahrhundert einwenden, doch trotz der strengen moralischen Disziplin, der Roßhaarsofas und der schwerverdaulichen Mahlzeiten jener Zeit konnte ein Kind in seiner Phantasie ein aufregendes Leben führen, ja es wurde sogar dazu ermutigt. Es gibt heute mehr Streber als damals, und das zwanzigste Jahrhundert hat noch keine Kinderbücher hervorgebracht, die Hans Christian Andersens *Märchen und Erzählungen,* Edward Lears *Books of Nonsense,* Lewis Carrolls beiden *Alice*-Büchern, dem *Struwwelpeter* oder den Abenteuergeschichten von Jules Verne gleichkommen.

Die Wohnungen sind kleiner, es gibt kaum noch Dienstboten, und die Mütter haben oder nehmen sich weniger Zeit, ihren Kindern vorzulesen, und weder der *Comic strip* noch das Radio bieten bislang einen echten Ersatz für die persönlich erzählte Geschichte, die Unterbrechungen und Wiederholungen gestattet.

Jeder, der heute beruflich mit Bildung und Erziehung zu tun hat, weiß, daß man mehr und mehr von der Schule erwartet, die Eltern zu ersetzen und die ganze Entwicklung des Kindes in ihre Obhut zu nehmen – eine Aufgabe, die nicht nur unmöglich, sondern auch höchst gefährlich ist.

Wenn die Leute es ehrlich meinen mit ihrer Behauptung, die große Gefahr unserer Zeit und in jedem Lande sei das Überhandnehmen der Staatsmacht über den Staatsbürger, dann dürfen sie auch nicht den Staat veranlassen, das Denken ihrer Kinder in deren beeinflußbarstem Alter zu formen, indem sie sich weigern, bei der Erziehung mitzuhelfen.

Man kann nur hoffen, daß die Neuausgabe der Märchen von Grimm und Andersen in einem Band ein Schritt in der Kampagne sein wird, den Eltern das Recht und die Pflicht zur Erziehung ihrer Kinder zurückzugeben, die sie, teils durch eigene Schuld und teils durch äußere Umstände, für immer zu verlieren Gefahr laufen.

II

Es gibt eine ganze Menge Leute, die Märchen für Kinder mißbilligen, und zwar aus verschiedenen Gründen. Wir wollen die Vernünftigen zuerst zu Wort kommen lassen: jene, die behaupten, das Märchen, wie wir es von Grimm und Andersen kennen, sei in einer modernen Kultur nicht lebensfähig. Solche Märchen, so argumentieren sie, stammen aus einer feudalistisch organisierten Gesellschaft, die noch an Zauberei glaubte, und eignen sich nicht für eine industrialisierte Demokratie wie die unsere. Glücklicherweise ist die Probe aufs Exempel sehr einfach: Wenn ein Märchen dem Leser oder Zuhörer gefällt, ist es lebensfähig; wenn er es langweilig oder unverständlich findet, ist es nicht lebensfähig. So ist es zum Beispiel unwahrscheinlich, daß eine Kultur ohne Naturwissenschaften und deren Methodologie mit Sherlock Homes etwas anfangen kann; oder daß eine Gesellschaft, die an eine völlig vorausbestimmte Zukunft glaubt, viel Sinn in einer Geschichte findet, die sich um Wunscherfüllung dreht; und es ist sehr wohl möglich, daß gewisse Einzelheiten europäischer Märchen sich nicht nach Amerika verpflanzen lassen. Margaret Mead hat mir erzählt, daß die traditionelle böse Stiefmutter, in Europa ein psychologischer Euphemismus für die Mutter in einem übelwollenden Sinn, dort eine Quelle des Mißverständnisses ist, weil es einfach zu viele wirkliche Stiefmütter gibt; man hat auch den Verdacht, daß in einer Gesellschaft, wo der Vater eine so geringe Rolle spielt wie in Amerika, der Riese aus dem Märchen eine weniger furchteinflößende Gestalt ist als einst für jene von uns, die im Schatten väterlicher Autorität aufgewachsen sind. Doch wie immer, man muß die Geschichten erzählen und die Reaktion beobachten, um herauszufinden, was und ob überhaupt etwas geändert werden sollte.

Ein Kind, dem einmal ein Märchen gefallen hat, möchte es in der Regel mit genau denselben Worten wiedererzählt haben, aber das sollte Eltern nicht dazu verleiten, gedruckte Märchen als geheiligte Texte zu betrachten. Es ist immer viel besser, ein Märchen zu erzählen, als es vorzulesen; und wenn Mutter oder Vater etwas hervorbringen können, das den Zeitumständen und dem Charakter des Kindes entsprechend eine Verbesserung des gedruckten Textes darstellt, dann um so besser.

Der zweite Einwand gegen Märchen ist, daß sie dem Kinde schaden, indem sie es ängstigen oder seine sadistischen Triebe wecken. Um das letztere zu beweisen, müßte man experimentell demonstrieren, daß märchenlesende Kinder öfter Grausamkeiten begehen als solche, die keine Märchen lesen. Aggressive, destruktive, sadistische Impulse hat jedes Kind, und im großen und ganzen scheint die symbolische verbale Entladung solcher Impulse eher ein Sicherheitsventil zu sein als ein Anreiz zu direktem Handeln. Was die Ängstigung betrifft, so gibt es ausreichend belegte Fälle von Kindern, die von irgendeinem Märchen in gefährliche Angst versetzt wurden. Oft rührt dies jedoch daher, daß das Kind die Geschichte nur einmal gehört hat. Vertrautheit mit dem Märchen, durch wiederholtes Hören erworben, verwandelt die Qual der Angst in das lustvolle Gefühl, ihr die Stirn geboten und sie überwunden zu haben.

Schließlich gibt es noch Leute, die etwas gegen Märchen haben, weil sie nicht objektiv wahr sind: weil es in Wirklichkeit keine Riesen, Hexen, zweiköpfigen Drachen oder fliegenden Teppiche gibt; und weil man das Kind, statt seine Phantasie mit Märchen zu füttern, lehren sollte, sich der Wirklichkeit anzupassen und Geschichte und Mechanik zu lernen. Ich muß gestehen, daß ich solche Leute so unsympathisch und verdreht finde, daß ich nicht weiß, wie ich mich mit ihnen auseinandersetzen soll. Wenn sie recht hätten, wäre die Welt voll von Don Quichote ähnlichen Verrückten, die auf einem Besenstiel von New York nach Philadelphia zu fliegen versuchen oder ein Telephon mit Küssen bedecken, weil sie es für ihre verzauberte Freundin halten.

Kein Märchen hat je den Anspruch erhoben, eine realistische Schilderung der Außenwelt zu sein, und kein gesundes Kind hat das je geglaubt. Natürlich gibt es Kinder (und Erwachsene), die an Zauberei glauben; das heißt, sie erwarten, daß ihre Wünsche ohne jede eigene Anstrengung in Erfüllung gehen, aber das erwarten sie nur deshalb, weil ihre Eltern ihnen zu wenig Liebe gegeben und sie damit zur Verzweiflung getrieben haben, und diese Kinder würden sich genauso verhalten, wenn sie das Wort »Zauberei« nie gehört hätten. Ein introvertiertes Kind kann, wie ich aus eigener Erfahrung weiß, sich genauso leicht mit einer Wasserturbine wie mit einem fliegenden Pferd von der Außenwelt zurückziehen.

Die einzige Gefahr für eine gesunde Entwicklung, die ich im Märchen sehen kann, ist die allen Kunstwerken innewohnende Gefahr: daß nämlich der Leser in Versuchung gerät, sich mit dem Helden zu identifizieren, wenn er siegt, und sich von ihm zu distanzieren, wenn er leidet. Der Leser weiß, daß die Geschichte gut ausgeht, und ignoriert den Umstand, daß der Held der Geschichte nicht wissen kann, wie sie endet; er empfindet daher die Leiden des Helden nicht als real. Die Phantasie ist, gleich dem Verstand, eine menschliche Geistesgabe und deshalb nicht narrensicher.

III

Ein Märchen, zum Unterschied von einer lustigen Geschichte oder einer Tiergeschichte, ist eine ernste Erzählung mit einem menschlichen Helden und einem glücklichen Ausgang. Der Werdegang des Märchenhelden ist umgekehrt wie der des tragischen Helden: zu Beginn ist er entweder niedrigen Standes, oder er wird verachtet als dumm, unbegabt und aller heldischen Tugenden bar; am Ende aber überrascht er alle, indem er sein Heldentum beweist und Ruhm, Reichtum und Liebe gewinnt. Obgleich er zum Schluß als Sieger hervorgeht, muß er doch zuvor viele Kämpfe bestehen, in denen sein Erfolg zweifelhaft scheint, denn er hat nicht nur natürliche Hindernisse wie gläserne Berge oder Flammenwände zu überwinden, sondern auch böse feindliche Mächte, Stiefmütter, eifersüchtige Brüder und Hexen. In vielen Fällen würde er in der Tat versagen, stünden ihm nicht freundliche Mächte bei, die ihm Anleitungen geben oder Aufgaben für ihn übernehmen, welche er selbst nicht ausführen kann; das heißt, außer seinen eigenen Fähigkeiten braucht er auch Glück, aber dieses Glück ist nicht zufällig, sondern hängt von seinem Charakter und von seinen Handlungen ab. Das Märchen endet mit dem Sieg der Gerechtigkeit: Es werden nicht nur die Guten belohnt, sondern auch die Bösen bestraft.

Nehmen wir zum Beispiel *Das Wasser des Lebens*. Drei Brüder ziehen nacheinander zu einem gefahrvollen Abenteuer aus: sie wollen das Wasser des Lebens finden, um ihren kranken Vater, den König, wieder gesund zu machen. Jeder begegnet einem Zwerg, der ihn fragt, wohin er wolle. Die beiden älteren Brüder geben unverschämte Antworten und werden zur Strafe in enge Felsschluchten eingesperrt. Der dritte Bruder gibt eine höfliche Antwort und wird belohnt, indem er die Auskunft erhält, wo das Wasser des Lebens zu finden ist und wie er die Löwen, die es bewachen, besänftigen kann; zugleich aber wird er gewarnt, das Schloß zu verlassen, ehe es zwölf schlägt. Er erreicht das verzauberte Schloß, wo er eine Prinzessin findet; er erlöst sie, und sie sagt ihm, er solle in einem Jahr wiederkommen und sie heiraten. Und nun versagt er beinahe, weil er müde wird und einschläft und dann gerade noch mit dem Wasser entkommt, als die Uhr zwölf schlägt und das eiserne Tor so heftig zufällt, daß es ihm noch ein Stück von der Ferse wegschlägt. Auf dem Heimweg begegnet er wieder dem Zwerg und bittet ihn, seine Brüder freizulassen; das tut der Zwerg auch, warnt ihn aber gleichzeitig vor der Schlechtigkeit seiner Brüder. Die Brüder stehlen ihm das Wasser des Lebens und ersetzen es durch bitteres Meerwasser, so daß sein Vater, der davon noch kränker wird, ihn dazu verurteilt, heimlich erschossen zu werden. Der mit diesem Auftrag betraute Jäger hat nicht das Herz, es zu tun, und läßt den jungen Prinzen im Wald laufen. Nun begibt er sich auf die Suche nach der Prinzessin. Sie hat eine goldene Straße bauen lassen, um ihre Freier auf die Probe zu stellen. Wer darauf geradewegs zu ihr geritten käme, der wäre der rechte und sollte zu ihr gelassen werden, wer aber daneben geritten käme, sollte keinen Einlaß finden. Als die beiden älteren Brüder dazu kommen, denken sie: Das wäre jammerschade, wenn man darauf ritte, das Pferd könnte etwas abtreten, und so bestehen sie die Prüfung nicht. Am Ende des Jahres macht der dritte Bruder sich dorthin auf, ist aber so sehr mit seinen Gedanken bei der Königstochter, daß er die goldene Straße überhaupt nicht bemerkt und geradewegs über sie hinwegreitet. Sie feiern Hochzeit, der Vater erfährt, wie die beiden älteren Brüder den jungen Prinzen betrogen haben, und um der Strafe zu entgehen, fliehen die beiden übers Meer.

Der Held nimmt zu Beginn den dritten oder untergeordneten Rang ein. (Der jüngste Sohn erbt als letzter – aber vielleicht irre ich mich. In vielen Landgemeinden, wo frühe Eheschließungen die Regel sind, ist es der jüngste Sohn, der den Hof erbt.) Es gibt zwei Unternehmungen auszuführen, deren jede mit einer Prüfung verbunden ist, welche der Held besteht und seine Brüder nicht bestehen.

Die erste Prüfung ist die Begegnung mit dem Zwerg. Die älteren Brüder mißachten ihn, a) weil er aussieht wie der letzte, der ihnen helfen könnte; b) weil sie ungeduldig sind und nur an ihren Erfolg denken; und c) weil sie erstens zu überheblich auf ihre eigene Kraft vertrauen und zweitens sich nur von ihrer Selbstsucht leiten lassen. Sie lieben ihren Vater nicht wirklich, sondern wollen nur von ihm belohnt werden.

Der Held anderseits ist a) demütig und bescheiden; sorgt sich b) nur um die Genesung seines Vaters; und hat c) eine liebevolle Einstellung zu allen Menschen, so daß er den Zwerg um Hilfe bittet und sie auch erhält.

Die zweite Prüfung mit der goldenen Straße ist eine Umkehrung der ersten Prüfung: diesmal ist es richtig, keine Notiz davon zu nehmen. Die Brüder, die den Zwerg mißachteten, beachten jetzt die Straße wegen ihres materiellen Werts, der mehr für sie bedeutet als jede Königstochter, während der Held, der dem Zwerg seine Aufmerksamkeit und Achtung schenkte, die Straße überhaupt nicht beachtet, weil er wahrhafte Liebe empfindet.

Das Wasser des Lebens und die Prinzessin werden von Löwen bewacht; diese sind in diesem Märchen nicht böse, sondern achten nur darauf, daß niemand Erfolg erringt, der nicht das richtige Vorgehen erfahren hat. Der Held versagt beinahe, weil er die Warnung des Zwerges vergißt und einschläft; noch ein zweites Mal schläft er ein, statt auf der Hut zu sein vor seinen Brüdern, so daß es diesen beinahe gelingt, ihn zu vernichten. Die Bereitschaft zum Einschlafen ist ein Zeichen von Vertrauen und Furchtlosigkeit, und das sind die Eigenschaften, die ihm Erfolg bringen; gleichzeitig aber wird gezeigt, daß sie Gefahr für ihn bedeuten, wenn er sie zu weit treibt.

IV

Wenn eine solche Geschichte nicht historisch ist, was ist sie dann? Allgemein gesprochen, ist das Märchen in den meisten Fällen eine dramatische Projektion des Seelenlebens in symbolischen Bildern, und es kann von Land zu Land, von einer Kultur zur anderen wandern, wenn das, was es aussagt, da wie dort auf das Wesen des Menschen zutrifft, trotz allen Unterschieden. Da der Mythos allgemeingültig ist, tun die Ereignisse und die Bilder des Märchens ihre Wirkung, unabhängig vom künstlerischen Wert der Erzählung; ein echter Mythos, wie etwa die Clowngestalt Chaplins, ist stets daran zu erkennen, daß er über alle Unterschiede zwischen intellektuellem und populärem Geschmack hinweg wirksam ist. Außerdem kann keine bewußte Analyse seinen Sinn ausschöpfen. Es schadet jedoch nichts, wenn man es trotzdem versucht.

Wenn ich *Das Wasser des Lebens* lese, fällt mir auf, daß die beiden Aufgaben – die Suche nach dem heilenden Wasser und die Suche nach der Prinzessin, die mit dem, der sie zur Frau gewinnt, neues Leben hervorbringen wird – ein und dasselbe sind, wenngleich erst der Versuch, die Vergangenheit wieder herzustellen, zur Entdeckung des eigenen künftigen Weges führt. Die wahre Stärke eines Menschen liegt selten in den Fähigkeiten und Anlagen, auf die er stolz ist, sondern häufig in jenen, die er als unwichtig oder sogar als Schwächen betrachtet. Erfolg kann nie allein durch einen bewußten Willensakt erzielt werden; er braucht stets die Hilfe von Gnade oder Glück. Aber Gnade ist nicht willkürlich: sie wird dem zuteil, der nicht zu stolz ist, darum zu bitten; und jene, die sie zurückweisen, verwandeln sie dadurch ins Gegenteil – sie bekommen, was sie verdienen. Es gibt keine Freude und keinen Erfolg ohne Gefahr und Leiden, und wer das Leid zu vermeiden sucht, gelangt nicht in den Genuß der Freude, und das Leid bleibt ihm nicht erspart. Schließlich und vor allem darf man nicht ängstlich an den glücklichen oder unglücklichen Ausgang denken, sondern nur daran, was im gegenwärtigen Augenblick zu tun ist. Was sich über einen großen Zeitraum zu erstrecken scheint, ereignet sich in Wirklichkeit jeden Moment: die Hochmütigen und die Neidischen tanzen in eben diesem Augenblick in glühenden Schuhen oder rollen in mit Nägeln beschlagenen Fässern bergab; die Vertrauens- und Liebevollen sind schon mit Prinzessinnen verheiratet.

V

Die Brüder Grimm waren die ersten, die versuchten, Volksmärchen und Sagen genauso aufzuzeichnen, wie sie im Volk erzählt wurden, ohne Zugeständnisse an bürgerliche Prüderie und ästhetische Vorurteile.

Hans Christian Andersen war meines Wissens der erste, der das Märchen als literarische Form verwendete und selber neue Märchen erfand. Einige seiner Geschichten sind, wie die von Perrault, Neubearbeitungen volkstümlicher Stoffe – *Die wilden Schwäne* zum Beispiel basieren auf zwei Märchen der Grimmschen Sammlung: *Die sechs Schwäne* und *Die zwölf Brüder* –, aber seine besten Märchen, wie *Die Schneekönigin, Der standhafte Zinnsoldat* und *Die kleine Seejungfrau,* sind nicht nur neu in ihrem Stoff, sondern so unverkennbar von Andersen, als wären sie moderne Erzählungen.

Verglichen mit den Grimmschen Märchen haben sie die Vorzüge und Mängel bewußt geschaffener literarischer Kunstwerke. Zunächst einmal sind sie eher Parabeln als Märchen.

> Der kleine Kay war ganz blau vor Kälte, ja fast schwarz, aber er merkte es nicht, denn die Schneekönigin hatte ihm die Frostschauer fortgeküßt, und sein Herz glich einem Eisklumpen. Er ging und schleppte einige scharfe, glatte Eisstücke herbei, die er auf alle möglichen Arten zu Mustern aneinanderpaßte, gleich wie wenn wir zu Hause kleine Holztäfelchen haben, die wir zu Figuren zusammenlegen und das »chinesische Rätselspiel« nennen.
>
> Kays Figuren waren die allerkünstlichsten, denn sie waren das »Eisspiel des Verstandes«. In seinen Augen waren diese Figuren ganz ausgezeichnet und von der höchsten Wichtigkeit: das machte das Glaskörnchen, das ihm immer noch im Auge saß! Er legte viele Figuren, die ein Wort formten, aber er konnte es nie herausbringen, sie zu einem bestimmten Wort zusammenzufügen, einem Wort, das er am sehnlichsten fertigzubekommen wünschte. Dieses Wort hieß »Ewigkeit«. Die Schneekönigin hatte zu ihm gesagt, wenn er dieses Wort ausfindig machen könnte, sollte er sein eigener Herr sein, und sie würde ihm die ganze Welt schenken und ein Paar neue Schlittschuhe dazu. Aber es wollte ihm nicht gelingen.

Eine solche Stelle könnte in einem Volksmärchen nie

vorkommen. Erstens, weil die menschliche Situation, von der sie handelt, eine historische, von Descartes, Newton und deren Nachfolgern geschaffene ist; und zweitens, weil kein Volksmärchen seine eigenen Symbole analysieren und erläuternd bemerken würde, das Spiel mit den Eissplittern sei das »Spiel des Verstandes«. Ferner ist die versprochene Belohnung – »Die ganze Welt und ein Paar Schlittschuhe« – nicht nur überraschend und subtil, wie das Volksmärchen es nie sein kann, sondern auch von einer Originalität, an der man den Autor erkennt.

Es ist deshalb auch kaum möglich, ein Andersen-Märchen mit anderen Worten nachzuerzählen; nach den rauhen und fröhlichen Abenteuern der Volksmärchen können einem die Sinngrübelei und die sentimental-affektierte Christlichkeit mancher Helden von Andersen schon etwas auf die Nerven gehen, doch man nimmt sie in Kauf für seine klugen, scharfsinnigen sozialen Beobachtungen und für seine interessanten Nebenfiguren. Man erinnert sich an die alte Frau mit dem blumenbemalten Sonnenhut und an das kleine Räubermädchen in der *Schneekönigin,* wie man sich an keine der Hunderte Hexen und Jungfrauen in den Volksmärchen erinnert. Den Unterschied sieht man vielleicht am deutlichsten, wenn man Märchen über unbelebte Gegenstände vergleicht.

> Bald ... kamen sie an einen kleinen Bach, und da keine Brücke oder Steg da war, so wußten sie nicht, wie sie hinüberkommen sollten. Der Strohhalm fand guten Rat und sprach: »Ich will mich querüber legen, so könnt ihr auf mir wie auf einer Brücke hinübergehen.« Der Strohhalm streckte sich also von einem Ufer zum andern, und die Kohle, die von hitziger Natur war, trippelte ganz keck über die neugebaute Brücke. Als sie aber in die Mitte gekommen war und unter ihr das Wasser rauschen hörte, ward ihr doch angst: sie blieb stehen und getraute sich nicht weiter. Der Strohhalm aber fing an zu brennen, zerbrach in zwei Stücke und fiel in den Bach: die Kohle rutschte nach, zischte, wie sie ins Wasser kam, und gab den Geist auf. Die Bohne, die vorsichtigerweise noch auf dem Ufer zurückgeblieben war, mußte über die Geschichte lachen, konnte nicht aufhören und lachte so gewaltig, daß sie zerplatzte. Nun war es ebenfalls um sie geschehen, wenn nicht zum guten Glück ein Schneider, der auf der Wanderschaft war, sich an dem

Bach ausgeruht hätte. Weil er ein mitleidiges Herz hatte, so holte er Nadel und Zwirn heraus und nähte sie zusammen. Die Bohne bedankte sich bei ihm aufs schönste, aber da er schwarzen Zwirn gebraucht hatte, so haben seit dieser Zeit alle Bohnen eine schwarze Naht.

So Grimm. Die Phantasie rankt sich an einer auf Tatsachen beruhenden Frage empor: Warum haben Bohnen eine schwarze Naht? Die Charakterisierung des Strohhalms, der Kohle und der Bohne beschränkt sich auf das erforderliche Minimum ihrer äußeren Eigenschaften. Das ganze Interesse gilt den Ereignissen.

Andersens Märchen *Die Stopfnadel* dagegen setzt keine Frage in bezug auf die Hauptfigur voraus:

Die Stopfnadel behielt ihre Haltung und verlor ihre gute Laune nicht. Und es schwamm allerlei über sie hin, Späne, Stroh und Stücke von alten Zeitungen.

»Sieh nur, wie sie segeln!«, sagte die Stopfnadel. »Sie wissen nicht, was unter ihnen steckt! Ich stecke, ich sitze hier. Sieh, da geht nun ein Span, der denkt an nichts in der Welt als an sich selbst – und das ist ein Span! Und da schwimmt ein Strohhalm; sieh, wie der sich schwenkt, wie der sich dreht! Denk nicht so viel an dich selbst, du könntest leicht gegen einen Stein stoßen! Da schwimmt ein Stück Zeitung! Vergessen ist lang, was darauf steht, und doch macht es sich breit. Ich sitze geduldig und still; ich weiß, was ich bin, und das bleibe ich!«

Eines Tages lag da etwas dicht neben ihr, was herrlich glänzte, und da glaubte die Stopfnadel, daß es ein Diamant sei; aber es war nur ein Glasscherben. Und weil derselbe so glänzte, redete die Stopfnadel ihn an und gab sich als Busennadel zu erkennen.

»Sie sind wohl ein Diamant?«, meinte sie.

»Hm, ja, ich bin etwas von dieser Art.«

Und so glaubte eines vom anderen, daß sie recht kostbar seien; und dann begannen sie davon zu sprechen, wie dünkelhaft die Welt doch sei.

»Ich habe in einer Schachtel bei einer Jungfer gewohnt«, sagte die Stopfnadel, »und diese Jungfer war eine Köchin. Sie hatte an jeder Hand fünf Finger, aber etwas so Eingebildetes als diese fünf Finger habe ich nicht gekannt; und doch waren sie nur dazu da, um mich aus der Schachtel zu nehmen, mich zu halten und wieder in die Schachtel zu legen.«

»Waren sie denn von glänzender Herkunft?« fragte der Glasscherben.

»Von glänzender Herkunft!« sagte die Stopfnadel, »nein, aber sehr hochmütig waren sie! Es waren fünf Brüder, alle geborene ›Finger‹ . . . Prahlerei war es und Prahlerei blieb es, und deshalb ging ich fort!«

Hier ist die Handlung den Handelnden untergeordnet und gibt ihnen eine passende Gelegenheit, ihre Charaktere zu zeigen, die individuell sind; das heißt, man kann sich leicht eine andere Stopfnadel und einen anderen Glasscherben vorstellen, die ganz anders reden würden. Unbelebte Gegenstände werden nicht wie bei Grimm vermenschlicht; im Gegenteil, Menschen sind hier in unbelebte Gegenstände verwandelt, damit sie ohne jede Voreingenommenheit beurteilt werden können, in der gleichen objektiven Sicht, wie Swift sie durch Änderung der Größenverhältnisse zu erreichen suchte. Dieser Unterschied besteht zwischen aller primitiven Literatur – gemeint ist primitiv in der Betrachtungsweise, nicht in der Technik – und der modernen.

Im Volksmärchen, wie im Epos und in der Tragödie der griechischen Antike, sind Situation und Charakter kaum voneinander zu trennen; ein Mensch enthüllt, was er ist, in seinen Handlungen oder in seinem Schicksal. In der modernen Literatur umfaßt die Charakterdarstellung eines Menschen alles, was aus ihm noch werden könnte, so daß seine Handlungen nie eine vollständige Enthüllung sind. Die Schwäche der primitiven Literatur ist die Schwäche des primitiven Menschen, ein fatalistischer Mangel an Hoffnung, der einem Mangel an Phantasie verwandt ist. Die Gefahr für die moderne Literatur und den modernen Menschen ist Lähmung des Handelns durch ein Übermaß an Phantasie, eine Gefangenschaft in der Leere unendlicher Möglichkeiten. Das ist wahrscheinlich auch der Grund, weshalb moderne Romanschreiber die größten Schwierigkeiten mit der Handlung zu haben scheinen; denn wir, ihre Charaktere, finden es soviel einfacher, zu überlegen als zu handeln, mit der allzu häufigen Folge, daß wir, apathischer als jeder primitive Held, hilflos warten, bis uns irgend etwas, gewöhnlich etwas Schreckliches, angetan wird.

VI

Es wird immer eine Lehrerbildungsanstalt geben.

»Wie soll der menschliche Verstand begreifen können, daß es in der Welt jemals derartige Mengen von berühmten fahrenden Rittern gegeben hat, so viele Kaiser, ... Zelter, umherreisende Edelfräulein, Schlangen, Ungeheuer, Riesen, unerhörte Abenteuer, so viele Arten von Verzauberungen ... Was mich persönlich betrifft, so gestehe ich, daß sie mich einigermaßen befriedigen, solange ich beim Lesen nicht daran denke, daß sie weiter nichts als Lügen und Narretei sind, doch sobald ich mich dann erinnere, werfe ich die besten von mir und würde sie den Flammen überantworten, hätte ich nur ein Feuer in meiner Nähe ... Wenn Ihr nun, fortgerissen von Eurer natürlichen Neigung, Bücher von Heldentum und großen Taten lesen wollt, so lest in der Heiligen Schrift das Buch der Richter, wo Ihr wunderbare Wahrheiten und glorreiche Taten finden werdet, die nicht zu bezweifeln sind und deren Lektüre die gescheitesten Leser zerstreut, belehrt, erfreut und überrascht.«

»Sehr gut!« rief Don Quichote; »aber dann müssen alle diese Bücher Fabeln sein, wenngleich von Königen lizensiert, von den Examinatoren genehmigt, sowie mit allgemeinem Genuß gelesen und applaudiert von Hohen und Niedrigen, von arm und reich, gebildet und ungebildet ...«

»Schämt Euch, mein Herr, und enthaltet Euch solcher Blasphemien! Und glaubt mir, guter Herr, und wie ich Euch schon vordem sagte, lest diese Bücher, und Ihr möchtet finden, daß sie alle Melancholie bannen werden, falls Ihr damit geplagt seid, und Eure Stimmung besänftigen, falls sie zu schroff sei.«

Edgar Allan Poe

Gerechtigkeit ist es, was jeder Autor sich von der Nachwelt erhofft, eine Hoffnung, die gewöhnlich enttäuscht wird. Nach dem Vergessenwerden fürchtet er am meisten, daß sein Name nur in zwei oder drei berühmten Werken überlebt, während der Rest ungelesen bleibt, oder daß er zum Idol eines kleinen Kreises wird, der jedes Wort, das er geschrieben hat, mit der gleichen unkritischen Ehrfurcht liest. Das erste ist ungerecht, auch wenn die bekannten Werke tatsächlich die besten des Autors sind, weil der Leser sich kein Recht auf dieses Urteil erworben hat, das zweite ist peinlich und lächerlich, weil kein Autor glaubt, daß er wirklich so gut ist.

Poes Schatten muß noch mehr enttäuscht sein als die meisten anderen. Einige seiner Sachen – wie er diese alten Schlachtrosse hassen muß! – sind Nichtamerikanern wahrscheinlich besser bekannt als irgendein Werk eines anderen amerikanischen Autors. Ich selbst kann mich nicht erinnern, vor dem *Raben* und den *Glocken* irgendwelche Gedichte gehört zu haben, und *Das Pendel* war eine der ersten Erzählungen, die ich gelesen habe. Zugleich sind aber von keinem anderen Autor seines Formats und seiner Fruchtbarkeit nur so wenige Werke bekannt. Als ich diese Auswahl vorbereitete, fragte ich zum Beispiel mehrere Leute, von denen ich wußte, daß sie sehr belesen, aber keine Spezialisten amerikanischer Literatur waren, ob sie *Gordon Pym* und *Eureka* gelesen hätten, die meiner Ansicht nach zu Poes wichtigsten Werken gehören; nicht einer von ihnen kannte sie. Anderseits sagte mir jeder, es wäre kaufmännischer Selbstmord, *Das Faß von Amontillado* auszulassen, das für meinen Geschmack eine zweitklassige Erzählung ist. Armer Poe! Erst so vergessen, daß sein Grab sechsundzwanzig Jahre lang ohne Grabstein blieb – als endlich einer aufgerichtet wurde, war Whitman der einzige anwesende amerikanische Autor –, und heute in Gefahr, lebenslanges Studienobjekt einiger Professoren zu werden. Die Professoren sind natürlich sehr nötig, denn dank ihren hingebungsvollen Bemühungen wird Poe vielleicht endlich jene Leser finden, die jeder Autor sich wünscht, Leser, die ihn zur Gänze lesen und bereit sind, sich geduldig auch durch Langweiliges oder weniger Gutes hindurchzufressen, um des Vergnügens willen, Neues und Bewundernswertes zu entdecken.

Die Erzählungen: So verschieden in der Thematik, in der Ausführung und im Stil Poes Geschichten auch sind, haben sie doch ein negatives Merkmal gemeinsam: In keiner gibt es Platz für den Menschen, wie er tatsächlich in Raum und Zeit existiert, das heißt als natürliches Geschöpf, dessen Gefühle den Einflüssen und Begrenzungen der natürlichen Ordnung unterliegen, und zugleich als historische Person, die durch freie Wahl neue Tatsachen und Beziehungen herstellt und in unvorhersehbarer Weise durch die freie Wahl anderer beeinflußt wird.

Man kann Poes bedeutendere Erzählungen in zwei Gruppen einteilen. Die erste Gruppe handelt von leidenschaftlichen Zuständen: zerstörerische Leidenschaft eines einsamen Ichs, das sich mit dem Ich eines anderen vereint *(Ligeia),* Leidenschaft des bewußten Ichs, objektiv zu sein, durch reine Vernunft die wahren Beziehungen zu entdecken, die hinter Sinneserscheinungen und Gefühlen verborgen sind *(Der entwendete Brief),* selbstzerstörerische Zustände, in denen das Ich und das Selbst einander leidenschaftlich feind sind *(The Imp of the Perverse),* sogar der Zustand chimärischer Leidenschaft, das heißt die leidenschaftliche Unruhe eines Selbst, das ohne jede Leidenschaft ist *(Der Mann der Menge).* Die Horrorgeschichten und die Detektivgeschichten gehören zusammen, denn in beiden existieren die Helden als Verkörperung einseitiger Zustände: Roderick Usher denkt so wenig, wie Auguste Dupin fühlt. Personen, die solche Zustände verkörpern, können sich natürlich niemals in ihrer Intensität verändern, weder durch eine Änderung in ihnen selbst noch durch eine Änderung in ihrer Umgebung. Das Problem beim Schreiben solcher Geschichten liegt darin, zu verhindern, daß der Leser jemals an die historische Realität erinnert wird, denn wenn er an wirkliche Menschen denkt, deren Leidenschaften durch das Bedürfnis, zu Mittag zu essen, unterbrochen werden, oder deren Schönheit vorübergehend durch einen Schnupfen beeinträchtigt wird, so kann ihm die Intensität und Zeitlosigkeit nur komisch vorkommen. Man greift Poe manchmal wegen der Theatralik seiner Prosa und der »Dekorationen« in seinen Erzählungen an, aber sie sind absolut notwendig, um die Illusion zu bewahren. Seine Helden können nur theatralisch existieren. Nehmen wir zum Beispiel den folgen Satz aus *William Wilson:*

> Es mag genügen, wenn ich sage, daß ich als Verschwender alles Bekannte übertraf und, indem ich einer Unzahl von neuen Narreteien den Namen gab, dem langen Katalog der Laster, wie er an der verderbtesten Universität Europas gang und gäbe war, einen keineswegs geringen Nachtrag anhing.

Als aus dem Zusammenhang gerissener Satz ist er schrecklich, unklar, umständlich, der Sinn ist einem konventionellen rhetorischen Rhythmus untergeordnet. Dramatisch gesehen ist er aber ganz richtig; wie genau zeigt er den William Wilson, der die Geschichte in seinem eigenen Ton erzählt, als das phantastische Ich, das den Kontakt mit der Realität haßt und zurückweist. Einige Nachfolger Poes in Geschichten über Seinszustände, beispielsweise D. H. Lawrence, haben versucht, realistisch zu sein – mit katastrophalen Folgen.

In der zweiten Gruppe, die Erzählungen wie *Im Strudel des Maelstroms* und *Gordon Pym* umfaßt, ist die Beziehung zwischen dem Willen und den Geschehnissen umgekehrt. Während in der ersten Gruppe alles, was geschieht, die Folge eines Willens ist, dessen Freiheit keine natürlichen Grenzen gesetzt sind, so ist in diesen reinen Abenteuergeschichten der Held so völlig passiv wie das Ich in einem Traum, nichts geschieht als Folge seiner persönlichen Entscheidung, alles geschieht ihm. Was er empfindet – Interesse, Aufregung, Schrecken –, wird von Ereignissen verursacht, auf die er nicht den geringsten Einfluß hat. Die Helden der ersten Art haben keine Geschichte, weil sie sich weigern, sich mit der Zeit zu ändern, die der zweiten Art haben keine, weil sie sich nicht ändern können, sondern nur zu erleben vermögen.

Das Problem für den Verfasser von Abenteuergeschichten besteht darin, eine Reihe von Ereignissen zu erfinden, die sowohl interessant als auch abwechslungsreich sind, und die Reihenfolge der Ereignisse plausibel zu machen. Abwechslung zu bieten, ohne den logischen Zusammenhang zu opfern, oder umgekehrt, ist viel schwieriger, als es aussieht, und *Gordon Pym,* eine der besten Abenteuergeschichten, die jemals geschrieben wurde, ist ein Musterbeispiel dieser Kunst. Jede Art von Abenteuern kommt vor – Abenteuer natürlichen Ursprungs wie ein Schiffbruch, Abenteuer, die, wie die Meuterei, von bekannten Personen oder, wie die Vorkommnisse auf der Insel, von fremden Eingeborenen verursacht werden, und schließlich übernatürliche Schrecken – aber jedes Ereignis führt glaubwürdig zum nächsten. Während in den Geschichten über leidenschaftliche Zustände eine gewisse Unbestimmtheit der Beschreibung für die Illusion unbedingt nötig ist, wird in der Abenteuergeschichte die Glaubwürdigkeit durch genaue Details, durch Zahlen und Diagramme und verschiedene andere Stilmittel gewährleistet, wie in Poes Beschreibung der geheimnisvollen Schluchten:

> Die Gesamtlänge dieses Abgrunds, wenn man bei der Öffnung a beginnt und um die Ecke b bis zum äußersten Ende d mißt, ist hundertfünfzig Yard.

Beide Arten von Poe-Erzählungen haben einen außerordentlichen Einfluß ausgeübt. Seine Porträts abnormer, selbstzerstörerischer Zustände beeinflußten Dostojewskij, sein kalt überlegender Detektiv ist der Ahnherr von Sherlock Holmes und dessen zahlreichen Nachfolgern, seine Zukunftsutopien führen zu H. G. Wells, seine Abenteuergeschichten zu Jules Verne und Stevenson. Es ist nicht ohne Interesse, daß die Entwicklung solcher Erzählungen, in denen der historisch definierte Mensch fehlt, mit der Entwicklung der Geschichtsschreibung zu einer Wissenschaft, die ihre eigenen Gesetze hat, und mit dem Auftreten der großen Historiker des neunzehnten Jahrhunderts zusammenfällt; und ferner, daß diese beiden Entwicklungen die Industrialisierung und Urbanisierung des sozialen Lebens begleiten, in denen der Mensch mehr und mehr das Geschöpf geschichtlicher Mächte zu werden scheint, während er sich selbst weniger und weniger fähig fühlt, sein Leben durch eine eigene geschichtliche Entscheidung zu bestimmen.

Poes kleinere Prosawerke zerfallen ebenfalls in zwei Gruppen. Die erste besteht nicht aus Erzählungen, sondern aus Beschreibungen von Eden, dem »großen, guten Ort«, dem *Gut zu Arnheim.* Solche Beschreibungen, von wem immer sie auch stammen, sind eher als Enthüllungen über den Autor denn als Darstellung ihres Gegenstands interessant, denn niemand kann sich den idealen Ort, das ideale Heim anders vorstellen als in den Begriffen seiner privaten Phantasien und des Zeitgeschmacks. Poes Vorstellungen von Eleganz und Luxus müssen, wenn sie nicht etwas vulgär und komisch wirken sollen, im Licht seiner Lebensgeschichte und im Rahmen Amerikas, wie es in der ersten Hälfte des neunzehnten Jahrhunderts war, gesehen werden.

Schließlich gibt es noch eine Gruppe humoristisch-satirischer Arbeiten, die in diese Auswahl nicht aufgenommen wurden. Obwohl Poe darin nicht so komisch ist wie in einigen seiner Kritiken, so ist doch wenigstens eine Erzählung, *Eine gefährliche Situation,* von Interesse. Sie ist eine Parodie auf die volkstümlichen Horrorgeschichten, wie sie in der Zeitschrift *Blackwood's* veröffentlicht wurden, und zugleich eine Parodie auf Poes eigene ernste Arbeiten dieses Genres; hier kommt schon das Motiv des herabsinkenden schwingenden Messers vor, das Poe später im *Pendel* verwendete.

Die Gedichte: Die besten Gedichte Poes sind nicht auch die typischsten oder originellsten. *An Helen,* das Landor geschrieben haben, und *The City in the Sea,* das von Hood sein könnte, sind besser gelungen als zum Beispiel ein Gedicht wie *Ulalume,* das kein anderer als Poe hätte schreiben können.

Seine Schwierigkeit als Lyriker lag darin, daß er für die Zeit, die ihm für Gedichte zur Verfügung stand, an viel zu vielen poetischen Problemen und Experimenten zugleich interessiert war. Um das Resultat mit der Absicht in Einklang bringen zu können – und je experimenteller die Absicht, desto mehr gilt dies –, muß ein Autor ständig in Übung bleiben. Der Prosaschriftsteller, der sich mit Schreiben seinen Lebensunterhalt verdienen muß, hat den Vorteil, daß auch die reinste Routinearbeit immer noch eine Übung für sein Handwerk ist. Für den brotlosen lyrischen Dichter gibt es keine entsprechende Übung. Wenn er nicht die Muße hat, zu schreiben und immer wieder umzuschreiben, kann er sich nicht zu seiner vollen Größe entwickeln. Wenn uns daher etwas an Poes Gedichten nicht gefällt, so dürfen wir niemals sein eigenes trauriges Vorwort vergessen:

> Um meinen eigenen Geschmack zu verteidigen, muß ich leider sagen, daß nach meinem Dafürhalten nichts in diesem Band viel Wert für das Publikum hat oder mir viel Ehre macht. Ereignisse, die sich meiner Kontrolle entzie-

hen, haben mich daran gehindert, zu irgendeiner Zeit wirklich ernstliche Anstrengung auf jenem Gebiet zu unternehmen, das ich unter glücklicheren Umständen gewählt hätte.

Man muß leider zugeben, daß die Gedichte manche Fehler haben. In *The Raven* liegt der Fehler darin, daß das thematische und das prosodische Interesse, die beide beträchtlich sind, sich nicht verbinden, sondern sogar einander oft widersprechen.

In der *Philosophie der Komposition* erörtert Poe die Schwierigkeiten, die er überwinden mußte, um zu verhindern, daß das Gedicht absurd oder künstlich wurde. Die Künstlichkeit, daß der Liebhaber jene Fragen stellt, auf die der Refrain passen würde, konnte dadurch gerechtfertigt werden, daß er ihn als selbstquälerisch darstellte. Die Schwierigkeit mit dem Sprecher des Refrains war jedoch unlösbar, bis der Dichter auf die Idee einer nichtmenschlichen Stimme verfiel. Der Effekt konnte jedoch immer noch zerstört werden, wenn die Erzählung der Handlung, zum Unterschied von den Fragen und Antworten, nicht natürlich dahinfloß. Und das Metrum, das Poe wählte, mit den häufigen weiblichen Reimen, die im Englischen so selten sind, eignet sich nicht dafür.

Not the least obeisance made he; not a minute stopped or
 stayed he;
But with mien of lord or lady, perched above my chamber
 door.

Hier ist es das Metrum allein, und nichts am Sprecher oder an der Situation, was die überflüssigen Alternativen von »stopped or stayed he« und »lord or lady« nötig macht.

Ähnlich ist *Ulalume* ein interessantes Experiment in der Diktion, aber nur ein Experiment, denn das Gedicht handelt von etwas, das niemals richtig ausgesprochen wird, weil der Sinn dem Klang geopfert wird. Es ist Zufall, wenn der Klang eines Ortsnamens mit dem Gefühl, das dieser Ort hervorruft, übereinstimmt, und das Zufällige ist eine komische Qualität. Edward Lear, anscheinend der einzige Dichter, der direkt von Poe beeinflußt war, hat Erfolg mit Namen wie *The Hills of the Chankly Bore,* weil er offene Nonsens-Gedichte schreibt, aber *Ulalume* hat ein ernstes Thema, und Komik ist hier nicht angebracht. *The Bells,* obwohl eine viel weniger interessante

Idee als *Ulalume,* ist doch besser geglückt, weil das Thema nur ein Vorwand für onomatopoetische Effekte ist.

Bleibt noch *Eureka.* Der Mann, der kategorisch behauptet hat, daß kein Gedicht viel mehr als hundert Zeilen haben dürfe – »daß Musik (in ihrer Modifikation von Rhythmus und Reim) von einer so außerordentlichen Bedeutung für die Poesie ist, daß sie von einem, der wahrhaft poetisch ist, niemals vernachlässigt werden darf«, daß weder die Wahrheit, die Befriedigung des Intellekts, noch die Leidenschaft, die Erregung des Herzens, Themen der Poesie seien, sondern nur die Schönheit, und daß das poetischste Thema der Welt der Tod einer schönen Frau sei –, dieser Mann bringt am Ende seines Lebens ein Werk hervor, von dem er behauptet, es sei ein Gedicht, und das er der Nachwelt als seine höchste Leistung anpreist, obwohl es jeden Artikel seines kritischen Glaubensbekenntnisses verletzt. Es ist viele Seiten lang, es ist in Prosa geschrieben, es behandelt wissenschaftliche Gedanken, von deren Wahrheit der Dichter glühend überzeugt war, und sein allgemeines Thema sind Ursprung und Schicksal des Universums.

Das Gedicht ist außerhalb Frankreichs wenig beachtet worden, aber ich glaube nicht, daß Poe ihm zu Unrecht solche Bedeutung beimaß. Erstens war es eine sehr kühne und originelle Idee, das älteste aller poetischen Themen aufzugreifen – es ist älter als selbst die Geschichte des epischen Helden –, nämlich die Kosmologie, die Geschichte von der Entstehung der Dinge, es völlig modern zu behandeln und im neunzehnten Jahrhundert das zu tun, was Hesiod und Lukrez auf griechisch und lateinisch vor vielen Jahrhunderten getan haben. Zweitens ist es voll von bemerkenswerten intuitiven Vorwegnahmen, die von späteren wissenschaftlichen Entdekkungen bestätigt wurden. Wie Paul Valéry sagt:

> Man übertreibt die Bedeutung des Gedichts nicht, wenn man in Poes Theorie der Konsistenz den ziemlich bestimmten Versuch erkennt, das Universum durch die ihm immanenten Eigenschaften zu beschreiben. Man findet gegen Ende des Gedichts die folgende Behauptung: »Jedes Naturgesetz hängt an jedem Punkt von allen anderen Gesetzen ab.« Man könnte dies, wenn nicht geradezu als Formel, so doch als den Ausdruck einer Tendenz zu einer allgemeinen Relativität betrachten.

Daß diese Tendenz sich heutigen Begriffen nähert, wird offensichtlich, wenn man in diesem Gedicht eine Bestätigung der *symmetrischen* und reziproken Beziehungen zwischen Materie, Zeit, Schwerkraft und Licht entdeckt.

Und schließlich sind in diesem einen Werk fast alle charakteristischen Obsessionen Poes vereinigt: der Drang zur Verschmelzung mit dem Einen, der Erzählungen wie *Ligeia* zugrunde liegt, die Leidenschaft für die Logik, die die kriminalistischen und kryptographischen Studien beherrscht, die Leidenschaft für eine endgültige Aufklärung und Versöhnung, die die Melancholie vieler seiner Verse nährt – alle werden in diesem Gedicht zusammengeführt, in einer so luziden und unpathetischen Prosa wie nur in seinen besten Kritiken.

Die kritischen Schriften: Man muß Poes kritische Schriften, wie die jedes anderen Kritikers von Bedeutung, in dem literarischen Zusammenhang betrachten, in dem sie erschienen sind. Kein Kritiker, sei sein Ton auch noch so lehrhaft, versucht wirklich, ewige Gesetze der Kunst festzulegen; er ist immer polemisch und kämpft gegen die charakteristischen Fehlbegriffe, Dummheiten und Schwächen seiner Zeitgenossen. Immer muß er einerseits die Tradition verteidigen gegen den Dilettanten, der sie nicht kennt, und gegen den Narren, der sie beseitigen möchte, auf daß die wahre Kunst mit ihm neu beginnen könne; anderseits muß er auf die wirklichen Neuheiten der Gegenwart hinweisen und dem Konservativen, der glaubt, Tradition weiterführen heiße sie imitieren, zeigen, welche modernen Aufgaben und Leistungen wahrhaft jenen der Vergangenheit analog sind.

Poes Verdammung des langen und des didaktischen oder »wahren« Gedichtes ist im Grunde eine Forderung, die Lyriker seiner Zeit mögen sie selbst sein und zugeben, daß epische Themen und intellektuelle oder moralische Ideen ihre poetischen Fähigkeiten nicht anregen und daß sie sich in Wirklichkeit für Gefühle der Melancholie, der Nostalgie, der ratlosen Sehnsucht und ähnliches interessieren, für Gefühle also, die weder im Epos noch im Epigramm, sondern nur in lyrischen Gedichten von mäßiger Länge adäquat ausgedrückt werden können. Poe war gezwungen, alle langen Gedichte aus Prinzip anzugreifen und beispielsweise gegen *Paradise Lost* oder *An Essay on Criticism* ungerecht zu sein, um das Vorurteil von Dichtern und Publikum, wonach ein bedeutender Dichter unbedingt lange Gedichte schreiben und voll Tiefsinn sein müsse, zu brechen.

Seine Ablehnung der Leidenschaft ist in Wirklichkeit eine Abwandlung der Bemerkung von Wordsworth, Gefühle müßten in Ruhe erinnert werden, um in einem Gedicht ausgedrückt werden zu können; unmittelbare Leidenschaft sei zu beherrschend, zu sehr an das Ich gebunden. Poes Angriff richtet sich auch gegen die populäre und laienhafte Vorstellung von poetischer Inspiration, die dem Dichter die Arbeit abnehme; er erinnert daran, daß auch das inspirierteste Gedicht etwas Gemachtes ist:

> Wir zögern nicht, zu sagen, daß ein Mensch mit großen Fähigkeiten kausalen Denkens – das heißt, ein Mensch von metaphysischem Scharfsinn – auch mit sehr mangelhafter Idealität ein besseres Gedicht machen kann als einer, der keinen metaphysischen Scharfsinn, dafür aber in höchstem Grad die Gabe der Idealität besitzt. Denn ein Gedicht ist nicht die poetische Kraft, sondern das *Mittel,* sie in den Menschen zu erwecken.

Poes allgemeine Ästhetik ist durch ihren Einfluß auf die Franzosen wohlbekannt. Der Großteil seiner kritischen Schriften, und vielleicht der wertvollste Teil, befaßt sich mit der Technik des Dichtens und mit praktischer Detailkritik. Keiner seiner Zeitgenossen hat so viel Energie und Einsicht an den Versuch gewandt, die Dichter seiner Zeit dazu zu bringen, ihre Kunst ernstzunehmen, zu verstehen, was sie prosodisch taten, und die Fehler der schlampigen Diktion und der unpassenden Metaphorik zu vermeiden, die durch Aufmerksamkeit und harte Arbeit vermieden werden können.

Wenn Poe sich nicht zu seiner vollen potentiellen Größe als Kritiker entwickelte, so war dies sein Unglück, nicht seine Schuld. Ein Großteil seiner besten kritischen Arbeiten wird niemals gelesen werden, weil er in Rezensionen über völlig uninteressante Autoren begraben liegt. Wenn Poe manchmal zweitklassige Autoren über Gebühr lobte, wie zum Beispiel Mrs. Osgood, oder Zeit und Energie für die Vernichtung von literarischen Nullen wie Mr. English verschwendete, so waren dies die unausweichlichen Konsequenzen der Tatsache, daß ein kritischer Geist, von Natur aus dazu bestimmt, die härtesten Bissen zu verdauen, von den Umständen dazu verurteilt war, sich von literarischem Brei zu nähren. Erstklassige Kritiker bedürfen auch erstklassiger Anlässe, und die waren ihm versagt. Man denke an die Themen, die Baudelaire gestellt wurden: Delacroix, Constantin Guys, Wagner –, und dann an die Bücher, die Poe zum Rezensieren erhielt:

Mephistopheles in England oder die Bekenntnisse eines Premierministers
Der christliche Blumenbinder
Edle Taten der Frauen
Glück und Unglück im Leben eines Gentlemans in schwierigen Umständen
Die Geschichte von Texas
Heilige Philosophie der Jahreszeiten
Lebensskizzen bekannter Persönlichkeiten in Frankreich
Lebensbilder mit einem freien Bleistift
Alice Day, Eine Romanze in Reimen
Wakondah, Der Meister des Lebens
Poetischer Nachlaß der Lucretia Maria Davidson.

Es wundert einen, daß es ihm überhaupt gelang, ein vernünftiger Kritiker zu bleiben, geschweige denn ein so guter.

Der Mensch: Wenn die Musen für ihre Interessen kämpfen könnten, würde wahrscheinlich jede biographische Forschung nach dem Leben der Künstler gesetzlich verboten werden, und die Historiker müßten sich beschränken auf solche, die handeln, aber nichts schaffen – auf Generale, Verbrecher, Exzentriker, Kurtisanen und ähnliche Leute, über die nicht nur interessantere, sondern auch weniger irreführende Informationen zu finden sind. Echte Künstler – der vermeintliche Künstler ist eine andere Sache – sind niemals befriedigende Helden für Romanschreiber, weil ihre Lebensgeschichten, auch wenn an sich interessant, nur peripher sind und weniger wichtig als ihre Werke.

Als Person ist Poe eine viel weniger interessante Erscheinung als beispielsweise Griswold. Seit Professor Quinn die Originalfassungen der Briefe Poes Seite an Seite mit den von Griswold bearbeiteten Versionen veröffentlicht hat, packt einen die Neugier, mehr über diesen zu erfahren. Daß ein Mann einen anderen nicht leiden kann und nach dessen Tod schlecht von ihm spricht, ist ganz natürlich, aber sich so viel

Mühe zu geben, um einen Ruf derart subtil zu schwärzen, setzt einen nachhaltigen Haß voraus, der immer fasziniert, denn die Fähigkeit, ein Gefühl lange zu bewahren, ist sehr selten, und ganz besonders in diesem Fall, da bis jetzt kein vernünftiger Grund dafür eruiert werden konnte.

Wie in vielen anderen Dingen hatte Poe auch Unglück mit seinem persönlichen Ruf. Ehe die wahren Tatsachen bekannt waren, wurde er von respektablen Autoren als ein liederlicher Lump abgetan, während ihn die nichtrespektablen als einen romantischen Verdammten begrüßten, als den Fliegenden Holländer aus Whitmans Traum:

> In einem Traum sah ich einmal ein Schiff auf dem Meer, um Mitternacht, in einem Sturm – wie es ruderlos mit zerrissenen Segeln und zerbrochenen Sparren durch die wilden Schauer und Winde und Wellen der Nacht flog. Auf dem Deck war eine schlanke, schöne Gestalt undeutlich sichtbar, ein Mann, der sich offensichtlich über all den Schrekken, die Finsternis und die rasende Bewegung freute, deren Zentrum und Opfer er war.

Heute wissen wir, wie unrichtig dieses Bild war, aber das moralische Klima hat sich geändert, und Poe würde jetzt mehr respektiert werden, wenn es zuträfe. Wäre er wirklich ein übler Bursche gewesen wie Villon, Marlowe oder Verlaine, einer, der soff wie ein Loch und sich spektakulärer Verbrechen und Laster schuldig machte, so würden wir ihn eher bewundern. Es hat sich aber herausgestellt, daß er nur so ein armer Kerl war, den man nicht gern zu einer Party einlädt, weil er nach zwei Gläsern leicht lästig wird, ein unmännlicher Mann, dessen Liebesleben sich anscheinend weitgehend darauf beschränkte, im Schoß der Frauen zu weinen und den kleinen Jungen zu spielen, kurz, daß seine Schwächen von der unromantischen Art waren, für die unsere Zeit am wenigsten übrig hat, vielleicht weil sie für uns selbst typisch sind.

Wenn unsere jetzige Auffassung von Poe als Mensch jedoch richtig ist, dann wird Poe, der Künstler, zu einer noch seltsameren Gestalt. Niemand hat ein gutes Wort für seinen Stiefvater, John Allan, der sicher kein sehr anziehender Herr war. Wenn wir uns aber an seine Stelle im Jahr 1831 versetzen, was hätten wir damals über Poes Zukunft gedacht?

Denken wir an sein Verhalten an der Universität, an seinen sinnlosen Eintritt in die Armee, an sein Benehmen in West

Point, an sein Verhalten den Mitmenschen gegenüber: wäre er uns dann nicht als ein Neurotikertyp erschienen, wie er uns recht vertraut ist – als ein begabter junger Mann, der es nie zu etwas bringt, weil er nicht arbeiten will oder kann, dessen Meisterwerke nie über die dritte Seite hinaus gedeihen, der eine Stelle nach der anderen verliert, weil er niemals rechtzeitig zur Arbeit kommt und nie einen Termin einhält? Wir würden vielleicht in seiner erblichen Belastung und seiner frühen Kindheit psychologische Entschuldigungen für ihn finden – der unfähige, verantwortungslose Vater, der Tod seiner Mutter, als er zwei Jahre alt war –, aber unsere Prognose für seine Zukunft nicht nur als Mensch, sondern auch als Schriftsteller wäre kaum günstig ausgefallen. Allerhöchstens hätten wir gehofft, daß er vielleicht im Lauf seines Lebens ein oder zwei exquisit geschliffene Gedichte schreiben würde.

Was geschah aber tatsächlich? Während er in seinem persönlichen Leben genauso schwierig und selbstzerstörerisch blieb wie erwartet, wurde er sehr rasch ein angestrengt arbeitender und gewissenhafter Berufsschriftsteller. Keiner seiner Kollegen bei den Zeitschriften scheint irgendwelche beruflichen Schwierigkeiten mit ihm gehabt zu haben. Wenn man die Qualität der meisten Bücher, die er zu rezensieren hatte, mit der Qualität seiner Kritiken vergleicht, so möchte man wünschen, er wäre um seiner eigenen Arbeit willen etwas weniger gewissenhaft gewesen. Die Mängel, die wir in seinem Werk finden, sind solche, die wir am wenigsten erwartet hätten – Irrtümer eines Schriftstellers, der überlastet ist und ständig im Wettlauf mit der Uhr steht.

Wären sein Privatleben und seine Persönlichkeit romantisch-verruchter gewesen, so hätte sein Werk nicht die Bedeutung erlangt, die ihm als dem in gewisser Hinsicht ersten modernen Werk zukommt. Poe war einer der ersten, die *bewußt* unter dem Druck der Zerstörung der traditionellen Gemeinschaft und ihrer Werte litt, und er zahlte den höchsten Preis für dieses Bewußtsein. Wie D. H. Lawrence in einem scharfsinnigen Essay sagt:

> Poe hatte ein recht bitteres Schicksal. Dazu verdammt, in seiner Seele das Brennen einer fortwährenden Konvulsion des Zerfalls zu verspüren, und dazu verdammt, diesen Vorgang zu registrieren. Und dann dazu verdammt, dafür

beschimpft zu werden, daß er einige der bittersten Aufgaben der menschlichen Erfahrung, die von einem Mann verlangt werden können, erfüllt hatte. Und es waren notwendige Aufgaben. Denn die menschliche Seele muß ihre eigene Zersetzung bewußt erleiden, wenn sie überhaupt überleben soll.

Man könnte fragen: »Beschimpft?« Nein, es war schlimmer. Dazu verdammt, in Lesebüchern als Köder zu dienen, um die Schüler an besserer Literatur zu interessieren, als ein ehrbarer Rivale der Groschenhefte.

Trotzdem hat er auch einige Auszeichnungen erhalten: nicht viele andere Autoren wurden in einer Stunde der Not um Vermittlung bei Gott angefleht, wie es Poe geschah, als Baudelaire fürchtete, verrückt zu werden; nicht viele wurden in so schönen Gedichten gefeiert, wie es Mallarmés Sonett ist:

Le Tombeau d'Edgar Poe

Tel qu'en lui-même enfin l'éternité le change,
Le Poète suscite avec un glaive nu
Son siècle épouvanté de n'avoir pas connu
Que la mort triomphait dans cette voix étrange!
Eux, comme un vil sursant d'hydre ayant jadis l'ange
Donner un sens pur aux mots de la tribu
Proclamèrent très haut le sortilège bu
Dans le flot sans honneur de quelque noir mélange.
Du sol et de la nue hostile, ô grief!
Si notre idée avec ne sculpte un bas-relief
Dont la tombe de Poe éblouissante s'orne
Calme bloc ici-bas chu d'un désastre obscur
Que ce granit du moins montre à jamais sa borne
Aux noirs vols du Blasphème épars dans le futur.

Ein äußerst neugieriger älterer Herr

So wurde Henry Mayhew von einer Prostituierten, die er interviewte, beschrieben. Seine eigene Beschreibung seiner Tätigkeit widerspricht dem nicht:

> Als ich zuerst unter euch ging, war es nicht ganz leicht für mich, euch meine Absicht verständlich zu machen. Ihr glaubtet erst, ich sei ein Spitzel der Regierung oder irgendwie mit der Polizei in Verbindung. Ich bin keines von beiden, auch kein Pfarrer, der euch zu seinem Glauben bekehren will, noch ein Abstinenzler, der nur darauf aus ist, zu beweisen, daß die Quelle allen Übels im übermäßigen Genuß von berauschenden Getränken liegt. Ich bin ganz einfach ein Schriftsteller, der wünscht, daß die Reichen mehr über die Armen erfahren. Manche Menschen studieren die Sterne, andere die Tierwelt, wieder andere richten ihre Studien auf die Eigenschaften der Gesteine und widmen diesen Studien ihr ganzes Leben. Ich bin der erste, der versucht, eine Klasse meiner Mitmenschen zu studieren, die von der Vorsehung nicht in eine so günstige Lage versetzt wurden wie ich, und mein Wunsch dabei ist, die Extreme der Gesellschaft zusammenzubringen – die Armen mit den Reichen und die Reichen mit den Armen.

Nach einigen zufällig ausgesuchten Proben aus dem Buch *London Labour and the London Poor* glaube ich, daß ich Henry Mayhew an die erste Stelle setzen würde, wenn man mich nach den zehn größten Engländern der viktorianischen Zeit fragte. Ich sage »zufällig ausgesuchte Proben«, weil ich mir ebensowenig vorstellen kann, daß ein Mensch das Buch von Anfang bis zum Ende liest, wie daß einer die *Encyclopaedia Britannica* von A bis Z durchackert. Die Neuauflage scheint eine photomechanische Kopie der Ausgabe von 1865 zu sein. Die vier Bände umfassen fast zweitausend doppelspaltige Seiten von so kleinem Druck, daß sogar ein Kurzsichtiger wie ich Mühe hat, ihn zu lesen.

Henry Mayhew wurde 1812 als Sohn eines Londoner Rechtsanwalts geboren und starb 1887. Er zählte zu den ursprünglichen Eigentümern und Herausgebern des *Punch*, der 1841 zum ersten Mal erschien. In Zusammenarbeit mit einem seiner Brüder, Augustus, schrieb er einige komische Romane, die zu ihrer Zeit beträchtlichen Erfolg hatten, und man fragt sich, ob sie zu Unrecht vergessen sind. Sein Hauptwerk begann als eine Serie von Artikeln im *Morning Chronicle* in den Jahren 1849 und 1850. Band I und Teile von Band II und III wurden 1851 veröffentlicht, das gesamte Werk 1862.

Mayhew war ein zwanghafter Klassifizierer: unter den vier Haupttiteln *Jene, die arbeiten wollen, Jene, die nicht arbeiten können, Jene, die nicht arbeiten wollen*, und *Jene, die nicht zu arbeiten brauchen*, bringt er eine sechzehn Seiten lange Liste menschlicher Tätigkeiten. »Schriftsteller« werden nicht wie Lehrer und Priester unter »Wohltäter« eingestuft, sondern erscheinen in Sub-Gruppe D »Erzeuger oder Handwerker«, Sub-sub-Gruppe 3:

> Arbeiter in Verbindung mit den superlativen Künsten, das heißt mit jenen, die keine eigenen Produkte haben, sondern entweder damit beschäftigt sind, anderen Kunstprodukten Schönheit oder Nützlichkeit hinzuzufügen oder die ihnen zugehörige Arbeit zu erfinden oder entwerfen.

Er stellt uns Schriftsteller in eine Reihe mit »Austrocknern, Hausschwammbekämpfern, Fleckenputzern, Tuchpressern und Möbelpolierern«.

Über die Funktion der »Arbeitgeber« ist Mayhew ganz anderer Meinung als J. S. Mill:

> Der Fehler von Mr. Mill, als er Arbeitgeber und Verteiler unter die Bereicherer oder jene, welche die tauschbaren Waren des Landes vermehren, einreihte, entsprang dem Wunsch, die Händler und die Kapitalisten zu den produktiven Arbeitern zu zählen, was doch nicht falscher sein könnte, denn sie fügen dem Nationalvermögen *direkt* sicherlich keinen Heller hinzu. Ein wenig Nachdenken hätte dem Herrn gezeigt, daß Arbeitgeber und Händler in Wahrheit *indirekte Helfer* bei der Produktion sind und nicht direkte Erzeuger.

Eine Metropole wie London ist selten, wenn jemals, das

Zentrum einer Schwerindustrie wie Bergbau, Stahlproduktion oder Baumwollspinnerei. In Mayhews London war die größte Klasse der Lohnarbeiter die der Hausbediensteten. Mayhew befaßt sich daher, anders als Engels, nicht mit dem Los der Fabrikarbeiter. Er beschäftigt sich mit den Problemen des Kleingewerbes, richtet jedoch sein Hauptaugenmerk auf jene, die ihren Lebensunterhalt, ehrlich oder unehrlich, auf der Straße verdienen – eine Klasse, die damals seiner Schätzung nach etwa ein Vierzigstel der Bevölkerung Londons ausmachte. Seine beiden ersten Bände handeln von Straßenhändlern, Abfallsammlern und Straßenreinigern, der dritte von Ungeziefervertilgern, Straßensängern, kleinen Handwerkern und Gelegenheitsarbeitern, der vierte von Prostituierten, Dieben, Schwindlern und Bettlern.

Unter den Sozialanthropologen ist Mayhew, soviel ich weiß, einzigartig in der Verbindung einer Leidenschaft für Statistik, einer Leidenschaft für kaum glaubliche Ausgefallenheiten und einer Leidenschaft für ausgeprägte Eigenheiten des Charakters und der Sprache, wie sie sonst nur die allergrößten Romanschriftsteller zeigen. Statistik-Liebhaber können zum Beispiel von ihm lernen, daß die Rate der Alkoholiker unter den Knopfgießern 1:7,2 war, unter Pfarrern 1:417 und unter den Hausdienern 1:585,7, und daß ein Pferd in vierundzwanzig Stunden 38 Pfund 2 Unzen Mist unter sich läßt. Liebhaber von Ausgefallenheiten werden erfahren, daß das erste moderne Wasserklosett 1808 von Bramah patentiert wurde, daß die Dichter, die sich am besten auf der Straße verkauften, Shakespeare, Pope, Thomson, Goldsmith, Burns, Byron und Scott waren, daß aber wenig Nachfrage nach Milton, Dryden, Shelley oder Wordsworth bestand, daß Vergewaltigung am häufigsten in Monmouthshire vorkam, Bigamie hingegen in Cheshire, und daß Herefordshire in bezug auf Frauenkriminalität gleich nach London kam. Ich selbst war ganz besonders entzückt von den Resultaten seiner Umfrage unter einer Gruppe von Knaben, was sie als erstes gestohlen hätten. Die Liste lautet wie folgt:

> Sechs Kaninchen, einen Seidenschal von zu Hause, ein Paar Schuhe, einen holländischen Käse, ein paar Shilling von zu Hause, einen Rock mit Hose, ein Stierherz, vier Kupferplatten, 15 Shilling und Sixpence vom Meister, zwei Taschentücher, die Hälfte eines Vierpfundlaibs, ein Satz

Werkzeug im Wert von 3 Pfund, einen Cheshire-Käse, ein Paar Wagenlaternen, einige Taschentücher, 5 Shilling, ein paar Rüben, eine Uhrkette mit Siegel, ein Schaf, 3 Shilling und Sixpence, einen Krankensessel.

Um Mayhews Reportertalent zu illustrieren, kann ich nur kurz zitieren, was unfair ist, denn man sollte alles lesen. Ich würde besonders seine Interviews mit Jack Black, dem »Rattentöter Ihrer Majestät«, mit Billy, dem pfeifenden und tanzenden Knaben, und mit einem jungen Taschendieb empfehlen. Diese haben mich dazu geführt, meine kritischen Ansichten über Dickens zu revidieren, von dem ich immer glaubte, er sei ein phantastischer Erzeuger überlebensgroßer Charaktere: es wird offensichtlich, daß er ein viel größerer »Realist« war, als man gemeinhin glaubt.

Die folgenden Auszüge werden, wie ich hoffe, eine Vorstellung von Mayhews erstaunlichem Gehör für die Redeweise des Volkes geben:

Ein Knabe von vierzehn Jahren:

Ja, er hat von Gott gehört, der die Welt gemacht hat, kann sich nicht erinnern, wann, aber er hat von ihm gehört, ganz gewiß ... Er weiß, es gibt ein Buch, genannt die Bibel, weiß aber nicht, wovon es handelt, das ist ihm auch egal, er weiß sicher, daß es so ein Buch gibt, denn eine junge Frau versuchte, eines für eine alte Frau, die auf einer Sauftour war, zu versetzen, ein nagelneues, aber der Kerl wollte es nicht nehmen, und die alte Frau sagte, hol' ihn der Teufel. Er weiß nicht, was mit den Menschen nach dem Tode geschieht, nur daß sie begraben werden. Er hat einen Toten aufgebahrt gesehen, hat sich erst gefürchtet, Dick sah so anders aus, und wenn man sein Gesicht berührte, war es so kalt, so kalt! Hat von einer anderen Welt gehört, wäre ihm ganz recht, wenn er selbst dort wäre, wenn es dort besser ist, denn hier ist es oft recht arg ...

War nie in einer Kirche, hat gehört, daß man dort zu Gott betet, weiß nicht, wie man das macht, war nie dort, denn er hat keine Kleider; hat Singen und Spielen herausgehört, als er vorbeiging. War nie dort, denn er hat keine Kleider, um hineinzugehen, man würde ihn nicht zu den ordentlich Gekleideten hineinlassen, die er hat herauskommen sehen ... Hat vom Herzog von Wellington gehört, das ist der »alte Schnüffler«, glaubt nicht, daß er ihn jemals gesehen hat, wohl aber sein Denkmal. Hat nie von der Schlacht bei Waterloo gehört, weiß auch nicht, wer dort gegen wen gekämpft hat. Glaubt, er hat von Bonaparte gehört, weiß nicht, wer das war. Glaubt, von Shakespeare gehört zu haben, weiß aber nicht, ob er tot oder lebendig ist, das ist ihm auch egal . . . Hat die Königin gesehen, aber ihr Name fällt ihm nicht ein, ach ja, Viktoria-und-Albert.

Ein Kanalräumer mittleren Alters:

Aber nein, der Geruch macht gar nichts, zuerst ist's ein unangenehmer Geruch, aber nicht annähernd so arg, wie Sie denken, weil, sehen Sie, es kommt immer so viel Wasser den Kanal herunter, und die Luft kommt durch die Gitter herein und versüßt ihn ein bißchen . . . Die Ratten sind sehr gefährlich, das ist sicher, aber wir gehen immer drei oder vier zusammen, und das Ungeziefer weiß zu gut, daß es dann den kürzeren ziehen würde . . . Ich hab' immer wieder und wieder Sovereigns und Halbsovereigns gefunden, und drei von uns haben oft jeder mehrere Pfund aus dem Kanal gefischt. Aber kaum hatten wir das Geld, hatte es auch schon der Wirt. Ich wollte, ich hätte nur das Geld zurück, das ich zum Wirt getragen habe, dann hätt' ich mein Schäfchen im trockenen . . . Mir gefällt dieses Leben, weil ich mich hinsetzen kann, wann ich will, und niemand kann mich herumkommandieren. Wenn ich nichts habe, dann weiß ich, daß ich arbeiten muß, und dann geh' ich es an, daß die Knochen krachen, und wenn auch die Zeiten nicht mehr das sind, was sie einmal waren, so kann ich immer noch vier oder fünf Shilling im Tag verdienen, wo ein anderer nicht weiß, wie er zu einem luckerten Heller kommt.

Eine ausgehaltene Frau:

Ich bin es nicht leid, das zu tun, es macht mir eher Spaß. Ich habe alles, was ich brauche, und mein Freund liebt mich über alle Maßen. Ich bin die Tochter eines Kaufmanns in Yarmouth. Ich habe ein wenig Klavierspielen gelernt und habe eine schöne Naturstimme. Ja, ich finde, das hilft mir sehr, es ist vielleicht, wie Sie sagen, das einzige, was einem Mädchen wie mir nützen kann. Ich bin dreiundzwanzig. Vor vier Jahren wurde ich verführt. Ich sage Ihnen ehrlich, ich war ebenso schuld wie mein Verführer, ich wollte der faden Arbeit im Geschäft meines Vaters entfliehen . . . Wir gingen dann nach London, und seither habe ich mit vier verschiedenen Männern gelebt . . . Mein Vater und meine Mutter wissen nicht genau, wo ich bin oder was ich tue, aber wenn sie ein bißchen Phantasie hätten, könnten sie es erraten. O ja, sie wissen, daß ich am Leben bin, denn ich bringe mich ihnen mit gelegentlichen Geldsendungen in Erinnerung. Was ich glaube, daß aus mir wird? Was für eine lächerliche Frage. Ich könnte morgen heiraten, wenn ich wollte.«

Eine Straßenprostituierte:
Ihr Leute mit Ehre und Charakter und Gefühlen und so weiter, ihr könnt nicht verstehen, wie man das alles aus unsereinem herausgeprügelt hat. Ich fühle nichts, ich bin daran gewöhnt. Einmal habe ich gefühlt, besonders wie meine Mutter gestorben ist . . . Ich habe geweint und mich aufgeführt, aber Herrgott, was nützt es, wenn ich mich aufrege? Ich bin auch nicht glücklich. Es ist nicht Glück, aber ich krieg' genug Geld zum Essen und Trinken, und das Trinken vor allem hält mich aufrecht. Sie können sich nicht vorstellen, wie ich mich auf meinen Gin freu', der ist für mich alles. Ich glaube nicht, daß ich lange leben werde, und das freut mich auch. Ich sehne mich aber auch nicht genug nach dem Sterben, um mich umzubringen.

Bei den Armen der Stadt war damals wie heute die Polizei allgemein verhaßt und gefürchtet. Für die meisten war die Religion eine Sache für Reiche und unangenehme Wichtigtuer, die einem unverständliche Traktätchen in die Hände drückten. Einer von Mayhews Informanten macht jedoch eine interessante Bemerkung über die Hausierer:

Ich bin überzeugt, wenn die Hausierer sich morgen zu einer Religion bekennen sollten, würden sie alle Katholiken werden, jeder einzelne von ihnen. Aus folgendem Grund: Die Hausierer leben in London sehr oft in denselben Höfen und Straßen wie die armen Iren, und wenn die Iren krank sind, dann kommt der Pfarrer zu ihnen, es kommen die Barmherzigen Schwestern – das sind gute Frauen – und einige andere Damen. Die Hausierer meinen, am besten ist die Religion, die am meisten Barmherzigkeit zeigt, und das, glauben sie, tut der Katholizismus.

In den politischen Ansichten gab es, wie zu erwarten, einen deutlichen Unterschied zwischen den Handwerkern und den intelligenteren Arbeitern einerseits und Gelegenheitsarbeitern und Landstreichern anderseits. Die ersteren waren meist Chartisten, die anderen »so unpolitisch wie Lakaien«. Für die Wohlhabenden war der Chartismus ein Schreckgespenst wie der Kommunismus, und die Arbeitervereine, die Vorläufer der Gewerkschaften, wurden als kriminell subversiv betrachtet. Es zeugt von Mut, daß Mayhew sich für beide ausspricht:

> Wenn Eigentum sowohl Rechte als auch Pflichten mit sich bringt, dann haben anderseits die Arbeiter nicht nur Pflichten, sondern auch Rechte. Die Handwerker Londons scheinen darüber allgemein sehr gut informiert zu sein. Daß sie ihre Meinungen heftig und oft wild ausdrücken, muß ich pflichtgemäß zugeben; daß sie aber der uneinsichtige und gedankenlose Stand sind, als den jene sie betrachten, die niemals zu ihnen gehen und sie nur als die »gefährlichen Klassen« sehen, muß ich ebenso pflichtgemäß verneinen. Nach meinen Erfahrungen muß ich gestehen, daß ich die Facharbeiter der Metropole als das genaue moralische und geistige Gegenteil dessen erkannt habe, was das allgemeine Vorurteil sich vorstellt.
>
> Die Öffentlichkeit ist im allgemeinen beklagenswert falsch informiert über Wesen und Zweck der Arbeitervereine. Der allgemeine Eindruck ist, daß diese Vereine einzig zu dem Zweck gegründet und unterhalten werden, um von den Arbeitgebern exorbitante Löhne zu fordern . . . Die Aufrechterhaltung des Lohnstandards ist nicht der einzige Zweck solcher Vereine – die meisten davon werden ebensosehr für die Unterstützung der Kranken und Alten wie für die Regulierung des Arbeitslohns organisiert. Und auch in jenen Vereinen, deren Anstrengungen sich auf den letzteren Zweck beschränken, wird jedes Jahr eine beträchtliche Summe für den Unterhalt arbeitsloser Mitglieder beiseitegelegt.

Da es Mayhews Hauptziel ist, objektive Fakten über das Leben der Armen vorzulegen und dann den Leser seine eigenen Schlüsse ziehen zu lassen, ist er im allgemeinen sehr zurückhaltend mit seinen politischen ebenso wie mit seinen religiösen Ansichten, hin und wieder aber überkommt ihn der Zorn:

Das einzig wirksame Mittel, um zu verhindern, daß dieses System der Akkordarbeit zum Nachteil der Arbeiter weiterhin beibehalten wird, ist die Einfügung einer Klausel in jeden Gemeindekontrakt, ähnlich dem, den die Kanalbehörde eingeführt hat –, daß jeder Kontraktor den Männern, die für ihn arbeiten, wenigstens so viel Lohn zahlen muß, daß sie davon leben können. Das ist vielleicht eine Einmischung in die Freiheit der Arbeit nach der verlogenen Sprache der Ökonomen, es ist aber wenigstens eine Beschränkung der Tyrannei des Kapitals, denn freie Arbeit bedeutet, buchstäblich übersetzt, die *uneingeschränkte Verwendung des Kapitals,* die (besonders, wenn die Handelsmoral nicht gerade die beste ist) vielleicht das größte Übel ist, von dem ein Staat befallen werden kann.

Vom durchschnittlichen viktorianischen Äquivalent des Sozialhelfers hat Mayhew keine gute Meinung. Wenn man, wie er immer wieder betont, etwas tun will, um das kulturelle und moralische Niveau der Armen zu heben, dann muß man aufhören, in den Begriffen der eigenen bürgerlichen Erfahrungen und Werte zu denken, und in denen der Armen denken lernen. Beschäftigung bedeutet in den Augen des Bürgertums geregelte Arbeit mit geregeltem Lohn, der, wie gering er auch sein mag, doch regelmäßig ausgezahlt wird. Für den Bürger ist daher Sparsamkeit eine Tugend und ihre Ausübung möglich. Für einen Gelegenheitsarbeiter jedoch, der von einem Tag zum anderen lebt, ist der Gedanke, etwas zu sparen, unfaßbar. Die Disziplin, geregelte Zeiten einzuhalten, die für den Mittelstand natürlich ist, wird zur Tyrannei, wenn sie, wie in öffentlich kontrollierten Unterkünften, den Armen auferlegt wird:

> Die Leiter solcher Unterkünfte glauben, und das mit einem gewissen Recht, daß Menschen, die sich ihren Lebensunterhalt auf ehrliche Weise verdienen, zur vorgeschriebenen Zeit nach Hause kommen und zu Bett gehen können – in einem Haus um zehn Uhr, in den anderen um elf. Aber viele der anständigsten armen Leute machen, wenn sie auf der Straße arbeiten, gerade um diese Zeit das beste Geschäft. Sie müssen dann ihre Waren zusammenpacken und ihre sperrige und vielleicht schwere Last meist zwei bis sechs Meilen weit nach Hause schleppen. Wenn sie auch nur eine Minute zu spät kommen, werden sie ausgesperrt

und müssen sich woanders ein Quartier suchen. Wenn sie am nächsten Morgen wiederkommen, müssen sie für das Bett, das man sie nicht benützen ließ, zahlen, und wenn sie sich dagegen wehren, werden sie sofort hinausgeworfen.

Ebenso kann der Durchschnittsbürger nicht verstehen, daß manche Menschen von Natur aus wanderlustig sind. (Als ich Mayhew las, war ich überrascht von der großen Zahl junger Leute im England des neunzehnten Jahrhunderts, die von zu Hause weggelaufen sind, viele von ihnen aus gutem Haus.) In einer Ansprache an bedingt entlassene Strafgefangene sagte Mayhew:

> Ich weiß, daß ihr euch als Gruppe von anderen vor allem dadurch abhebt, daß ihr das schweifende Leben liebt und daß der Grund für alle eure Straftaten in eurer Abneigung gegen jede geregelte Arbeit liegt. Eine stetige monotone Tätigkeit ist euch so lästig, daß ihr, kaum daß ihr damit begonnen habt, schon wieder wünscht, davon loszukommen . . . Die Gesellschaft erwartet jedoch, daß ihr, wenn ihr eure Lage verbessern wollt, euch sofort ebenso ständig wie sie niederlaßt und ihren Vorstellungen gemäß lebt. Ich bin jedoch überzeugt, daß, wenn ihr euch wirklich bessern sollt, die Gesellschaft in Übereinstimmung mit eurer Natur und nicht im Widerspruch zu ihr handeln muß. In diesem Zusammenhang scheint mir, daß die Lösung für euch der Straßenhandel ist, wo ihr euch frei und ohne einen Zwang, der euren Gewohnheiten und Gefühlen widerspricht, bewegen könnt.

Aus sozialgeschichtlichen Büchern habe ich in meiner Jugend gelernt, daß die Lebensbedingungen der Armen 1850, obwohl immer noch hart, für sie doch ein Fortschritt waren gegenüber den Schrecken, die sie zu Anfang des Jahrhunderts zu erdulden gehabt hatten. Was die Verhältnisse in Spinnereien und Bergwerken betrifft, so mag dies zutreffen, aber Mayhew zeigt zweifelsfrei, daß Handwerker, wie Tischler und Schneider, und Gelegenheitsarbeiter viel schlechter gestellt waren als zwanzig Jahre früher. Die Löhne der Kunsttischler waren zum Beispiel im Jahre 1830 um nicht weniger als dreihundert Prozent höher gewesen als 1850. Zwischen 1840 und 1848 wuchs die Zahl der Fürsorgeempfänger jährlich um sieben Prozent, obwohl die Zunahme der Produktion und des Nationaleinkommens viel höher war als der Bevölkerungszuwachs. Mayhew führt diese Verschlechterung auf einen Wechsel in den Methoden der Arbeiteranwerbung und der Arbeitsverteilung zurück. In der Landwirtschaft und anscheinend auch in einigen Handwerkszweigen war es üblich gewesen, Arbeiter für ein Jahr aufzunehmen, und während dieser Zeit war der Arbeitgeber verpflichtet, ihnen einen vorher ausbedungenen Lohn zu zahlen, ob er nun Arbeit für sie hatte oder nicht. Diese Methode wurde jedoch nach und nach durch die Gepflogenheit ersetzt, Arbeiter jeweils nur für einen Tag aufzunehmen und sie abzuweisen, wenn es nichts zu tun gab. Der Wechsel in den Arbeitsmethoden war das Aufkommen der Stückarbeit und das Kontraktsystem. Im Jahr 1830 befand sich zum Beispiel die Tischlerei vor allem in den Händen sogenannter Handwerksmeister.

> Sie arbeiteten nicht auf gut Glück, sondern auf Bestellung und waren selbst Arbeitgeber. Manche hatten in arbeitsreichen Zeiten zwanzig bis vierzig Hilfskräfte, die alle in der Werkstatt des Meisters arbeiteten und von diesem das Material erhielten.

Um 1850 war der Handwerksmeister weitgehend durch den »Mansarden-Meister« ersetzt worden:

> Die »Mansarden-Meister« sind im Gewerbe das, was die Kleinbauern auf dem Lande sind – Arbeitgeber und Arbeitnehmer in einer Person. Es gibt jedoch einen deutlichen Unterschied zwischen den beiden: zum Unterschied vom Kleinbauern kann der »Mansarden-Meister« nicht essen, was er produziert. Die Folge ist, daß er jeden Artikel, den er erzeugt, sofort in Nahrungsmittel umsetzen muß, ganz gleich, wie die Marktlage gerade ist . . . Auch wenn keine Nachfrage besteht, muß er verkaufen, indem er seine Güter zum niedrigst möglichen Preis anbietet. Wen wundert es dann, daß die Notlage einer solchen Klasse eine eigene Rasse von Arbeitgebern hervorgebracht hat, die unter dem bedeutungsvollen Namen »Schlachthaus-Männer« bekannt sind; oder daß diese, da sie genau wissen, daß die »Mansarden-Meister« jedes Angebot annehmen müssen, wie gering der Lohn für ihre Arbeit auch sein mag, die Preise ständig tiefer und tiefer drücken, bis die Gesamtheit des im Wettbewerb stehenden Tischlerhandwerks völlig in Not und Elend versinkt?

Trotz all dieser herzzerreißenden Beschreibungen von Elend, Verbrechen, Ungerechtigkeit und Leiden ist jedoch der bleibende Eindruck von Mayhews großartigem Buch nicht niederdrückend. Aus den vielen Niederschriften von Gesprächen wird klar, daß Mayhew etwas sehr Seltenes war, nämlich ein geborener Demokrat. Das heißt, sein erster Gedanke war niemals: »Das ist ein unglücklicher Mensch, dem ich helfen muß, wenn ich kann«, sondern immer: »Das ist ein Mitmensch, mit dem zu sprechen ein Vergnügen ist.« Der bleibende Eindruck, den der Leser von den Armen Londons erhält, ist nicht der ihres Elends, sondern der ihrer Selbstachtung, ihres Mutes und ihrer Fröhlichkeit unter Bedingungen, die solche Eigenschaften fast unglaublich erscheinen lassen.

Wir beschäftigen uns heute alle sehr mit der städtischen Armut. Der prozentuelle Anteil der wirklich armen Bevölkerung ist gegenwärtig vermutlich geringer als zu Mayhews Zeiten. Ich bin aber keineswegs sicher, ob die Lage der Armen heute wirklich besser ist. Ich fürchte, sie ist schlechter – wenigstens psychologisch. Wenn man Mayhew liest, wundert man sich, wie viele der Armen ihr eigener Herr waren und auf wie unglaublich viele Arten sie ihren Lebensunterhalt zu verdienen wußten, wenn er auch noch so gering war. Sogar noch zu meiner Kinderzeit waren die Straßen voll von Händlern, Musikanten, Kasperltheaterspielern und ähnlichen. Heute sind sie alle verschwunden. In allen modernen Gesellschaften – seien die politischen Ansichten auch noch so entgegengesetzt – sind die Behörden einig in ihrer Furcht und in ihrem Abscheu vor dem Privatunternehmer im strikten Sinn: das heißt, vor dem, der sein eigener Arbeitgeber ist. Die Finanzbehörden hassen ihn, weil er keine Bücher führt, die man überprüfen kann, die Gesundheitsbehörden hassen ihn, weil er leicht ihren Inspektoren entgeht, und so weiter. Von Verbrechen und Prostitution abgesehen, liegt die einzige Alternative für den Armen heute darin, entweder Angestellter einer Firma, einer Fabrik oder einer Behörde zu sein oder der öffentlichen Hand zur Last zu fallen. Vielleicht ist dies unvermeidlich, vielleicht ist es besser, aber ich bin davon noch nicht überzeugt.

Ruhig auch in der Katastrophe

Den großen Meistern in der Kunst des Briefeschreibens ist es wahrscheinlich mehr darauf angekommen, ihre Freunde zu unterhalten, als ihre geheimsten Gedanken und Gefühle zu enthüllen; ihr Briefstil ist durch Schnelligkeit, Heiterkeit, Witz und Phantasie gekennzeichnet. In diesem Sinn sind die Briefe van Goghs nicht Kunst, sondern menschliche Dokumente; was sie groß macht, sind die absolute Ehrlichkeit und der Edelmut des Schreibers.

Das neunzehnte Jahrhundert hat den Mythos vom Künstler als Held hervorgebracht, der seiner Kunst Gesundheit und Glück opfert und dafür Befreiung von allen sozialen Verantwortlichkeiten und Verhaltensnormen verlangt.

Auf den ersten Blick scheint van Gogh diesem Mythos genau zu entsprechen. Er kleidet sich und lebt wie ein Landstreicher, er erwartet, daß andere ihn erhalten, er malt wie besessen, er wird verrückt. Je mehr man jedoch in seinen Briefen liest, desto weniger gleicht er dem Mythos.

Er weiß, daß er neurotisch und schwierig ist, aber er betrachtet dies nicht als ein Zeichen von Überlegenheit, sondern als eine Krankheit wie ein Herzleiden, und er hofft, die großen Maler der Zukunft würden so gesund sein wie die alten Meister.

> Dieser Maler aber, der kommen wird – ich kann mir nicht vorstellen, daß er in kleinen Cafés leben, mit einer Reihe falscher Zähne herumkauen und ins Zouaven-Bordell gehen wird, so wie ich.

Er sieht die Zeit, in der er lebt, mehr als eine Zeit des Übergangs denn als eine der Erfüllung und ist überaus bescheiden in der Beurteilung seiner eigenen Leistungen.

> Giotto und Cimabue, ebenso wie Holbein und van Dyck, lebten in einer hierarchischen, festgefügten Gesellschaft, die architektonisch konstruiert war, in der jedes Individuum ein Stein war und alle Steine zusammenhingen und eine

monumentale Gesellschaft bildeten ... Wir aber, weißt du, stecken mitten in einem ausgesprochenen *Laissez-aller*, in einer Anarchie. Wir Künstler, die Ordnung und Symmetrie lieben, isolieren uns und arbeiten, um nur *eine einzige Sache* darzustellen ... Wir *können* ein Atom des Chaos malen, ein Pferd, ein Porträt, deine Großmutter, Äpfel, eine Landschaft ...

Wir haben nicht das Gefühl, zu sterben, aber wir fühlen in Wahrheit, daß wir nur von geringer Bedeutung sind und daß wir, um ein Glied in einer Kette von Künstlern zu sein, einen bitteren Preis zahlen mit unserer Gesundheit, mit unserer Jugend, mit unserer Freiheit, und wir haben kein Vergnügen daran, ebensowenig wie das Droschkenpferd, das einen Wagen voll Leuten hinausschleppt, die den Frühling genießen wollen.

Obwohl er seiner Überzeugung, zum Malen berufen zu sein, nie untreu wird, behauptet er doch nicht, daß Maler etwas Höheres seien als andere Menschen.

Richepin hat irgendwo gesagt: »L'amour de l'art fait perdre l'amour vrai.« Ich glaube, daß dies schrecklich wahr ist, aber andererseits verekelt uns wirkliche Liebe die Kunst ...

Die eher abergläubischen Ideen, die sie hier über die Malerei haben, deprimieren mich mehr, als ich dir sagen kann, denn grundsätzlich ist es wirklich ziemlich wahr, daß ein Maler als Mann von dem, was seine Augen sehen, absorbiert wird und nicht genug der Herr seines übrigen Lebens ist.

Gewiß, van Gogh verdiente sich seinen Lebensunterhalt nicht selbst, sondern wurde sein ganzes Leben lang von seinem Bruder, der keineswegs reich war, erhalten. Vergleicht man aber seine Einstellung zum Geld mit der, sagen wir, Wagners oder Baudelaires, wie unermeßlich viel anständiger und stolzer erscheint dann van Gogh!

Kein Künstler hat jemals weniger von einem Gönner verlangt – den Lebensstandard eines Hilfsarbeiters und darüber hinaus gerade nur genug, um Farben und Leinwand zu kaufen. Er macht sich sogar Sorgen über sein Anrecht auf Farben und fragt sich, ob er sich nicht auf das billigere Zeichnen beschränken sollte. Wenn er gelegentlich auf seinen

Bruder böse wird, dann wirft er Theo nicht Knausrigkeit, sondern Kälte vor. Er sehnt sich nach mehr Wärme, nicht nach mehr Geld.

> . . . Du, wie so viele andere, scheinst es für nötig zu halten, so viele Einwände gegen meine Person, meine Gewohnheiten, Kleidung, Welt zu erheben – so schwerwiegende und gleichzeitig anscheinend unverbesserliche, daß sie unseren persönlichen brüderlichen Umgang zum Welken und im Lauf der Jahre zum Absterben gebracht haben.
>
> Dies ist die dunkle Seite deines Charakters – ich denke, daß du in dieser Beziehung kleinlich bist – die helle Seite ist deine Verläßlichkeit in Geldangelegenheiten.
>
> Schlußfolge daraus: Ich gebe mit dem größten Vergnügen zu, daß ich dir verpflichtet bin. Nur – da mir Beziehungen zu dir, zu Teersteg und jedem, den ich in der Vergangenheit gekannt habe, abgehen – ich möchte *etwas anderes* . . .
>
> Es gibt, wie du weißt, Leute, die Maler unterstützen, solange sie noch nichts verdienen. Wie oft geschieht es jedoch, daß es erbärmlich endet, kläglich für beide Seiten, zum Teil, weil der Beschützer sich über das Geld ärgert, das verschleudert ist oder zu sein scheint, während andererseits der Maler das Gefühl hat, er verdiene mehr Vertrauen und mehr Geduld, als man ihm zuteil werden läßt? In den meisten Fällen entstehen jedoch die Mißverständnisse aus Gedankenlosigkeit auf beiden Seiten.

Nur wenige Maler lesen Bücher, und noch wenigere können in Worten ausdrücken, was sie anstreben. Van Gogh ist eine bemerkenswerte Ausnahme: Er las gierig und mit Verständnis, er hatte selbst ein beträchtliches literarisches Talent, und er sprach leidenschaftlich gern davon, was er machte und warum er es machte. Während ich das Wort »literarisch«, auf die Malerei angewandt, pejorativ verstehe, so behaupten jene, die es verwenden, daß die Welt der Bilder und die Welt der Naturerscheinungen total voneinander verschieden seien, so daß man die eine nie an der anderen messen dürfe. Die Frage, ob ein Bild einem natürlichen Gegenstand »ähnlich« sei – gleichgültig, ob man eine »photographische« oder eine platonische »wirkliche« Ähnlichkeit meint –, oder ob irgendein »Thema« für ein Bild menschlich wichtiger sei als ein anderes, sei irrelevant. Der Maler schaffe seine eigene Bilderwelt, und der Wert eines Bildes könne nur im Vergleich mit anderen Bildern beurteilt werden. Wenn die Kritiker tatsächlich dies meinen, dann muß man van Gogh als einen »literarischen« Maler bezeichnen. Wie Millet, den er sein ganzes Leben lang als seinen Meister anerkannte, und wie einige der zeitgenössischen französischen Romanschriftsteller – Flaubert, die Brüder Goncourt, Zola – glaubte er, das wahrhaft menschliche Thema für die Kunst seiner Zeit sei das Leben der Armen. Daher seine Ablehnung der Kunstschulen:

> Soviel ich weiß, gibt es keine einzige Akademie, an der man lernt, einen Erdarbeiter, einen Sämann, eine Frau, die den Kessel aufs Feuer setzt, oder eine Näherin zu zeichnen und zu malen. In jeder Stadt von einiger Bedeutung gibt es jedoch eine Akademie, mit einer Auswahl von Modellen für historische, arabische, Louis XV., kurz, alle *nicht wirklich existierenden* Figuren . . . Alle akademischen Figuren werden auf die gleiche Art zusammengesetzt, und zwar, wie man zugeben muß, so, daß man es nicht besser machen könnte. Es ist nichts einzuwenden, sie sind fehlerlos. Du wirst schon erraten, worauf ich hinaus will – sie enthüllen nichts Neues. Ich glaube, daß eine akademische Figur, sei sie noch so korrekt, und wenn sie von Ingres selbst stammen sollte, überflüssig ist, wenn ihr die entscheidende moderne Note fehlt, der intime Charakter, die wirkliche *Handlung*. Du fragst vielleicht: Wann wird eine Figur nicht überflüssig? . . . Wenn der Straßengräber gräbt, wenn der Bauer ein Bauer ist und die Bauersfrau eine Bauersfrau . . . Ich frage dich, kennst du einen einzigen Straßengräber, einen einzigen Sämann in der alten flämischen Schule? Haben sie jemals versucht, »einen Arbeiter« zu malen? Hat Velasquez es versucht mit seinen Wasserträgern oder Volkstypen? Nein. Die Figuren in den Bildern der alten Meister arbeiten nicht.

Diese moralische Vorliebe für das Natürlich-Wirkliche gegenüber dem Ideal-Schönen bewog ihn während seines kurzen Aufenthalts an einer Kunstschule in Antwerpen, beim Kopieren eines Abgusses der Venus von Milo Änderungen an der Figur zu machen und den erschrockenen Professor anzubrüllen: »Sie wissen also nicht, wie eine junge Frau ausschaut, zum Teufel! Eine Frau muß Hüften und Hinterbacken haben und ein Becken, in dem sie ein Kind tragen kann!«

Von den meisten seiner französischen Zeitgenossen unterscheidet er sich dadurch, daß er niemals wie sie glaubte, der Künstler solle seine eigenen Gefühle unterdrücken und sein Material mit klinischem Abstand betrachten. Er schreibt im Gegenteil:

> . . . wer Figuren machen will, muß zuerst das haben, was auf der Weihnachtsnummer von *Punch* steht: »Guten Willen für alle« – und das in hohem Ausmaß. Man muß eine warme Sympathie für alle Menschen fühlen und immer weiter fühlen, sonst werden die Zeichnungen kalt und fad bleiben. Ich halte es für unbedingt nötig, daß wir uns selbst beobachten und Sorge tragen, daß wir in dieser Hinsicht nicht ernüchtert werden.

In welchem Gegensatz zu jeder Doktrin einer »reinen« Kunst steht doch die Bemerkung, die er nur zwei Monate vor seinem Tod schrieb:

> Anstatt grandiose Ausstellungen zu machen, wäre es besser gewesen, sich an das Volk zu wenden und so zu arbeiten, daß jeder in seinem Heim einige Bilder oder Reproduktionen haben könnte, die ihn unterrichten, wie die Werke von Millet.

Das klingt nach Tolstoj, ebenso wie es nach Dostojewskij klingt, wenn er sagt:

> Es berührt mich immer sehr tief und es ist sehr seltsam, daß, wenn wir ein Bild unbeschreiblicher und unsagbarer Trostlosigkeit sehen – von Verlassenheit, Armut und Elend, vom Ende und Äußersten aller Dinge – daß der Gedanke an Gott uns in den Sinn kommt.

Wenn er von den Armen spricht, dann klingt van Gogh sogar ehrlicher und natürlicher als Tolstoj und Dostojewskij. Physisch und geistig war Tolstoj ein König, ein höheres Wesen; dazu war er noch ein Graf, ein sozial höherstehendes Wesen. Sosehr er sich auch bemühte, er konnte nie einen Bauern als Gleichgestellten ansehen; er konnte ihn nur, zum Teil aus Schuldgefühl wegen seiner eigenen moralischen Mängel, als ein höheres Wesen bewundern. Dostojewskij war kein Aristokrat und er war häßlich, doch er fühlte mehr Sympathie für arme Verbrecher als für Arme als solche. Van Gogh bevorzugte jedoch ein Leben unter den Armen, nicht theoretisch, sondern praktisch. Tolstoj und Dostojewskij hatten als Schriftsteller zu Lebzeiten Erfolg bei den Gebildeten; was die Bauern von ihnen als Menschen dachten, wissen wir nicht. Van Gogh wurde zu Lebzeiten als Künstler nicht anerkannt, wir haben jedoch Berichte von dem persönlichen Eindruck, den er auf die Bergarbeiter in der Borinage machte.

> Die Leute sprechen noch immer von dem Bergmann, den er nach dem Unfall in der Grube Marcasse besuchte. Der Mann war ein Gewohnheitstrinker, »ein Ungläubiger und Lästerer«, wie die Leute sagten, die mir die Geschichte erzählten. Als Vincent sein Haus betrat, um ihm zu helfen und ihn zu trösten, empfing er ihn mit einer Flut von Verwünschungen. Er schalt ihn besonders einen »Rosenkranzkauer«, als wäre er ein katholischer Priester. Die engelhafte Sanftheit Van Goghs bekehrte den Mann jedoch ... Die Leute erzählen immer noch, wie die Frauen zur Zeit des Loseziehens für den Militärdienst den heiligen Mann baten, ihnen Stellen in der Heiligen Schrift zu zeigen, die als Talismann dienen sollten, damit die Söhne eine gute Nummer zögen und nicht Dienst beim Militär zu machen brauchten. ... Ein Streik brach aus; die wütenden Bergleute wollten auf niemand als auf »den Pastor Vincent« hören, dem sie vertrauten.

Als Mann wie als Maler war van Gogh leidenschaftlich christlich in der Gesinnung, allerdings zweifellos ein wenig heterodox in der Lehre. »Resignation«, erklärte er, »ist nur gut für jene, die resignieren können, und religiöser Glaube für jene, die glauben *können*. Meine Freunde, lasset uns lieben, was wir lieben. Der Mensch, der sich weigert, das zu lieben, was er liebt, verdammt sich selbst.« Die beste Bezeichnung für ihn als Maler wäre vielleicht religiöser Realist. Realist, weil er dem unablässigen Studium der Natur größte Bedeutung beimaß und niemals »auswendig« malte; religiös, weil er die Natur als das sichtbare sakramentale Zeichen der geistigen Gnade betrachtete, die er als Maler anderen zeigen wollte. »Ich wollte«, sagte er einmal, »Männer und Frauen mit etwas von dem Ewigen malen, das man früher mit dem Heiligenschein symbolisierte und das wir heute durch das Leuchten und Vibrieren unserer Farben mitzuteilen suchen.« Er ist, soviel ich weiß, der erste Maler, der bewußt versucht hat, ein Bild zu malen, das religiös sein und trotzdem keine traditionelle religiöse Ikonographie enthalten sollte, etwas, das man eine »Parabel fürs Auge« nennen könnte.

Hier eine Beschreibung der Leinwand, die im Augenblick vor mir ist. Ein Blick auf den Park des Asyls, wo ich wohne; rechts eine graue Terrasse und die Seitenwand eines Hauses. Einige Rosenbüsche ohne Blüten, links ein Teil des Parks – roter Ocker –, der Boden von der Sonne verbrannt, mit abgefallenen Piniennadeln bedeckt. Diese Ecke des Parks ist mit großen Pinienbäumen bepflanzt, deren Stämme und Äste ockerrot sind, das Grün der Nadeln wird vom Dunkel einer schwarzen Farbbeimischung überdüstert. Diese hohen Bäume heben sich gegen den Abendhimmel in violetten Streifen von einem gelben Boden ab, der sich höher oben ins Rosa, ins Grün verändert. Eine Mauer – auch ockerrot – begrenzt die Sicht und wird nur von einem violetten und ockergelben Hügel überstiegen. Der nächste Baum ist ein riesiger Stamm, der vom Blitz getroffen und abgesägt wurde. Ein Ast auf der Seite schießt jedoch hoch hinauf und läßt eine Lawine von dunkelgrünen Piniennadeln fallen. Dieser düstere Riese – wie ein besiegter stolzer Mann – kontrastiert, wenn man ihn als lebendiges Geschöpf betrachtet, mit dem bleichen Lächeln einer letzten Rose auf dem welkenden Busch vor ihm. Unter den Bäumen leere Steinbänke, trotzige Buchsbäume; der Himmel spiegelt sich – gelb – in einer vom Regen übergebliebenen Pfütze. Ein Sonnenstrahl, der letzte Strahl des Tageslichtes, hellt das düstere Ocker fast ins Orange auf. Hie und da wandert eine kleine schwarze Figur unter den Bäumen.

Du wirst dir vorstellen können, daß diese Kombination von Ockerrot, von Grün durch Grau verdüstert, die schwarzen Streifen, die die Konturen umgeben, etwas wie ein Gefühl des Entsetzens erzeugen, das »Schwarz-Rot« genannt wird, unter dem einige meiner Unglücksgefährten manchmal leiden. Das Motiv des großen, vom Blitz getroffenen Baumes, des kränklichen grün-rosa Lächelns der letzten Herbstblume dienen dazu, diesen Eindruck zu verstärken.

Ich erzähle dir (von dieser Leinwand), um dich zu erinnern, daß man versuchen kann, den Eindruck des Entsetzens zu geben, ohne geradewegs auf den historischen Garten von Gethsemane zu deuten.

Van Gogh versucht offenbar, die historische Ikonographie, die man erlernen muß, ehe man sie verstehen kann, zu ersetzen durch eine Ikonographie der Farb- und Formbeziehungen, die sich den Sinnen unmittelbar mitteilen und die daher nicht mißdeutet werden können. Die Möglichkeit einer solchen Ikonographie hängt davon ab, ob die Farb- und Formbeziehungen und ihr Eindruck auf den menschlichen Geist von allgemeingültigen Gesetzen regiert werden oder nicht. Van Gogh glaubte sicherlich, daß dies so sei und daß jeder Maler durch Studium diese Gesetze entdecken könne.

> Die *Gesetze* der Farben sind unsagbar schön, gerade weil sie nicht *zufällig* sind. Auf dieselbe Art, wie die Leute heute nicht länger an einen Gott glauben können, der mutwillig und despotisch von einem Ding zum andern fliegt, sondern mehr Respekt und Bewunderung für den Glauben an die Natur zu fühlen beginnen – auf dieselbe Art und aus denselben Gründen glaube ich, daß in der Kunst die altmodischen Ideen von einem eingeborenen Genie, von der Inspiration usw., ich will nicht sagen beiseitegelegt, aber gründlich neuüberdacht, verifiziert – und stark modifiziert werden müssen.

In einem anderen Brief bezeichnet er »Verhängnis« als einen anderen Namen für Gott und definiert diesen bildhaft: »Der der weiße Strahl des Lichts ist, er, in dessen Augen der schwarze Strahl keinen vernünftigen Sinn hat.«

Van Gogh hatte sehr wenig kleine Freuden, er kannte nie die Befriedigung durch gutes Essen, durch Ruhm und Frauenliebe, und er endete im Irrenhaus; wenn man aber seine Korrespondenz gelesen hat, so sieht man ihn nicht als einen romantischen *artiste maudit* oder als einen tragischen Helden – trotz allem gewinnt man letztlich den Eindruck eines Triumphes. In seinem letzten Brief an Theo, den man nach seinem Tod bei ihm fand, sagt er mit dankbarer Befriedigung, ohne eine Spur von Eitelkeit:

> Ich sage dir, daß du für mich immer mehr sein wirst als ein einfacher Händler mit Corots, daß du durch meine Vermittlung deinen Anteil an der Entstehung einiger Bilder hast, die ihre Ruhe auch in der Katastrophe bewahren werden.

Gewiß ist das, was wir unter der »Größe« eines Kunstwerks verstehen, niemals besser definiert worden als in diesem abschließenden Relativsatz.

Ein unwahrscheinliches Leben

Als wir jung waren, lernten wir, daß es unehrenhaft sei, anderer Leute Briefe ohne ihre Zustimmung zu lesen, und ich meine, wir sollten diese Lehre nicht vergessen, auch wenn wir zu Literarhistorikern herangewachsen sind. Die bloße Tatsache, daß ein Mann berühmt und tot ist, gibt uns kein Recht, seine private Korrespondenz zu lesen, und noch weniger, sie zu veröffentlichen. Wir müssen uns zwei Fragen stellen – erstens: »Hätte er etwas dagegen?«, und zweitens: »Ist der Inhalt von solcher historischer Bedeutung, daß eine Veröffentlichung gerechtfertigt ist, auch wenn er etwas dagegen hätte?« Im Fall eines geborenen Briefschreibers wie Horace Walpole, für den Briefe eine so natürliche und »unpersönliche« Literaturform waren wie Lyrik oder erzählende Prosa, hat man ganz allgemein das Gefühl, daß es ihn gefreut hätte, seine Briefe veröffentlicht zu sehen, und im Fall von Männern der Tat – Politikern, Generälen und ähnlichen, deren Entscheidungen die Geschichte der Gesellschaft, in der sie lebten, beeinflußt haben – sind wir berechtigt, alles von ihrem Leben zu wissen, was ein Licht auf ihre Taten wirft. Mit Schriftstellern und Künstlern ist es jedoch etwas anderes. Zwar sind auch manche von ihnen geborene Briefschreiber, der durchschnittliche Dichter, Romancier oder Dramatiker aber ist zu sehr mit sich selbst beschäftigt, um viel Zeit und Mühe auf seine Korrespondenz zu verwenden. Wenn er Briefe schreibt, dann zumeist Liebesbriefe, und da das Privatleben eines Künstlers nie ein bedeutungsvolles Licht auf sein Werk wirft, gibt es keine Rechtfertigung, in sein Privatleben einzudringen. Keats' Briefe an Fanny Brawne und Beethovens Briefe an seinen Neffen hätten entweder überhaupt nie oder, wie psychologische Fallgeschichten, nur anonym veröffentlicht werden sollen.

Wie steht es nun mit den Briefen Oscar Wildes? Ist ihre Veröffentlichung gerechtfertigt? Zu meiner eigenen Überraschung muß ich in diesem Fall ja sagen. Yeats sagte von Oscar

Wilde, er scheine mehr ein Mann der Aktion als ein Schriftsteller gewesen zu sein. Meiner Meinung nach hätte Yeats sagen sollen, daß Wilde, sowohl von der Anlage als auch vom Schicksal her, primär ein »Akteur«, ein Schauspieler war. Sogar jene seiner Zeitgenossen, die seine Werke am meisten bewunderten, gaben zu, daß sie weniger gut waren als seine Konversation; seine Phantasie wurde am meisten von der Gegenwart einer Zuhörerschaft und deren unmittelbarer Reaktion angeregt. Von Anfang an »spielte« Wilde sein Leben und tat dies auch noch, als das Schicksal ihm bereits die Handlung aus der Hand genommen hatte. Ein Drama ist im Grunde eine Enthüllung, auf der Bühne werden keine Geheimnisse bewahrt. Ich glaube daher, Wilde würde nichts sehnlicher wünschen, als daß wir alles über ihn erfahren. Bleibt die Frage der Empfänger seiner Briefe. Sie konnten nicht veröffentlicht werden, bevor die meisten seiner intimen Freunde – Alfred Douglas, Robbie Ross, Reggie Turner, More Adey und andere – gestorben waren, und zwar wegen der darin enthaltenen Anspielungen auf ihre Homosexualität. Mit einer Ausnahme würde die Enthüllung dessen, was ohnehin ein offenes Geheimnis war, sie nicht im geringsten in Verlegenheit setzen, und es ist belanglos im Vergleich zu dem, was diese Briefe über ihre Loyalität, ihr Mitgefühl und ihre Generosität gegenüber Wilde offenbaren, zu einer Zeit, als es großen moralischen Mut erforderte, sein Freund zu sein. Die Ausnahme ist natürlich Lord Alfred Douglas, der in diesen Briefen als ein bösartiger, geldgieriger, snobistischer, antisemitischer, talentloser Bursche erscheint, über den man kein gutes Wort sagen kann. Man könnte ihn bedauern, wenn er nach der Katastrophe den Mund gehalten hätte; das tat er aber nicht. Er schrieb nicht nur einen verlogenen Bericht über seine Beziehungen mit Wilde, sondern spielte sich auch noch als Tugendbold auf, und so ist es nur gerecht, daß er bloßgestellt wird als das, was er war.

Wie alle Kritiker mit Recht bemerken, hat Rupert Hart-Davis, der die *Briefe Oscar Wildes* zusammengestellt hat, hervorragende Arbeit geleistet, eine Arbeit, die teuflisch schwer gewesen sein muß. Wildes Handschrift wurde in späterer Zeit sehr schwer leserlich, er hat seine Briefe selten datiert, seine frühen Biographien sind, was Tatsachen betrifft, zumeist nicht vertrauenswürdig, einige Briefe wurden verstümmelt, und es gibt eine Anzahl von Fälschungen. Von den zwölfhundertundachtundneunzig Briefen, die Hart-Davis zu sammeln vermochte, hat er bis auf zweihundert kurze, unwichtige Mitteilungen alle drucken lassen. Seine Fußnoten und das Register liefern alle erläuternden Informationen, die man sich nur wünschen kann, und ich habe noch nie ein Buch dieser Art gelesen, in dem es so leicht war, eine Anmerkung oder eine Textstelle wiederzufinden.

Wildes Leben war ein Drama, und wenn man seine Briefe chronologisch liest, empfindet man eine ähnliche Erregung wie bei einer griechischen Tragödie, wo zwar das Publikum weiß, wie es ausgeht, nicht aber der Held. Das Stück beginnt ganz idyllisch im Oxford der siebziger Jahre des vorigen Jahrhunderts. Auf der Bühne stehen Wilde und zwei andere gutaussehende Studenten, Reginald Harding und William Ward, von denen der eine später Börsenmakler, der andere Rechtsanwalt in Bristol wird. Wenn ich an meine eigenen Jahre in Oxford zurückdenke, hätte ich erwartet, daß Wildes Briefe an seine Kommilitonen voll wären von Hinweisen auf literarische Entdeckungen, von überschwenglichem Lob für den einen Autor und von heftigem Abscheu für einen anderen, oder von philosophischen Argumenten. Sie sind jedoch weder literarisch noch intellektuell. Kaum ein Wort über die »modernen« Dichter jener Zeit, wie Swinburne, Morris, Rossetti, James Thomson, Coventry Patmore. Die einzige Dichtung, von der er mit Enthusiasmus spricht, ist ausgerechnet Elisabeth Brownings *Aurora Leigh*, ein Werk, das er mit *Hamlet* und *In Memoriam* auf eine Stufe stellt. Würde sein Kommentar dazu anonym zitiert, könnte wohl kaum jemand den Autor erraten:

> Es ist eines jener Bücher, die unmittelbar aus dem Herzen kommen – und aus welch einem großen Herzen! – und einem nie langweilig werden: weil sie aufrichtig sind. Nach all unserer ästhetischen Ausbildung werden wir der Kunst müde, aber nicht der Natur.

Dieser Mangel an Interesse für andere Autoren und der Mangel an kritischer Urteilskraft in den wenigen Fällen, wo er sich interessiert, sind charakteristisch für Wildes Briefe bis zum Ende. Von den Dichtern, die zwischen 1880 und 1899 zu veröffentlichen begannen, haben nur vier – Bridges, Kipling, Yeats und Housman – wirklich überlebt. (Ich würde noch Canon Dixon und Alice Meynell hinzufügen, aber sie haben keine große Leserschaft und werden wohl auch nie eine haben.) Wilde erwähnt niemals Gedichte von Bridges oder Kipling; Yeats kannte er persönlich und hat ihn vermutlich gelesen, Housman schickte ihm ein Exemplar seines *Shropshire Lad,* von dem man hätte erwarten können, daß er in Form und Inhalt Wilde ganz besonders zusagte; er scheint aber nie erkannt zu haben, daß diese Lyrik um Klassen besser war als die von, sagen wir, Dowson oder Le Gallienne. Es war auch, wie ich glaube, nicht einfach persönliche Verliebtheit, was ihn das gereimte Geschwätz von Douglas so absurd überschätzen ließ; er hielt es ganz ehrlich für gut. Als Theaterkritiker war er etwas besser. Er erkannte Ibsens Genie und – noch überraschender in Anbetracht des Unterschieds in ihren Ansichten über Kunst – das Genie Bernard Shaws. Zu einer Zeit, als Wilde der erfolgreichste Bühnenautor Englands war und Shaws *Widowers' Houses* gerade ausgepfiffen worden waren, besaß er das Verständnis und die Großzügigkeit, dieses Stück seinen eigenen gleichzustellen und an Shaw zu schreiben:

> Ich habe es zweimal mit größtem Interesse gelesen. Mir gefällt Ihr prächtiges Vertrauen in den dramatischen Wert des wirklichen Lebens. Ich bewundere das schreckliche Fleisch und Blut Ihrer Geschöpfe, und Ihre Vorrede ist ein Meisterwerk – ein wirkliches Meisterstück präzisen Stils, kaustischen Witzes und dramatischen Instinkts.

Um auf die frühen Briefe zurückzukommen: Ihr Inhalt ist größtenteils freundliches persönliches Geplauder, und fast das einzige unpersönliche Thema ist die ästhetische Schönheit des Katholizismus; mit Rom zu liebäugeln, scheint zu jener Zeit in Oxford Mode gewesen zu sein:

> Wenn ich *hoffen könnte,* daß die Kirche ein wenig Ernst und Reinheit in mir erwecken könnte, würde ich aus *reinem Luxus* zu ihr übertreten, auch wenn ich keinen besseren Grund hätte. Das kann ich mir jedoch kaum erhoffen, und ein Übertritt zum Katholizismus würde bedeuten, meine beiden großen Götter, *Geld und Ehrgeiz,* zu opfern und aufzugeben.

Die Szene in Oxford schließt für Wilde mit der Befriedigung eines unmittelbaren Ehrgeizes: Er macht die Abschlußprüfung mit Auszeichnung – eine Leistung, die niemand, und sei er auch noch so brillant, ohne viel harte Arbeit vollbringen kann. Nun geht er nach London, zieht mit einem Maler, Frank Miles, zusammen, und binnen drei Jahren ist er mit berühmten Schönheiten wie Lily Langtry befreundet, hat einen Band Gedichte veröffentlicht (ein Exemplar mit Widmung sandte er an Gladstone) und gehört zu den meistdiskutierten Persönlichkeiten der Stadt. Im April 1881 wurde *Patience* von Gilbert und Sullivan uraufgeführt; Hart-Davis zufolge hatte Gilbert ursprünglich Rossetti als Modell für Bunthorne im Auge, aber das Publikum hielt diesen zweifellos für eine Karikatur Oscar Wildes.

Abgesehen von den Briefen, die Wilde aus Amerika schrieb, kann man nicht sagen, daß die bis zur Zeit seiner Haft verfaßten inhaltlich besonders interessant sind, noch auch, in Anbetracht seiner außerordentlichen Konversationskunst, besonders witzig. Das heißt, Wilde war ein geborener Plauderer, aber kein geborener Briefschreiber – ein Meister des Improvisierens, wie es sich aus dem Augenblick ergab. Im Vergleich mit dem gesprochenen Wort ist auch der belangloseste Brief geplant, und der Schreiber kann sich nicht unmittelbar von der Reaktion des Publikums, für das er schreibt, überzeugen. In den Jahren seiner gesellschaftlichen und literarischen Triumphe hatte Wilde immer ein Publikum für seine Konversation, und die meisten seiner Briefe wurden daher nicht um des Schreibens willen geschrieben, sondern weil sie gerade fällig waren: ein Brief war zu beantworten, ein Verleger zu konsultieren, ein Beitrag zu einer Zeitschrift anzufordern usw. Sie machen nichstsdestoweniger einen sehr angenehmen Eindruck: sie überzeugen uns, daß der Schreiber ein freundlicher, liebenswürdiger, großzügiger und vor allem ein warmherziger Mann war, ohne die geringste Bosheit oder literarische Eifersucht, und wenn man bedenkt, wie boshaft die meisten witzigen Leute und wie kleinlich und neidisch die meisten Schriftsteller sind, so ist man voll von Bewunderung.

1881 wurde *Patience* in New York herausgebracht, und der amerikanische Manager von D'Oyly Carte, Oberst Morse, der meinte, Wildes Anwesenheit wäre eine gute Reklame, engagierte ihn für eine Vortragstournee durch die Vereinigten Staaten. Was für einen Namen er mit achtundzwanzig Jahren schon hatte, kann man an seinen Honoraren ermessen: In Boston und Chicago bekam er je tausend Dollar für einen Vortrag, und nirgends bekam er weniger als zweihundert.

(Wenn ich daran denke, was der Dollar damals wert war, werde *ich* gelb vor Neid.) Fast sofort verwickelte er sich in einen weitpublizierten, komischen Streit mit einem anderen britischen Vortragenden, Archibald Forbes. Wilde, der Kniehosen, ein enges Samtwams und fast schulterlanges Haar trug, sprach über die dekorative Kunst in Amerika und über die englische Renaissance. Forbes, mit kurzgeschnittenem Haar und die Brust mit militärischen Orden bedeckt, erzählte von seinen Abenteuern als Kriegskorrespondent auf dem Balkan. Die männlichere Primadonna scheint weniger gezogen zu haben; jedenfalls war es Forbes, der den Streit begann – Wilde tat alles, um ihn zu beruhigen –, und die Zeitungen hatten ein Fressen. Viele Blätter waren gegen Wilde, er aber konnte jedes Publikum für sich gewinnen, auch ein so schwieriges wie die Bergleute in Leadville, Colorado, vor denen er über Benvenuto Cellini sprach. Nachher gab es ein Bankett unter Tag:

> Das Erstaunen der Bergleute, als sie sahen, daß Kunst und Appetit Hand in Hand gehen können, kannte keine Grenzen. Als ich mir eine lange Zigarre anzündete, ließen sie mich hochleben, bis der Silberstaub von der Decke auf unsere Teller fiel, und als ich einen Cocktail, ohne mit der Wimper zu zucken, hinuntergoß, nannten sie mich auf ihre großartig einfache Weise einstimmig einen »Prachtkerl ohne Glasauge« ... Dann mußte ich einen neuen Stollen anstechen, was ich mit einem silbernen Bohrer glänzend ausführte, unter einstimmigem Applaus. Der silberne Bohrer wurde mir verehrt und der Stollen »Oscar« getauft.

Für den Leser ist es interessant, zu erfahren, daß Wilde sich im Süden bei Jefferson Davis aufhielt und daß er in der Woche nach der Erschießung von Jesse James in St. Joseph, Missouri, war. Der Leser fühlt auch erste Schauer des Mitleids und der Furcht. In Lincoln, Nebraska, fuhren seine Gastgeber mit ihm hinaus,

> ... um das große Gefängnis zu besichtigen! Armselige Menschentypen in scheußlichen gestreiften Anzügen, die in der Sonne Ziegel formten, und alle sahen gemein aus, was mich etwas tröstete, denn es wäre mir schrecklich, einen Verbrecher mit einem edlen Gesicht zu sehen.

In Chicago spricht er mit Journalisten über drei seiner Helden – Whistler, Labouchère und Irving. Labouchère war verantwortlich für die Änderung des Strafgesetzes, nach dem Wilde später verurteilt wurde, und nach dem Urteil sprach er öffentlich sein Bedauern aus, daß die Höchststrafe nicht mit sieben statt nur mit zwei Jahren festgesetzt worden war.

Nach seiner Rückkehr aus Amerika im Jahr 1883 verbrachte Wilde drei Monate in Paris, wo er einen seiner zukünftigen Biographen, Robert Sherard, kennenlernte. Im November verlobte er sich mit Constance Lloyd, und im Mai des folgenden Jahres heirateten die beiden. Dies war sicherlich die unmoralischste und vielleicht die einzig wirklich herzlose Handlung in Wildes Leben. Es kommt vor, daß ein Homosexueller seine Veranlagung viele Jahre lang nicht erkennt und sich in gutem Glauben verheiratet, aber es ist nicht anzunehmen, daß Wilde so unschuldig war. Die meisten Homosexuellen fühlen sich in Gesellschaft von Frauen wohl, und da sie nicht versucht sind, in ihnen Sexualobjekte zu sehen, können sie ihnen mitfühlende und verständnisvolle Freunde sein. Wie normale Männer sehnen sich viele von ihnen nach der Bequemlichkeit und Sicherheit eines Heims und nach der Freude, Kinder zu haben, aber aus solchen Gründen zu heiraten, ist herzlos. Ich habe nie eine solche Ehe gesehen – wenigstens sofern die Partner unter fünfzig waren –, in der die Frau, auch wenn sie alles über die Neigungen ihres Gatten wußte, nicht bitter gelitten hat. Auch wenn es keinen Skandal gegeben hätte, der ihr öffentliche Demütigung und ihren Kindern Schande brachte, wäre Constance Wilde sehr unglücklich gewesen, weil sie gefühlt haben muß, daß ihr Gatte, wie er selbst später zugab, »vom Eheleben zu Tode gelangweilt« war. Mit einer Frau und bald auch mit zwei Kindern mußte Wilde sich um ein geregeltes Einkommen umsehen. Sein erster Gedanke war seltsamerweise, Schulinspektor zu werden, wie Matthew Arnold. Als daraus nichts wurde, übernahm er die Redaktion der Zeitschrift *Woman's World.* Die Briefe aus jener Zeit beweisen, daß er ein gewissenhafter und fleißiger Redakteur war. Er schrieb sogar an Königin Viktoria, um sie zu fragen, ob sie vielleicht in ihrer Jugend Gedichte geschrieben habe, die zu veröffentlichen er die Ehre haben dürfte, und ihr Kommentar zu diesem Ansinnen existiert noch:

> Was den Leuten nicht alles einfällt! Nie in ihrem ganzen Leben hat die Königin eine Zeile eines Gedichts, weder

eines ernsten noch eines heiteren, geschrieben oder auch nur einen Reim gemacht. Das alles ist daher Erfindung und Legende.

Als Schriftsteller ging er, zum Glück für alle Beteiligten, von der Lyrik zur Prosa über, und 1889 ging es ihm bereits gut genug, daß er seinen Redakteursposten aufgeben und nur von seiner Feder leben konnte. *Das Bildnis des Dorian Gray* verursachte einen Skandal, verkaufte sich aber gut. *Salome* wurde verboten, doch die vier Stücke, die er zwischen 1891 und 1894 schrieb, waren alle große Bühnenerfolge und machten ihn zum meistbewunderten und reichsten Theaterautor seiner Zeit. In den Jahren des zunehmenden Erfolgs treten die Hauptfiguren seines Lebensdramas auf: Ross, Leonard Smithers, Turner, Adey, Frank Harris, Ada Leverson (deren Romane, nebenbei bemerkt, heute schandbar vernachlässigt werden) und natürlich Bosie Douglas. 1894 hört man das erste Donnergrollen des Schicksals, als Alfred Taylor, der ein von Wilde regelmäßig besuchtes Männerbordell führte, verhaftet wird. Diesmal wird der Fall noch niedergeschlagen, aber weniger als ein Jahr später werden Wilde und Taylor zusammen auf der Anklagebank sitzen. Was immer auch Taylors Laster gewesen sein mögen, er wird für alle Zeiten als Ehrenmann dastehen, denn er ging lieber ins Gefängnis, als sich zum Kronzeugen machen zu lassen.

Dank dem Film kennt jedermann die Einzelheiten der drei Prozesse. Ob ein Gesetz, das freiwillige homosexuelle Handlungen zwischen Erwachsenen zu einem Verbrechen stempelt, gerecht oder ungerecht ist, darüber kann man streiten. Unanfechtbare Tatsache bleibt, daß ein solches Gesetz erstens das Verbrechen der Erpressung fördert und zweitens nicht durchsetzbar ist, das heißt, für neunundneunzig Prozent der Homosexuellen ist es, was ihre persönliche Freiheit betrifft, gleichgültig, ob es ein solches Gesetz gibt oder nicht. Die übrigen – ein Prozent oder weniger –, die in Schwierigkeiten kommen, sind zumeist Liebhaber sehr junger Knaben, von denen einer es früher oder später seinen Eltern erzählt, oder zwanghafte Besucher öffentlicher Anstalten, die früher oder später einem *agent provocateur* in die Arme laufen. Wenn er nicht die unfaßbare Wahnsinnstat begangen hätte, Queensberry zu klagen, wäre Wilde völlig sicher gewesen. Wie er selbst später an Douglas schrieb:

Glaubst Du, ich sei hier wegen meiner Beziehungen zu den Zeugen in meinem Prozeß? Meine wirklichen oder angeblichen Beziehungen zu Leuten dieser Art interessierten weder die Regierung noch die Gesellschaft. Sie wußten nichts davon, und es kümmerte sie nicht. Ich bin hier, weil ich versucht habe, Deinen Vater ins Gefängnis zu bringen.

Auch dann hätte er davonkommen können, hätten nicht jene beiden für alle Zeiten mit Schande bedeckten Schauspieler, Hawtrey und Brookfield, Queensberrys Anwälten gesagt, wo sie nach Belastungszeugen suchen sollten. Um eine Verurteilung zu erreichen, mußte die Krone einer Reihe von Erpressern und männlichen Prostituierten Straffreiheit zusichern.

Nach seiner Entlassung beschrieb Wilde, wie englische Gefängnisse damals aussahen, in zwei Briefen an die Zeitung *Daily Chronicle*, die man nicht ohne Tränen und Empörung lesen kann. Es ist gut, daß einige der Reformen, die er vorschlug, bald durchgeführt wurden. Im letzten Abschnitt seiner Haft hatte er zum Glück einen humanen Gefängnisdirektor, Major Nelson, der ihm Schreibmaterial geben ließ, und er verfaßte dann den Brief an Lord Alfred Douglas, der siebenundachtzig Seiten in diesem Band einnimmt. Als Ross 1905 nicht ganz die Hälfte davon unter dem Titel *De profundis* veröffentlichte, meinte er es zweifellos gut, tat aber Wilde nichts Gutes, denn die Passagen, die er auswählte, sind genau jene, die stilistisch am schwächsten und von fragwürdiger Gefühlsechtheit sind. Als ich in meiner Jugend das Buch las, war ich davon abgestoßen; es schien mir entsetzlich, daß ein Mensch unter so schrecklichen Umständen noch so theatralisch schreiben konnte. Jetzt haben wir, dank Hart-Davis, den vollen Wortlaut, und der Brief erweist sich als ein ganz anderes Dokument. (Es stellt sich heraus, daß auch jene auf einem Typoskript basierende Fassung, die Wildes Sohn, Vyvyan Holland, 1949 veröffentlichte, voll von Irrtümern und Auslassungen war.)

Was Wilde über Jesus und die Erlösung durch Leiden sagt, ist so kindisch und langweilig wie Gides Auslassungen über diese Themen, aber Wildes Bemerkungen über Bosie Douglas zeigen die Einsicht, die Ehrlichkeit und den unbefangenen Stil eines großen Schriftstellers. Die Beziehung zwischen den beiden Männern ist von größtem psychologischen Interesse.

Es ist klar, daß Wildes Leidenschaft für Bosie nicht primär eine sexuelle war; es ist zu vermuten, daß der sexuelle Verkehr zwischen ihnen nicht sehr häufig und wahrscheinlich auch nicht sehr befriedigend war. Bosie führte ein ausschweifendes Leben, als sie einander kennenlernten, und er setzte es fort, aber Wilde scheint nicht eifersüchtig gewesen zu sein. In sexueller Hinsicht war Bosie für Wildes Leben vor allem deswegen von Bedeutung, weil er Wilde, dessen Affären sich bis dahin auf Personen seiner eigenen Klasse beschränkt hatten, in die Welt der männlichen Prostitution einführte. Als sie einander begegneten, wurde Bosie, der erst knapp zweiundzwanzig war, bereits erpreßt.

> Dein Fehler war nicht, daß Du so wenig vom Leben wußtest, sondern daß Du zu viel wußtest . . . Schon faszinierte Dich die Gosse und ihre Welt . . . So schrecklich faszinierend das einzige Thema, um das Dein Gespräch ständig kreiste, auch war, am Ende wurde es mir langweilig.

Was sie zueinander hinzog – Bosie war zwar unfähig zur Liebe, aber Wilde war für ihn wichtiger als jeder andere, mit Ausnahme seines Vaters –, war mehr eine Sache ihres Ichs als ihrer Sinne; man könnte sagen, daß ein zu viel Geliebter auf einen zu wenig Geliebten traf, und so ein Zusammentreffen ist immer ungeheuer gefährlich. Jeder Knabe, der wie Bosie entdeckt, daß er von seinem Vater gehaßt und zurückgestoßen wird, muß unter einem Gefühl tiefster Minderwertigkeit leiden, wie sehr er es auch unterdrückt. Wenn ein solcher Knabe aufwächst und einen trifft, der ihn zu lieben scheint, vor allem wenn es ein Älterer ist, so kann er im Unbewußten nicht an die Echtheit einer solchen Liebe glauben, und er wird daher ständig dazu getrieben, diese Liebe durch schlechtes Benehmen auf die Probe zu stellen. Wenn der andere ihn zurückstößt, wird sein Verdacht bestätigt, doch wie oft der andere ihm auch verzeiht, der Verdacht kann nie endgültig entkräftet werden. Wenn das Minderwertigkeitsgefühl stark genug ist, so mag er, ebenfalls unbewußt, einen jeden, der ihm Zuneigung bietet, verachten; wenn sein Vater recht hatte, ihn zurückzustoßen, dann ist jeder, der ihn akzeptiert, ein Narr und verdient es, gequält zu werden. Wilde war ein berühmter und erfolgreicher Autor; die erste Probe bestand daher darin, herauszufinden, ob seine Liebe zu Bosie stärker war als seine Liebe zum Schreiben. Wildes Zeit mußte vergeudet werden:

Um zwölf Uhr kamst Du vorgefahren und bliebst, Zigaretten rauchend und plaudernd, bis halb zwei, dann mußte ich Dich zum Lunch ins Café Royal oder ins Berkeley ausführen. Das Essen mit anschließendem Likör dauerte gewöhnlich bis halb vier. Auf eine Stunde zogst Du Dich in den Klub zurück. Zur Teezeit erschienst Du wieder und bliebst, bis es Zeit war, sich zum Dinner umzuziehen. Das Dinner nahmst Du mit mir entweder im Savoy oder in der Tite Street. Wir trennten uns gewöhnlich nicht vor Mitternacht, da ein Souper bei Willis den reizenden Tag abschließen mußte. Das war mein Leben während jener drei Monate, Tag für Tag, ausgenommen die vier Tage, die Du verreist warst.

Da Geldausgeben, besonders für das infantile Vergnügen des Essens, in unserer Kultur das Symbol einer allesgebenden Liebe ist, mußte Bosie herausfinden, wieviel Geld Wilde für ihn auszugeben bereit war:

Meine gewöhnlichen Ausgaben für einen gewöhnlichen Tag mit Dir in London – für Lunch, Dinner, Souper, Vergnügungen, Droschken und sonstiges – betrugen 12 bis 20 Pfund ... Für unsere drei Monate in Goring machten meine Ausgaben (einschließlich der Miete) 1340 Pfund aus ... Meine Ausgaben für acht Tage in Paris für mich, Dich und Deinen italienischen Diener beliefen sich auf fast 150 Pfund; Paillard allein kostete 85 Pfund.

Bezeichnenderweise verzichtete Bosie, mit der Begründung, er wolle ihre Freundschaft nicht aufgeben, auf das von seinem Vater ausgesetzte Taschengeld und weigerte sich, von seiner Mutter Geld anzunehmen, mit der Begründung, sie hätte selbst nicht genug, was aber nicht bedeutete, daß er bereit war, sich irgendeinen Luxus zu versagen: Wilde sollte die Stelle beider Eltern als Ernährer einnehmen.

Im Gegensatz dazu wird ein Knabe, der wie Wilde von seiner Mutter allzusehr geliebt und verwöhnt wird und der entdeckt, daß er die Fähigkeit hat, auch jene, die ihm ursprünglich feindlich gesinnt sind, zu bezaubern, bewußt eitel sein, sich aber unbewußt unsicher fühlen, denn er kann nicht glauben, daß er wirklich so liebenswert ist, wie seine Mutter zu denken scheint, und sein Charme scheint ihm nur ein Trick, der nichts über seinen eigentlichen Wert aussagt. Wenn solch ein Knabe erwachsen wird, sind seine Gefühlsbeziehungen zu anderen, besonders wenn sie ein sexuelles Element enthalten, gewöhnlich von kurzer Dauer, sofern der andere seinem Charme widerstandslos erliegt; aber er kann fasziniert sein von einem, der ihn, ohne ihn ganz abzuweisen, schlecht behandelt. Wenn er diese für ihn neue Erfahrung macht, wird seine Eitelkeit herausgefordert: er will sich selbst beweisen, wieviel er aushalten kann, bis ihm Erleiden und Vergeben zur Gewohnheit werden.

> In jeder Beziehung im Leben mit anderen muß man ein *moyen de vivre* finden. In unserem Fall mußte ich entweder Dir nachgeben oder Dich aufgeben ... Ich habe Dir immer nachgegeben. Die natürliche Folge war, daß Deine Ansprüche, Deine Herrschsucht, Deine Forderungen immer unvernünftiger wurden ... Da Du wußtest, daß Du mit einer Szene immer Deinen Willen durchsetzen konntest, war es nur natürlich, daß Du, zweifellos fast unbewußt, zu immer vulgäreren Exzessen Zuflucht nahmst ... Ich hatte stets geglaubt, es hätte nichts zu bedeuten, wenn ich Dir in kleinen Dingen nachgab; im entscheidenden Augenblick würde ich meine Willenskraft in ihrer natürlichen Überlegenheit durchsetzen können. Es war aber nicht so ... Meine Gewohnheit, Dir in allem und jedem nachzugeben – anfangs hauptsächlich aus Gleichgültigkeit –, war unmerklich zu einem Teil meines Wesens geworden. Ohne daß ich es wußte, hatte sie mein Temperament auf eine dauernde und verhängnisvolle Stimmung fixiert.

Man kann nicht umhin, Vermutungen darüber anzustellen, wie ihre Beziehung sich entwickelt hätte, wäre Queensberry gestorben. Bosie hätte vielleicht einfach jedes Interesse verloren. So aber blieb der Haß gegen seinen Vater die beherrschende Leidenschaft seines Lebens, so daß ihm Wilde weniger als Mensch wichtig war denn als eine Waffe, und unbewußt waren für ihn vielleicht Wilde und der Vater symbolisch austauschbar; welcher von ihnen ins Gefängnis kam, war ihm ziemlich egal, solange es einer von beiden war.

> Als Dein Vater mich anzugreifen begann, galt es mir als Deinem persönlichen Freund und geschah in einem persönlichen Brief an Dich ... Du behauptetest, der Streit hätte nichts mit mir zu tun; Du würdest Dir Deine privaten Freundschaften nicht von Deinem Vater vorschreiben las-

sen; es wäre unfair von mir, mich einzumischen. Ohne mit mir darüber zu sprechen, hattest Du bereits Deinem Vater ein dummes und gemeines Telegramm geschickt ... Dieses Telegramm bestimmte Deine weiteren Beziehungen zu Deinem Vater und folglich mein ganzes Leben ... Von frechen Telegrammen bis zu arroganten Anwaltsbriefen war es nur ein natürlicher Schritt, und das Resultat der Briefe Deines Anwalts an Deinen Vater war selbstverständlich, ihn noch mehr zu reizen. Du ließest ihm keine Wahl, als fortzufahren ... Wenn sein Interesse einen Augenblick erlahmte, dann fachten Deine Briefe und Postkarten nur allzubald die Flamme aufs neue an.

Nur in einem Punkt zeigt Wilde, wie ich glaube, einen Mangel an Selbsterkenntnis. Allerdings sah er sehr wohl ein, daß es Wahnsinn gewesen war, Queensberry zu klagen:

Die einzige schädliche, unverzeihliche und für alle Zeit verächtliche Tat meines Lebens beging ich, als ich mich dazu hinreißen ließ, die Gesellschaft um Hilfe und Schutz gegen Deinen Vater anzurufen ... Sobald ich die Kräfte der Gesellschaft einmal in Bewegung gesetzt hatte, wandte sich die Gesellschaft gegen mich und sagte: »Du hast die ganze Zeit meine Gesetze mißachtet und rufst du nun diese Gesetze zu deinem Schutz an? ... Du sollst dich an das halten, was du gepredigt hast.«

Die Leute fanden es schrecklich, daß ich die Laster in Person zum Dinner geladen und ihre Gesellschaft genossen hatte. Sie waren aber ... herrlich stimulierend und anregend. Es war wie ein Fest mit Panthern ... Ich schäme mich nicht im geringsten, sie gekannt zu haben ... Cliborn und Atkins waren wundervoll in ihrem infamen Kampf gegen das Leben. Sie zu bewirten, war ein erstaunliches Abenteuer ... Widerlich ist mir die Erinnerung an die endlosen Besuche, die ich dem Advokaten Humphreys in Deiner Begleitung abstattete, wobei Du und ich unter gespenstischer Beleuchtung in dem düsteren Zimmer saßen und mit ernsten Mienen einem Kahlkopf ernste Lügen erzählten.

Wilde sah jedoch nicht, daß er unter den gegebenen Umständen und bei seinem Charakter früher oder später den Schritt hätte tun müssen, auch wenn Bosie ihn nicht dazu aufgehetzt hätte. Sicherlich hätte Queensberry, wäre seine

Karte ignoriert worden, noch lautere Beschuldigungen in der Öffentlichkeit erhoben, und eine Weigerung Wildes, darauf zu antworten, wäre von der Gesellschaft als stillschweigendes Schuldbekenntnis interpretiert worden; das Gefängnis wäre ihm erspart geblieben, nicht aber die gesellschaftliche Ächtung. Manchen Künstlern ist ihr gesellschaftlicher Ruf gleichgültig; in ihre Arbeit vertieft, kümmern sie sich nicht darum, wofür man sie hält. Hätte Verlaine Queensberrys Karte erhalten, er hätte vermutlich draufgeschrieben: »*Mais oui, je suis pédéraste*«, und sie zurückgeschickt. Wilde jedoch brauchte die Billigung der Gesellschaft.

Bosie war ein Greuel und für Wildes Ruin verantwortlich, wenn man aber Wilde am Ende seines Lebens gefragt hätte, ob er es bedaure, ihm jemals begegnet zu sein, so hätte er vermutlich mit nein geantwortet, und es wäre eine Anmaßung von uns, es unsererseits zu bedauern. Wir können nicht wissen, was Wilde geschrieben hätte, wenn er Bosie nie kennengelernt oder sich in jemand anderen verliebt hätte; wir können nur feststellen, daß Wilde in den vier Jahren zwischen seiner ersten Begegnung mit Bosie und seinem Sturz den größten Teil seiner literarischen Werke schrieb, einschließlich seines Meisterwerks. Vielleicht hatte Bosie damit nichts zu tun, vielleicht aber doch, und sei es nur insofern, als er Wilde zwang, genug Geld zu verdienen, um ihn auszuhalten.

Es ist eine Tatsache, daß Wilde trotz allem, was er von Bosie wußte, und trotz allem, was geschehen war, ihm einige Monate nach seiner Entlassung aus dem Gefängnis schreiben konnte:

> Mein Gefühl sagt mir, daß meine einzige Hoffnung, wieder ein schönes Kunstwerk schreiben zu können, darin besteht, mit Dir beisammen zu sein. Früher war es nicht so, aber jetzt ist alles anders, und Du kannst wirklich in mir jene Energie und Schaffensfreude, von der die Kunst abhängt, neu erwecken.

Und an Ross:

> Sage den Leuten, daß die einzige Hoffnung für mein Leben und für meine literarische Tätigkeit darin besteht, zu dem jungen Mann zurückkehren zu können, den ich geliebt habe.

Dies läßt vermuten, daß Bosie ihm als Muse gedient hatte, trotz der endlosen Streitigkeiten, der Zeitvergeudung und der

Kosten, oder vielleicht gerade dank dem allen. Ihre Wiedervereinigung war unfruchtbar, gewiß, aber Wilde hatte zu jener Zeit bereits keinen Willen mehr, sich inspirieren zu lassen.

Die nach der Gefängnishaft geschriebenen Briefe sind interessanter als die vorher verfaßten. Wilde ist nun ein einsamer Mann, ohne ein Publikum von gesellschaftlich und geistig Gleichwertigen, und er legt daher in seine Briefe, was er in glücklicheren Zeiten im Gespräch ausgedrückt hätte. So bekommt der Leser eine Vorstellung davon, wie seine Konversation gewesen sein muß:

> Ich versichere Ihnen, daß die Schreibmaschine, wenn sie mit Ausdruck gespielt wird, nicht störender ist als ein Klavier, wenn eine Schwester oder eine nahe Verwandte darauf spielt. Viele, die Häuslichkeit lieben, ziehen sie sogar vor.

> Meer und Himmel ein Opal, keine Linie eines schrecklichen Zeichenlehrers dazwischen, nur ein Fischerboot, das langsam dahingleitet und den Wind hinter sich herzieht.

> Kühe lassen sich sehr gern photographieren und bewegen sich nicht, im Gegensatz zu Bauwerken.

> Das Automobil war ein Vergnügen, aber es brach natürlich zusammen. Automobile sind, wie alle Maschinen, viel eigensinniger als Tiere – nervös, reizbar, seltsame Dinge: Ich werde einen Aufsatz über »Nerven in der anorganischen Welt« schreiben.

> . . . der selige St. Robert von Phillimore, Liebhaber und Märtyrer – ein Heiliger, aus der Hagiographie bekannt für seine außerordentliche Kraft, nicht im Widerstand gegen Versuchungen, sondern in der Bereitstellung von Versuchungen für andere. Er tat dies in der Einsamkeit der großen Städte, in die er sich im verhältnismäßig frühen Alter von acht Jahren zurückzog.

> Ich glaube, sie (das britische Publikum) hätten es gern, wenn ich Gebete für Seefahrer herausgäbe oder die Frohbotschaft vom glücklichen Leben in einem Groschenheft widerriefe.

Wilde hat einige komische Abenteuer. An der Riviera trifft

er einen reichen Bewunderer, Harold Mellor, der ihn mit Champagner bewirtet und in die Schweiz einlädt. Wilde nimmt mit Vergnügen an und freut sich auf ein Leben im Luxus. In der Schweiz ist es kalt und feucht, die Knaben sind häßlich, und Mellor erweist sich wie so viele reiche Leute als geizig. Er läßt nur billigen Schweizer Wein servieren und hält die Zigaretten unter Verschluß. In Paris trifft Wilde Morton Fullerton, einen amerikanischen Journalisten, der vom Prosastil Henry James' begeistert ist, und versucht, sich von ihm Geld zu borgen. Fullerton schlägt seine Bitte mit den folgenden Worten ab:

> Der Schöpfer solcher Meisterwerke hat zu viel Feingefühl und Esprit, um nicht volles Verständnis für das Bedauern eines Mannes zu haben, der so auf eine solche Bitte antworten muß, auf die er nicht gefaßt war und unmöglich vorbereitet sein konnte, die aber nichtsdestoweniger für ihn wertvoll ist. Ich klammere mich an die Hoffnung, daß die Notlage in der Zwischenzeit vorübergegangen ist und daß Sie nicht noch einmal Anlaß haben werden, mich oder jemand anderen *malgré vous* in eine solche Lage buchstäblichen Kummers zu versetzen.

Insgesamt sind die Briefe jedoch natürlich eine sehr traurige Lektüre – Zeugnisse von einem verzweifelt unglücklichen Menschen, der weiß, daß es mit ihm abwärts geht. Andere Schriftsteller – Villon, Cervantes, Verlaine – wurden ins Gefängnis geworfen (Villon wurde sogar gefoltert) oder wie Dante verbannt, ohne daß ihre schöpferische Kraft davon beeinträchtigt wurde; einige haben sogar nach der Katastrophe ihre besten Werke geschrieben. Nicht die Erlebnisse im Zuchthaus zu Reading, so schrecklich sie waren, beendeten Wildes literarische Laufbahn, sondern der Verlust seiner gesellschaftlichen Stellung. Ein anderer Schriftsteller hätte die unrühmliche Bohemien-Existenz, auf die er als entlassener Sträfling beschränkt war, als Erleichterung empfunden – nun brauchte man wenigstens nicht mehr den Schein zu wahren –, für Wilde aber war das Doppelleben, insgeheim als Bohemien und in der Öffentlichkeit als Salonlöwe, überaus anregend gewesen, und als man ihn in die Salons nicht mehr einlud, verlor er den Willen zum Leben und zum Schreiben.

Ein Künstler aus Berufung mag wie die meisten Menschen eitel sein, sich nach unmittelbarer Anerkennung und Ruhm sehnen und leiden, wenn sie ihm nicht zuteil werden, doch ist seine Eitelkeit stets geringer als sein Stolz, der keinen Zweifel daran zuläßt, daß das, was er schreibt, von einzigartiger Bedeutung ist. Wenn er sich wie Stendhal sagt, daß er für die Nachwelt schreibe, so ist das genau genommen nicht wahr, weil man sich unmöglich vorstellen kann, wie die Nachwelt sein wird; es ist nur seine Art, zu sagen, daß er überzeugt sei vom dauernden Wert seines Werkes, den die Welt sicherlich früher oder später anerkennen werde. Er schreibt nicht, um zu leben, er lebt, um zu schreiben, und seine Freuden und Leiden außerhalb des Schöpfungsaktes – sein gesellschaftliches und persönliches Leben – sind für ihn minder wichtig, kein Fehlschlag in diesen Bereichen kann sein Vertrauen zu seinen Fähigkeiten erschüttern. Wilde jedoch war, obwohl er ein unvergängliches Meisterwerk hervorgebracht hat, nicht zum schaffenden Künstler, sondern zum Schauspieler berufen. Bei allen Schauspielern ist die Eitelkeit stärker als der Stolz, denn ein Schauspieler ist nur dann wirklich er selbst, wenn er in einer sympathetischen Beziehung zu einem Publikum steht. Wenn er allein ist, weiß er nicht, wer er ist. Wilde sagte von sich selbst:

> Es ist seltsam, wie die Eitelkeit dem Erfolgreichen hilft und einen Gescheiterten zugrunde richtet. In den alten Tagen war die Hälfte meiner Kraft meine Eitelkeit.

Solange er im Zuchthaus war und nur wenige Briefe empfangen durfte, wußte er von den Vorgängen in der Außenwelt nur das, was seine Freunde ihm erzählten, und die waren natürlich darauf bedacht, ihn zu erheitern, und verschwiegen ihm die unangenehmen Tatsachen. Er war sich weder im klaren, wie arm er sein würde, noch wie unwiderruflich der Verlust seiner gesellschaftlichen Stellung war. Er konnte daher hoffnungsvoll schreiben: »Ich muß in England leben, wenn ich wieder ein Dramatiker sein soll.« Am Tag nach seiner Entlassung besucht er seine alten Freunde, die Leversons, und benimmt sich, wie Frau Leverson berichtet, so als ob nichts geschehen wäre:

> Er kam herein mit der Würde eines Königs, der aus dem Exil zurückkehrt. Er trat ein, redend, lachend, eine Zigarette im Mund, das Haar gewellt, eine Blume im Knopfloch.

Ross fügt hinzu:

An diesem Tag und noch viele Tage lang sprach er von nichts anderem als vom Zuchthaus in Reading, es war für ihn schon zu einer Art von Zauberschloß geworden, in dem Major Nelson als guter Geist herrschte. Die scheußlichen Erkertürmchen hatten sich in Minarette verwandelt, die Wärter in wohlwollende Mamelucken und wir selbst in Paladine, die Richard Löwenherz nach seiner Gefangenschaft begrüßten.

Wie Ross schreibt, brauchte Wilde fünf Monate, bis ihm völlig klar wurde, daß der Salon der Leversons nicht typisch war und daß die Gesellschaft weder vergessen noch vergeben hatte und dies auch niemals tun würde. Für einen eitlen Menschen war dies eine entsetzliche Situation. Nicht nur stand er ohne einen Groschen da und war gänzlich auf die Wohltätigkeit anderer angewiesen, sondern es gab auch wenig Möglichkeit für ihn, jemals wieder seinen Lebensunterhalt zu verdienen. Auch wenn er weiterhin Bücher und Stücke geschrieben hätte, so hätte kein angesehener Verleger oder Theaterdirektor es gewagt, sie zu drucken oder auf die Bühne zu bringen. Es gelingt ihm, ein Werk zu schreiben, die *Ballade vom Zuchthaus zu Reading,* und er hofft, dafür von einer amerikanischen Zeitung dreihundert Pfund zu bekommen, aber das höchste Angebot ist hundert, obwohl man ihm für ein Interview tausend Pfund anbietet. Der einzige Verleger, den er finden kann, ist Leonard Smithers, der als Porno-Verleger verrufen ist, und als Smithers *Bunbury* veröffentlicht, bringt keine der größeren englischen Zeitungen eine Rezension. Wildes Name hat noch Neuigkeitswert, und wohin er sich begibt und wen er trifft, wird von den Reportern vermerkt oder auch erfunden, aber auf sehr unterschiedliche Art und Weise:

> In der Tagespresse bin ich manchmal der »Ex-Sträfling«, was allzu offensichtlich ist, manchmal *»le poète-forçat«,* was mir gefällt, weil es mich in gute Gesellschaft versetzt. Manchmal bin ich »Mr. Oscar Wilde«, ein Titel, der mir erinnerlich ist, manchmal »der Mann Wilde«, ein Titel, der mir neu ist.

Er muß lernen, gesellschaftliche Erniedrigung und Beleidigung zu erwarten:

> Die englischen Bourgeois, die im Hotel logieren, hatten

gegen meine Anwesenheit protestiert, und heute morgen präsentierte man mir die Rechnung und forderte mich auf, bis spätestens zwölf Uhr das Haus zu verlassen. Ich weigerte mich und sagte, ich könne heute die Rechnung nicht bezahlen. Sie haben mir bis morgen Mittag Aufschub gegeben . . .

Gestern war ich am Meer, und plötzlich erschien auf einem Fahrrad George Alexander. Er warf mir ein schiefes, gezwungenes Lächeln zu und fuhr eilends weiter, ohne stehenzubleiben.

Cossie (Lennox) und Harry Melvill haben mich beide geschnitten! Ich hatte das Gefühl, als hätten mich zwei Strichjungen vom Piccadilly geschnitten. Daß Leute, die man im Bett gehabt hat, so moralisch oder fein tun, ist kindisch. Ich war sehr verletzt.

Ein Mensch, der ein außergewöhnliches Unglück erleidet, muß meist auch noch eine andere Prüfung erdulden. Zu jenen, die seine Gesellschaft scheuen, weil sie fürchten, daß das Unglück ansteckend sein könnte wie die Grippe, kommen die professionellen Bedaurer, die ihn aufsuchen, *weil* er unglücklich ist, und für einen eitlen Menschen sind diese wahrscheinlich schwerer zu ertragen. Wilde erwähnt nicht, solche Leute getroffen zu haben, aber in den Briefen von Ross gibt es eine Bemerkung, die darauf hinweist, daß er der Aufmerksamkeit dieser Leute nicht entgangen ist.

In Geldangelegenheiten von der Gnade seiner Frau abzuhängen, die er sehr schlecht behandelt hatte, war schon demütigend genug, aber die an ihre Zuwendungen geknüpften rechtlichen Bedingungen waren ungeheuerlich. Die Zahlungen sollten eingestellt werden, wenn Wilde sich nach Meinung des Rechtsanwalts in schlechter Gesellschaft aufhielt. Da niemand aus der »guten« Gesellschaft mit ihm sprechen wollte, hätte eine wortwörtliche Einhaltung der Bedingung ihn dazu verdammt, mit überhaupt keinem Menschen zu sprechen. Ross bot ihm mutig an, zu ihm zu ziehen, aber Wilde lehnte es in seiner charakteristischen Anständigkeit ab, daß Ross für ihn seinen Ruf aufs Spiel setzte. Er sah seine Freunde, wenn sie nach Paris kamen, sonst aber hatte er niemanden, mit dem er sprechen konnte. Es ist daher kaum verwunderlich, daß er sich den einzigen erreichbaren Tröstungen zuwandte – dem Alkohol und den Knaben:

Ich ertrage es nicht, allein zu sein, und obwohl die Literaten reizend sind, wenn sie mich treffen, sehen wir uns eben selten. Meine Begleiter sind Leute, die ich haben kann, und für solche Freundschaften muß ich natürlich zahlen ... Der Rat, ich solle die Gesellschaft sozial hochstehender Personen suchen, liegt auf der Hand, und der Grund, warum ich das nicht tun kann, ebenfalls.

Wie schlimm ist es, Liebe zu kaufen, und wie schlimm, sie zu verkaufen! Und dennoch: was für purpurne Stunden kann man diesem grauen, träge dahinfließenden Ding, das wir Zeit nennen, ablisten! ... Das Kloster oder das Café, dort liegt meine Zukunft. Ich habe es mit dem häuslichen Herd versucht, aber es war ein Fehlschlag.

Im Frankreich der neunziger Jahre konnte ein Alleinstehender mit hundertfünfzig Pfund im Jahr leicht in bescheidenem Wohlstand leben, aber Wilde war zu einem bescheidenen Leben nicht fähig. Neben gesellschaftlicher Stellung war für ihn, wie Ross schrieb, »Kontakt mit hübschen Dingen« lebenswichtig, das heißt ein gewisser Lebensstandard – gutes Essen, Getränke, Tabak, Kleider. Jede Einschränkung seines Komforts stürzte ihn in Depressionen:

Ein Loch in der Hose kann einen so melancholisch machen wie Hamlet, und aus schlechtsitzenden Stiefeln kann ein Timon entstehen.

Wie der liebe Franz von Assisi bin ich mit der Armut verheiratet: aber in meinem Fall ist es keine glückliche Ehe. Ich hasse die Braut, die man mir gegeben hat.

Ein nicht zu unterschätzender Vorzug der von Hart-Davis besorgten Ausgabe ist, daß sie endlich mit einer Legende aufräumt, die viele, auch ich, geglaubt haben – nämlich, daß Wilde seine letzten Jahre in äußerster Armut verbrachte. Aus seinen Briefen würde man dies schließen, denn Geld – der Mangel daran, Bitten darum, Dank dafür, Klage, daß man das, was ihm rechtens zustehe, nicht geschickt habe, paranoide Verdächtigungen, daß man ihn betrüge – sind ein ständig wiederkehrendes Thema. Gewiß kam es dann und wann vor, daß er eine wichtige Rechnung nicht bezahlen konnte – in Hotels zum Beispiel –, aber die Schuld daran lag nur bei ihm. Die vier Monate, während deren seine Frau ihre Zuwendungen an ihn einstellte, mögen schwierig gewesen sein; sonst aber wurden die Zahlungen regelmäßig geleistet, auch nach dem Tode der Frau, und sie waren keineswegs seine einzige Einnahmenquelle. Lady Queensberry schickte ihm regelmäßig Geld, seine Freunde sandten ihm Schecks, wann immer sie konnten, und es gab sicherlich auch andere Spender, deren Namen wir nicht kennen. Wo es sich um Geld drehte, wurde er verschlagen und verlogen wie ein Alkoholiker; er verkaufte die Option auf die Idee zu einem Stück, das dann von Frank Harris unter dem Titel *Mr. and Mrs. Daventry* geschrieben wurde, an nicht weniger als sechs Personen. Ross, der ihn von früher kannte und daher wußte, was Wilde unter einem »gewissen Lebensstandard« verstand, sagt kategorisch: »Den konnte er nach seiner Entlassung halten, ausgenommen während einiger Wochen oder vielleicht Monate.« Über Wildes Einkommen während der letzten elf Monate seines Lebens sagt Ross:

> Soviel ich weiß, erhielt er seit vergangenem Januar zusätzlich zu der Jahresrente von 150 Pfund, die ihm von den Vermögensverwaltern seiner Frau durch mich gezahlt wurde, noch 400 Pfund – 300 von der Familie Queensberry und 100 von einem Theaterdirektor. Seine Ausgaben in Italien wurden alle von einem Mr. Mellor bezahlt, der mit ihm reiste und immer sehr freundlich zu ihm war. Es gibt so viele schmerzliche Umstände in seinem späteren Leben, daß diejenigen, die sich für ihn interessieren, sich nicht auch noch bittere Gedanken über seine angebliche Armut machen sollten.

Wie hat er diese zu jener Zeit ganz beträchtliche Summe durchgebracht? Es ist nicht schwer zu erraten, daß nur wenig davon für Lebensnotwendigkeiten wie Nahrung und Wohnung ausgegeben wurde, ein Gutteil jedoch für Alkohol, für Knaben, die von ihm Geld verlangten, und höchstwahrscheinlich auch für großzügige Gaben an Bettler und für exorbitante Trinkgelder; denn ein Mensch, der wie Wilde so gern die Rolle eines freigebigen Königs gespielt hat, findet es unmöglich, sie aufzugeben, auch wenn er seinen Thron verloren hat und nicht länger über eine eigene Börse verfügt.

Das Tonbandgerät zählt nicht zu meinen Lieblingsinstrumenten. Früher einmal hörte nur Gott auch jedes überflüssige

Wort; heute wird es nicht nur durch das Radio Tausenden Zeitgenossen mitgeteilt, sondern auch noch aufgezeichnet, um dereinst die eitle Neugier heute noch Ungeborener zu befriedigen. Diese Erfindung ermöglicht es uns jedoch, großen Sängern Gerechtigkeit angedeihen zu lassen. Die Malibran ist für uns nur ein Name aus der Operngeschichte, aber unsere Urenkel werden noch die Flagstad und die Callas hören können. Die Malibran hat zumindest nur gesungen, und wir glauben, daß sie eine große Sängerin war, weil alle ihre Zeitgenossen dieser Meinung waren und wir keine Beweise haben, die Zweifel an ihrem Geschmack aufkommen ließen. Doch nehmen wir an, sie wäre auch eine zweitklassige, von den Zeitgenossen weit überschätzte Komponistin gewesen, dann würden wir unweigerlich Zweifel daran hegen, ob der Geschmack der Zeitgenossen in bezug auf Gesang verläßlicher war als ihr Geschmack für Musik. Es ist uns unmöglich, Wilde gerecht zu werden, weil alle seine Zeitgenossen zwar darin übereinstimmten, daß seine improvisierte Konversation viel besser war als seine Schriften, diese aber viel höher schätzten, als wir es tun. Von seinen Gedichten hat kein einziges überlebt, es fehlte ihm die eigene poetische Stimme; was er schrieb, war eine Imitation der allgemein gängigen Lyrik. Seine Prosabriefe an den *Daily Chronicle* über das Zuchthaus sind authentisch, die *Ballade vom Zuchthaus zu Reading* ist es nicht. Wenn man Verse wie die folgenden liest, würde man niemals erraten, daß der Autor selbst im Zuchthaus war, sondern nur, daß er den *Ancient Mariner* gelesen hat:

They glided past, they glided fast
Like travellers through a mist:
They mocked the moon in a rigadoon
of delicate turn and twist,
And with formal pace and loathsome grace
The phantoms kept their tryst.
With mop and mow, we saw them go,
Slim shadows hand in hand:
About, about, in ghostly rout
They trod a saraband:
And the damned grotesques made arabesques,
Like the wind upon the sand!
(Sie glitten geschwind, wie der Wind, wie der Wind

Wie man Wandrer im Nebel gewahrt.
Sie taten wie Mond in dem Tanz Rigadon –
Umschlingung und Wendung gar zart!
Zu dem Stelldichein mit geziertem Gebein,
Mit verruchter Berückung geschart.
Das grinst und grimaßt und befühlt sich und faßt,
Schmale Schatten, sich Hand über Hand,
Im Kreis, im Kreis, nach Geisterweis
Zu treten Saraband.
Verfluchte Grotesken, sie ziehn Arabesken
Als wie der Wind im Sand!

Deutsch von Albrecht Schaeffer)

Von seiner Prosa können wir noch den *Glücklichen Prinzen* und andere Erzählungen mit großem Vergnügen lesen, und *The Soul of Man Under Socialism* und *Intentions* enthalten trotz ihrer Affektiertheit wertvolle Kritik, aber *Das Porträt von Mr. W. H.* ist unerträglich und *Das Bildnis des Dorian Gray* ist langweilig.

Wildes Entwicklung als Dramatiker ist interessant. Sowohl in England als auch in Frankreich standen sogar die talentiertesten Stückeschreiber seiner Zeit im Bann einer sterilen, sinnwidrigen Auffassung vom Drama. Shaw hat es richtig als einen Versuch diagnostiziert, eine Art Oper ohne Musik zu produzieren:

> Das Drama kann wenig tun, um die Sinne zu erfreuen: alle scheinbaren Beweise zum Gegenteil sind nur Beweise für die persönliche Faszination der Schauspieler. Das reine Gefühlsdrama ist nicht länger Sache des Stückeschreibers; der Musiker hat es für sich erobert.

Das typische modische Schauspiel jener Zeit war ein melodramatisches Libretto ohne Musik. Tatsächlich leben manche Stücke, die vom Theater schon lange verschwunden sind, bis heute in den Opernhäusern weiter – auch *Salome* zählt dazu. Shaws Schlußfolgerung, die er auch auf sich selber anwandte, war, daß die Zukunft des Dramas ohne Musik im Gedankendrama liege. Da Wilde kein Denker war, konnte er den Weg Shaws nicht gehen; er war jedoch ein Wortmusiker ersten Ranges. Während Salome ein erfolgreiches Opernlibretto wurde, konnten *Lady Windermeres Fächer, Eine Frau ohne Bedeutung* und *Ein idealer Gatte* dies nicht werden, weil ihre besten und originellsten Elemente – die epigrammatischen Sentenzen und die komischen Wortspiele – sich nicht in Musik setzen lassen; zugleich werden sie durch den melodramatischen, opernhaften Inhalt als Sprechstücke entwertet. In *Bunbury* gelang es Wilde jedoch – fast zufällig, wie es scheint, denn er selber hat nie erkannt, wie hoch dieses Stück über all seinen anderen steht –, etwas zu schreiben, das vielleicht die einzige reine Wortoper in englischer Sprache ist. Die bewußt oder zufällig gefundene Lösung besteht darin, jedes andere dramatische Element dem Dialog um seiner selbst willen unterzuordnen und ein Wortuniversum zu schaffen, in dem die Charaktere durch ihre Aussprüche bestimmt sind und die Handlung nichts anderes ist als eine Reihe von Anlässen, diese Aussprüche zu tun. Wie alle Kunstwerke zieht das Stück seine Substanz aus dem Leben; wenn ich es lese oder auf der Bühne sehe, wäre es mir lieber, nicht zu wissen, was ich von Wildes Leben zur Zeit der Entstehung des Stückes weiß. Wenn zum Beispiel John Worthing sagt, er gehe »bunburysieren«, muß ich sofort an Alfred Taylors »Etablissement« denken. Wilde sagte, als er *Bunbury* nach seiner Entlassung wiederlas: »Es war ungeheuer, das Stück wieder zu lesen. Wie ich mit dem Tiger, genannt Leben, zu spielen pflegte!« Die Schlußszene ruft in mir die Vorstellung einer alptraumhaften Verwandlungspantomime wach, in welcher der Stab des Zauberers nicht die Alltagswelt in ein Feenreich, sondern das Landhaus in einem unwirklichen Hertfordshire ins Gericht von Old Bailey und Lady Bracknell in den Richter Wills verwandelt. Dennoch ist es ein Meisterwerk, und seinetwegen wird Wilde stets den unpersönlichen Ruhm eines Künstlers ebenso wie den fragwürdigen Ruhm seiner persönlichen Legende genießen.

Jahrelang hatte der Wilde-Skandal in England und auch in Amerika einen unheilvollen Einfluß, nicht auf die Schriftsteller und Künstler selbst, sondern auf die Einstellung des breiten Publikums zur Kunst, da er es dem Philister ermöglichte, sich als den anständigen Menschen schlechthin zu verstehen. Zwar hat es wahrscheinlich im englischen Bürgertum immer schon das Gefühl gegeben, es sei unmännlich, sich für Kunst zu interessieren, und dieses Gefühl ist bis heute nicht ausgestorben, aber durch Wildes Prozeß wurde es für viele Jahre ungeheuer verstärkt. Man muß dem Bürgertum jedoch zugestehen, daß ein solches Gefühl nicht ganz unbegründet ist. Der schaffende Künstler und der Homosexuelle sind durch ein weit übernormales Element des Narzißmus gekennzeichnet, werden aber darin vom Schauspieler noch übertroffen; wahrscheinlich ist der Prozentsatz von Homosexuellen unter den Künstlern auch größer als in anderen Berufsgruppen. So abstoßend die Prüderie und die Selbstgerechtigkeit des Bürgertums im neunzehnten Jahrhundert auch waren, dürfen wir doch nicht die Arbeiterklasse oder die Aristokratie jener Zeit wegen ihrer relativen Toleranz romantisieren; der Arbeiter-Ehemann prügelte seine Frau, wenn er betrunken war, und der Aristokrat betrachtete die sexuelle Ausbeutung der Armen als sein natürliches Recht. Wäre Wilde ein Aristokrat gewesen, so hätten seine Klassengenossen dafür gesorgt, daß es zu keinem Skandal gekommen wäre; da er aber ein Bürgerlicher war, der sich in die »beste Gesellschaft« vorgedrängt hatte, überließ man ihn seinem Schicksal, vielleicht mit einem gewissen Gefühl der Befriedigung über den Sturz eines Mannes, der sich über den ihm zustehenden Rang hinaus erhoben hatte.

Auf lange Sicht jedoch, glaube ich, waren die Folgen dieser unerquicklichen Geschichte günstig. Heute, fast siebzig Jahre später, ist sowohl die Arbeiterklasse als auch die Aristokratie im Sinn des neunzehnten Jahrhunderts verschwunden, und wir leben in einer Mittelstandsgesellschaft, aber in einer, die gelernt hat, daß nicht nur das Problem der Homosexualität, sondern auch das der Sexualität im allgemeinen nicht gelöst werden kann, indem man so tut, als existierte es nicht. Wenn wir inzwischen gelernt haben, auf Freud und andere zu hören, die uns sagen, welch eine komplizierte Rolle die Sexualität in unserem Leben spielt und wie fragwürdig die heftige moralische Entrüstung über das sexuelle Verhalten unserer Nächsten ist, und wenn wir heute diese Briefe ohne kitzelnde Neugier lesen können wie die Briefe irgendeines anderen, der amüsant geschrieben hat, dann hat Wilde sicherlich sein Teil dazu beigetragen.

Vermählung zweier gleichgestimmter Geister

Die Vermählung der Geister ist zweifellos eine ebenso faszinierende Beziehung wie die Vermählung von Mann und Frau, und dennoch haben die Romanciers ihr wenig Aufmerksamkeit geschenkt. Die meisten von uns verdanken ihre geistige Einweihung einem älteren Menschen, wie im *Rosenkavalier* der junge Oktavian seine Einführung in die Liebe der Marschallin verdankt, und gleich ihr muß unser Meister sich damit abfinden, daß wir ihm eines Tages Leute unserer eigenen Generation vorziehen. Der Geist ist von Natur aus und wahrscheinlich mit Recht flatterhaft, so daß das typische geistige Liebesverhältnis (das auch zu einem Toten bestehen kann) meistens kurzlebig ist und zu gegebener Zeit im guten gelöst wird. Manchmal endet es jedoch unglücklich. Man denke an Fliess und Freud, der eine ein talentierter Exzentriker, der andere ein Genie. Für die Welt war es ein Glück, daß sie einander begegneten, aber der arme Fliess, der Ideen liefern durfte und dann verlassen wurde, ist zu bedauern. Aus einer normalen geistigen Ehe geht nur ein Kind hervor, zum Beispiel Liddell und Scott, Russell und Whitehead, aber manchmal (meiner Meinung nach häufiger unter Wissenschaftlern als unter Künstlern) kommt es zu einer Verbindung, der eine ganze Reihe von Werken entspringt. Die Zusammenarbeit zwischen Hofmannsthal und Strauss ist ein augenfälliges Beispiel dafür und außerdem der einzige Fall, über den wir dank der Korrespondenz der beiden genau Bescheid wissen. Vermutlich wären wir nicht so glücklich, wenn die beiden einander als Menschen sympathischer gewesen wären oder wenn wenigstens Hofmannsthal Strauss sympathischer gefunden hätte. Es ist offensichtlich, daß Hofmannsthal keinen Wert darauf legte, Strauss öfter als unbedingt nötig zu sehen, und er macht es ganz deutlich, auf welcher Ebene ihre Beziehung sich abspielen sollte:

Ich freue mich immer und jedesmal aufs neue, Sie wiederzusehen. Aber wir sind verwöhnt: wir haben das Beste gehabt, was Männer miteinander haben können: Verbundenheit in der Produktion. Jede Stunde, die uns zusammenführte, ging mit dem Produktiven in uns zusammen. Es wäre kaum möglich, dann in einen gewöhnlichen »Verkehr« überzugehen.

Sogar nach dreiundzwanzigjähriger Zusammenarbeit siezten sie einander immer noch – Strauss schreibt »Lieber Freund«, aber Hofmannsthal beharrt auf »Lieber Doktor Strauss«.

Der Abstand, den sie als Menschen voneinander einhielten, ist von großem Vorteil für ihre Briefe, denn diese enthalten infolgedessen kein unwichtiges Geplauder. Abgesehen von konventionellen Feiertagsgrüßen und konventionellen Kondolenzen zu Krankheits- und Todesfällen schreiben sie nur über die gerade in Gang befindliche Arbeit oder über Umstände, die diese beeinträchtigen, wie etwa Krankheiten. Der Ausbruch des Ersten Weltkriegs wird gerade noch erwähnt (Strauss war sicher, es würde zu einem schnellen deutschen Sieg kommen); ansonsten hätte die Welt außerhalb der Opernhäuser ebensogut nicht existieren können.

Das erste zögernde Werben kam von Hofmannsthal im Jahr 1900, als er sechsundzwanzig war. Er schickte Strauss, der zehn Jahre älter und schon international berühmt war, das Szenarium für ein Ballett, *Der Triumph der Zeit*. Strauss antwortete in einem sehr freundlichen Brief, er könne es nicht vertonen. Sechs Jahre vergingen; inzwischen schrieb Hofmannsthal ein Stück, *Elektra* (1903), und Strauss seine erste erfolgreiche Oper, *Salome* (1905). 1906 wandte Strauss sich an Hofmannsthal mit dem Vorschlag, sie sollten zusammen aus *Elektra* eine Oper machen, wobei er allerdings meinte, sie könnten zuerst etwas anderes zusammen ausführen.

Jedenfalls bitte ich Sie dringend, mir in allem Komponierbaren von Ihrer Hand das Vorrecht zu lassen. Ihre Art entspricht so sehr der meinen, wir sind füreinander geboren und werden sicher Schönes zusammen leisten, wenn Sie mir treu bleiben . . . Haben Sie einen schönen Renaissance-Stoff für mich? So ein ganz wilder Cesare Borgia oder Savonarola wäre das Ziel meiner Sehnsucht!

Das war fast das Ende. In eisigen Tönen des Mißvergnügens, wie Strauss sie später noch oft hören sollte, schrieb Hofmannsthal zurück:

> Lassen Sie mich Ihnen darauf, verehrter Herr, offen antworten: Ich glaube, daß nicht nur ich, sondern jeder dichterisch schaffende Mensch unserer Zeit keine Epoche mit so präziser Unlust, ja mit sicherem Widerwillen aus seinem Schaffen ausschließen wird, wie diese Epoche.

Glücklicherweise begann Strauss sofort mit der Arbeit an der *Elektra,* die Zusammenarbeit verlief gedeihlich, und Hofmannsthal schrieb einige Monate später:

> Denn es ist mir viel mehr ein Wissen, als ein bloßes Für-möglich-Halten, daß wir bestimmt sind, miteinander etwas oder mehreres recht Schönes, Merkwürdiges noch zu machen. Auch meine Gedanken über das, was ich an Opernsujets für *möglich* halte (sie sind ziemlich weitherzig) und was ich andererseits für absolut nicht mehr möglich halte, möchte ich Ihnen entwickeln.

In ihrer Zusammenarbeit sollten also die Wahl des dramatischen Sujets und der Stil der Ausführung dem Librettisten obliegen und nicht dem Komponisten, der geduldig warten mußte, bis der Librettist einen Stoff fand, der seine Phantasie ansprach. Wie in einer Ehe muß auch bei einer solchen Zusammenarbeit, wenn sie dauernd und fruchtbar sein soll, jeder Partner etwas Wertvolles zu geben und zu empfangen haben. Strauss erhielt von Hofmannsthal eine Reihe von Libretti, die wunderbar zu vertonen waren, die man aber auch als Texte mit Vergnügen lesen kann. Die Dichtung ist oft von großer Schönheit, die Charaktere und die Situationen sind interessant. Jedes Libretto ist außerdem einmalig und bietet dem Komponisten eine neue musikalische und stilistische Anregung.

Hofmannsthal hat auch nicht nur für Strauss, sondern ganz allgemein für die Oper viel getan, indem er darauf beharrte, daß bei der Aufführung der Werke dem visuellen Eindruck ebensoviel Aufmerksamkeit geschenkt werde wie dem musikalischen. Als Strauss und Hofmannsthal ihre Zusammenarbeit begannen, waren Bühnendekorationen, Kostüme und Regie der meisten Aufführungen in den meisten Opernhäusern erschreckend schlecht – schwerfällig, grob und unorganisch. Strauss, kein visueller Typ, war daran gewöhnt und erwartete nichts Besseres, aber Hofmannsthal gehörte zu einer von Reinhardt geführten Gruppe, die entschlossen war, die Regie zu revolutionieren, was ihr auch gelang. (Leider nur zu gut: Heute leiden die meisten Opernaufführungen unter einem Zuviel an Regie.) Strauss war klug genug, zu erkennen, daß Hofmannsthal in diesen Dingen einen besseren Geschmack hatte als er selbst, und er gab ihm freie Hand. Wenngleich Hofmannsthal manchmal übertriebene Forderungen stellte und unnötig grob wurde, wenn sie nicht erfüllt wurden – er konnte nicht verstehen, warum ein Komponist eine häßliche Sängerin mit einer schönen Stimme einer schönen Sängerin mit einer zweitklassigen Stimme vorzog –, so war es wahrscheinlich doch notwendig, Strauss ein wenig unter Druck zu setzen, sonst hätte er die Dinge laufen lassen.

Dafür gab Strauss auch Hofmannsthal viel. Er gab ihm vor allem die Möglichkeit, überhaupt Libretti zu schreiben, was ihn immer fasziniert hatte.

> Es lag in mir vorgebildet, daß ich diesen Wunsch – innerhalb der Grenzen meines Talents – erfüllen könne und daß diese Erfüllung mir wiederum ein innerstes Bedürfnis stillen sollte. Vieles, was ich in aller Einsamkeit der Jugend hervorgebracht hatte, völlig für mich selbst, an Leser kaum denkend, waren phantastische kleine Opern und Singspiele – ohne Musik. Durch Ihre Wünsche war dann ein Ziel gegeben, und doch die Freiheit nicht eingeengt.

Außerdem lernte Hofmannsthal von Strauss eine Menge darüber, wie man ein gutes Libretto schreibt. Wie Hofmannsthal selbst zugab, hatte Strauss den besseren Theatersinn, wenigstens für die Oper, wo die Handlung viel unmittelbarer verständlich sein muß als in einem Sprechstück. Wenngleich die Änderungen, die Strauss vorschlug, manchmal Hofmannsthals künstlerisches Gewissen verletzten und ihn zu Verzweiflungsausbrüchen trieben, so bildeten doch immer wirkliche Mängel den Anlaß, und in vielen Fällen, wie im zweiten Akt des *Rosenkavaliers* und der *Arabella*, waren die Änderungen glänzend gerechtfertigt.

Wie in einer Ehe gibt es auch in einer künstlerischen Zusammenarbeit Gipfel und Täler: persönliche und außerpersönliche Faktoren erzeugen Reibungen und führen manchmal sogar bis an den Rand eines Bruchs. Wenn meist Hofmannsthal der Verärgerte war, so gab es dafür noch mehr Gründe als sein überempfindliches Temperament. Vor Berlioz, Wagner und dem späteren Verdi hatte kein Komponist sich über das Libretto viel den Kopf zerbrochen, er nahm, was man ihm gab, und machte daraus das Beste. Dies war deshalb möglich, weil es eine zufriedenstellende Konvention gab, wie ein Libretto beschaffen sein sollte, mit Arien und Ensembles, als *opera buffa* oder *opera seria* usw., so daß jeder halbwegs geschickte Verseschmied eines verfassen konnte. Das bedeutete jedoch, daß der Komponist wohl auf alle Fälle einen komponierbaren Text erhielt, aber ein Libretto dem anderen glich und Originalität und Interesse allein von der Musik kommen mußten. Einige Librettisten mochten besser sein und sich eines Rufs unter den Komponisten erfreuen, für das Publikum blieben sie jedoch anonym, womit sie auch ganz zufrieden waren. Abgesehen von Goethe, der niemals einen Komponisten fand, welcher ihm gut genug gewesen wäre, war Hofmannsthal der erste Dichter von literarischem Ruf, der Opernlibretti schrieb, was zu seiner Zeit von Mut zeugte. In seinem literarischen Kreis hielt man nicht viel von der Oper als Kunstform, und die Musik von Strauss wurde vermutlich auch nicht sehr geschätzt. Gewiß dachten die meisten Freunde Hofmannsthals, er verschwende seine Zeit und sein Talent an Libretti, von denen man bei der Aufführung nur wenige Worte verstehen könne, und die Operndirektoren und die musikalischen Freunde von Strauss, die an konventionelle Libretti gewöhnt waren, dachten natürlich, Strauss verschwende *seine* Zeit und *sein* Talent, wenn er solche dichten und schwerverständlichen Texte vertonte.

Ein Librettist ist immer im Nachteil, weil Opern nicht von Literatur- oder Theaterkritikern beurteilt werden, sondern von Musikkritikern, deren Geschmack und Verständnis für Dichtkunst sehr begrenzt sein kann. Noch schlimmer, ein Musikkritiker, der die Musik angreifen möchte, aber nicht wagt, dies direkt zu tun, kann sie indirekt angreifen, indem er das Libretto verreißt. Ein Librettist ist ferner im Nachteil, weil die Musik eine internationale Sprache ist, die Dichtkunst aber eine lokale. Wo immer eine Oper aufgeführt wird, hört das Publikum die gleiche Musik, aber außerhalb des Entstehungslandes hört es entweder fremde Worte, die ihm nichts sagen, oder eine Übersetzung, die, sei sie auch noch so gut – die meisten Übersetzungen sind schlecht –, doch nicht das ist, was der Librettist geschrieben hat. Zu wissen, daß der Beitrag, den man geleistet hat, und sei er auch noch so wertvoll, stets weniger öffentliche Anerkennung finden wird als der des Mitarbeiters, ist für keinen leicht, und für Hofmannsthal, dem Anerkennung sehr viel bedeutete, muß es oft eine Qual gewesen sein.

> Seien Sie nur froh, daß ich Ihnen das Element bringe, das die Leute befremden, das einen gewissen Widerstand hervorrufen wird; Sie haben schon zuviel condesziert, sind schon allzusehr Beherrscher des Augenblicks, sind allzu allseitig akzeptiert . . .

Die Bemerkung mag richtig sein, auf jeden Fall zeugt sie von Neid.

Beim Lesen dieses Briefwechsels muß man immer an Hofmannsthals schwierige Lage denken, wenn man nicht ungerecht sein will. Strauss soll zwar kein sehr umgänglicher Mensch gewesen sein, aber in seiner Beziehung zu Hofmannsthal, wie sie sich in den Briefen zeigt, erscheint er jedenfalls als der sympathischere der beiden.

In der ersten deutschen Ausgabe des Briefwechsels wurden einige Passagen ausgelassen, die meisten auf Wunsch Hofmannsthals. Er fürchtete, der scherzhafte Ton, in dem Strauss manchmal von der »Kunst« sprach, könnte vom Publikum mißverstanden werden.

> Wenn nun der deutsche Philister als *ipsissima verba magistri* den lustigen Satz findet: »Rückertsche Schnörkel müssen hier herhalten, wo das Innere einer Handlung einen kalt läßt«, so werden Sie ja, der Schöpfer des unvergleichlichen Werkes *(Ariadne)*, gerade zum Wortführer des Philisterchores! . . . Insbesondere muß ich Sie noch um folgendes bitten: Sie gebrauchen öfters das Gleichnis: ich solle meinen »Pegasus« tummeln, spornen usw. Aus der Intimität eines zwanglosen Briefwechselns herausgenommen und gedruckt, wäre mir diese Bezeichnungsweise für die Ausübung meiner »Dichterei« nicht ganz angenehm.

Wenn man auf die Philister Rücksicht nimmt, dann hatte er recht. Der Ungläubige wird von Blasphemie am meisten schockiert. Aber soll man auf die Philister Rücksicht nehmen?

Ein Mann von Esprit

Fremdsprachige Literatur zu rezensieren ist stets ein zweifelhaftes Unterfangen, aber daß ein englischsprechender Autor einen französischen rezensiert, grenzt an Wahnsinn, denn keine zwei Sprachen könnten verschiedener sein.

Um die wesentlichen und einmaligen Eigenschaften einer Sprache zu entdecken, muß man sich an die Lyrik halten, denn es ist, wie Valéry sagt, der Lyriker, der versucht, alle Geräusche aus der Sprache zu entfernen und nur den Klang übrigzulassen. Die Konventionen einer Lyrik, ihre prosodischen Regeln, die verbale Ornamentik, die Reime, Alliterationen usw., die sie begünstigt oder verwirft, sagen uns viel über die Art und Weise, wie man in seiner Muttersprache diese Unterschiede hört. Ich zweifle sehr daran, ob ein Franzose jemals erlernen kann, einen englischen Vers zu hören – man denke an Baudelaire und Poe –, und ich bin ganz sicher, daß kein Engländer lernen kann, französische Lyrik richtig zu hören. Wenn ich einen Deutschen, Spanier oder Italiener in seiner Sprache Lyrik rezitieren höre, so glaube ich, wahrscheinlich irrigerweise, mehr oder minder dasselbe zu hören wie er, aber wenn es sich um einen Franzosen handelt, dann weiß ich, daß dies nicht der Fall ist. Theoretisch kenne ich die Regeln des klassischen französischen Verses, aber diese Kenntnis ändert nichts an meinen Hörgewohnheiten. Für mein an englische Verse gewöhntes Ohr klingt der Rhythmus des vorherrschenden Alexandriners wie ein Anapäst. Ich weiß, es ist falsch, aber so höre ich es. Eine weitere Schwierigkeit ist die Zäsur. Ein englischer Dichter arbeitet ebenso schwer daran, sie von Zeile zu Zeile zu verschieben, wie ein französischer, sie immer an derselben Stelle zu halten.

Ferner verbietet das Wesen der englischen Sprache den Gebrauch des Anapästs für tragische Themen. Ich bin überzeugt, daß ein Engländer, der in der *Comédie Française* die *Phaedra* hört, möge er auch noch so gut Französisch können und die außerordentlich variierte und subtile Leistung der

Schauspieler bewundern, trotzdem Racine etwas komisch finden wird.

Ich kenne Valérys Gedicht *Ebauche d'un serpent* seit mehr als fünfundzwanzig Jahren und habe es oft gelesen, mit wachsender Bewunderung und, wie ich glaubte, auch mit wachsendem Verständnis, bis ich vor kurzem, als ich einen Brief des Dichters an Alain las, erkennen mußte, daß ich es völlig mißverstanden hatte, daß der Ton des Gedichts burlesk ist, daß die Assonanzen und Alliterationen absichtlich übertrieben sind und daß die Schlange wie der Beckmesser in den *Meistersingern* klingen soll.

Wie hätte ich, für dessen Ohr jeder französische Vers ein wenig übertrieben klingt, dies bemerken können?

In der Prosa sind die Schwierigkeiten der Kommunikation, obwohl nicht so formidabel, doch groß genug. Es handelt sich nicht nur um die üblichen Übersetzungsschwierigkeiten, daß es im Englischen kein Äquivalent für *esprit* gibt, daß *amour* and *love* keine Synonyme sind, sondern um die gänzlich verschiedene rhetorische Struktur der französischen und der englischen Prosa, so daß ein englischer Leser einen wichtigen Effekt völlig übersehen und dafür einen anderen überwerten kann.

Wenn ich über Valéry schreibe, kann ich mich daher nur mit dem Gedanken trösten, daß, wenn auch der Valéry, den ich bewundere, weitgehend meine eigene Schöpfung ist, doch der Mann, der geschrieben hat: »Der eigentliche Gegenstand des Denkens ist das, was nicht existiert«, der erste wäre, der über den Witz lachen würde.

Seit seinem zwanzigsten Lebensjahr machte Valéry es sich zur täglichen Gewohnheit, vor dem Morgengrauen aufzustehen und zwei oder drei Stunden mit dem Studium der inneren Bewegungen seines frischerwachten Geistes zu verbringen. Diese Gewohnheit wurde ihm zu einem physiologischen Bedürfnis, so daß er sich den ganzen Tag nicht wohlfühlte, wenn er umständehalber auf diese Stunden der Introspektion verzichten mußte. Die Beobachtungen, die er dabei machte, verzeichnete er in Notizbüchern, ohne, wie er sagt, daran zu denken, daß ein anderer sie jemals lesen könnte. Von Zeit zu Zeit ließ er sich jedoch überreden, eine Auswahl daraus zu veröffentlichen. Das Widerstreben, dem er Ausdruck verleiht, scheint mehr primadonnenhaft als ehrlich zu sein.

Ich habe nie im Traum daran gedacht, diese Fragmente, so wie sie waren, drucken zu lassen, Dr. Ludo van Bogaert und Alexandre Stols kamen auf die Idee. Sie verführten mich, indem sie mir den »intimen« Charakter dieses kleinen Unternehmens vor Augen führten, und mit der typographischen Vollkommenheit der Musterseiten, die sie mir vorlegten.

Es gibt Zeiten, in denen man den ausgefallenen Wünschen von Liebhabern des Spontanen und der Ideen im Rohzustand nachgeben muß.

Das klingt nicht ganz ehrlich, besonders wenn man entdeckt, daß er privat an einen Freund (Paul Souday) geschrieben hat, er betrachte diese Notizbücher als sein wirkliches *œuvre*.

Wir können auf jeden Fall sehr froh sein, daß er sein Widerstreben überwunden hat, denn die Notizen bilden als Ganzes genommen eines der interessantesten und originellsten Dokumente des »inneren Lebens«.

Solche Dokumente beschäftigen sich sonst zumeist mit dem sogenannten »Persönlichen«, das heißt mit Bekenntnissen von Sünden und Lastern, mit Kindheitserinnerungen, mit den Gedanken des Autors über Gott, das Wetter, seine Freundin, mit Selbstvorwürfen usw., und das gewöhnliche Motiv für ihre Abfassung ist der Wunsch, zu zeigen, daß ihr Verfasser interessanter, origineller, *menschlicher* sei als andere Leute.

Für das »Persönliche« in diesem Sinn hatte Valéry nur Verachtung übrig. Seiner Meinung nach unterscheiden sich die Menschen in dem, was sie zeigen, während das, was sie verbergen, immer das gleiche ist. Ein Bekenntnis ablegen ist daher so etwas wie sich in der Öffentlichkeit ausziehen; jedermann weiß, was es da zu sehen gibt. Außerdem kennen nicht selten andere Leute die Geheimnisse eines Menschen viel besser als dieser selbst.

Einer der augenfälligsten Charakterzüge Gides zum Beispiel war sein Geiz. Wenn man seine Tagebücher gelesen hat, fragt man sich, ob er sich dessen bewußt war.

Das Pflegen der Erinnerung um ihrer selbst willen, wie bei Proust, war Valéry unverständlich; er zog es vor, aus seiner Vergangenheit alles zu vergessen, was nur ein Bild war, und bloß das zu behalten, was er assimilieren und in ein Element seines gegenwärtigen geistigen Lebens verwandeln konnte.

Seine Leiden dem Papier anzuvertrauen, hielt er für die Ursache aller schlechten Bücher.

Die Aufgabe, die Valéry sich stellte, war, den menschlichen Geist im Akt des Denkens zu beobachten. Der einzige Geist, den er beobachten konnte, war natürlich sein eigener, aber das ist irrelevant. Er ist kein Philosoph, höchstens in der etymologischen Bedeutung des Wortes, und auch kein Psychologe, insofern sich die Psychologie mit den verborgenen Tiefen beschäftigt – für Valéry beschränkt sich die Menschlichkeit auf die Haut und auf das Bewußtsein: was darunter liegt, ist die physiologische Maschinerie –, sondern ein erstaunlich scharfer und raffinierter Beobachter des bewußten Denkprozesses. Dazu gehört weder ein besonderes Talent, wie zur Mathematik, noch ein esoterisches Wissen, sondern nur etwas, das man intellektuelle Tugend nennen könnte, und die vermag jeder Mensch zu entfalten, wenn er nur will.

Um eine solche *Éthique sportive,* wie es Valéry einmal genannt hat, zu kultivieren, muß man eine Wachsamkeit entwickeln, die unmittelbar zwischen Phantasien und realen psychischen Erlebnissen unterscheidet, zwischen dem Gesehenen, dem Gedachten, dem Überlegten und dem Gefühlten, und eine Präzision der Beschreibung, die jeder Versuchung zu schönen literarischen Effekten widersteht. Daher stammen Valérys wiederholte Angriffe auf den populären Begriff der »Tiefe«. Ein Gedanke, sagt er, kann nur dann tief genannt werden, wenn er eine Frage oder eine gegebene Situation zutiefst ändert, und ein solcher Gedanke findet sich nie auf dem Grund eines Gehirns, das nur ein paar gebräuchliche Sprichwörter enthält. Die meisten Leute nennen etwas tief, nicht weil es einer wichtigen Wahrheit nahekommt, sondern weil es fern vom gewöhnlichen Leben ist. Die Dunkelheit ist daher tief für das Auge, die Stille für das Ohr; das Nichtseiende ist die Tiefe des Seienden. Diese Art der Tiefe ist ein literarischer Effekt, der wie jeder andere literarische Effekt berechnet werden kann, und daher meistens erbärmlich. Für Valéry ist Pascals berühmte Bemerkung über das Schweigen des ewigen Raums ein klassisches Beispiel für literarische Eitelkeit, die sich als Beobachtung ausgibt. Wenn Pascal ehrlich daran interessiert war, eine Wahrheit festzustellen, warum hat er dann, wie Valéry boshaft fragt, nicht auch geschrieben: »Der auf- und abschwellende Lärm in den kleinen Winkeln, in denen wir leben, beruhigt uns«?

Wenn wir Valérys Notizbücher gelesen haben, wissen wir nicht mehr über seine Person als zuvor – es wird uns zum Beispiel nicht gesagt, daß er an Depressionen gelitten hat –, er hat uns nur gezeigt, daß er ein guter Beobachter war und daß er seine Beobachtungen in präziser Sprache ausdrücken konnte. Um zu beurteilen, ob seine Beobachtungen richtig oder falsch sind, brauchen wir nur das Experiment an uns selbst zu wiederholen. Er sagt zum Beispiel, es sei unmöglich, sich bewußt von einen Gegenstand zu entfernen, ohne sich umzudrehen, um nachzuschauen, ob es einem gelingt. Ich habe den Versuch gemacht und gesehen, daß Valéry recht hat.

Valérys Einstellung zum Leben ist konsequenter, als er zugibt, und beginnt mit der Überzeugung von der essentiellen Inkonsequenz des Geistes und der Notwendigkeit, dagegen anzugehen. Die folgenden drei Notizen könnten als Motto für sein ganzes Werk genommen werden:

> Die Erkenntnis herrscht, aber sie regiert nicht.
>
> Manchmal denke ich, und manchmal *bin* ich.
>
> Ich kenne keine Inspiration, ausgenommen das Element des Zufalls, das jedem Geist eigen ist. Dann kommt die unablässige Schwerarbeit, die ein Kampf gegen dieses Zufallselement ist.

Die Beobachtungen Valérys erstrecken sich über ein weites Feld von Themen. Wie zu erwarten, beziehen sich die am wenigsten interessanten, jene, in denen er am wenigsten wie Valéry und am meisten wie ein beliebiger französischer Autor bissiger Aphorismen klingt, auf Liebe, Eigenliebe, Gut und Böse.

Er sagt ungemein Interessantes über unser Körperbewußtsein, über die merkwürdigen psychophysischen Gefühlsäußerungen wie Lachen, Weinen, Erröten, über das physische Verhalten von Menschen, die sich auf ein geistiges Problem konzentrieren. Er spricht hervorragend über Träume – so bemerkt er zum Beispiel, daß es in Träumen »praktisch keine Gegenwart gibt«. Aber für Dichter, und auch für viele andere Menschen, sind natürlich seine Bemerkungen über die Kunst der Lyrik die wertvollsten Beiträge. Ein Kritiker, der selbst keine Gedichte schreibt, mag vorzüglich beurteilen können, was gut und was schlecht ist, aber er weiß nicht aus erster Hand, wie Gedichte geschrieben werden, so daß er nicht selten ein Gedicht lobt oder tadelt, weil es etwas erreicht oder verfehlt, das der Dichter gar nicht gewollt hat. Viele Dichter haben ihre Werke gegen Vorwürfe der Unwahrhaftigkeit oder der Immoralität verteidigt, erstaunlich wenige aber haben uns verraten, *wie* sie schreiben.

Dafür gibt es zwei Gründe: Die Dichter sind mehr daran interessiert, neue Gedichte zu schreiben, und sie haben, was weniger lobenswert ist, gleich Rechtsanwälten und Ärzten eine snobistische Abneigung dagegen, den Laien in die Geheimnisse ihres Handwerks einzuweihen. Hinter diesem Snobismus liegt natürlich die Angst, das Publikum könnte noch den letzten Respekt vor den Dichtern verlieren, wenn es wüßte, wie es gemacht wird, daß beispielsweise ein Gedicht nicht reine Wortzauberei ist oder daß ein leidenschaftliches Liebesgedicht keineswegs Verliebtheit des Dichters voraussetzt.

Leider hat einer der wenigen Vorgänger Valérys, Poe, seine Arbeitsweise an einem Gedicht beschrieben, nämlich am *Raben,* einem Gedicht, das dem Leser als allzu »konstruiert« erscheint, was bedeutet, daß es nicht genug »konstruiert« ist. Die von Poe gewählte Form, die viele weibliche Reime verlangt, hat im Englischen eine frivole Wirkung, die nicht dem Thema entspricht. Ein Leser, der im Prozeß des Dichtens lieber eine Art Magie sehen möchte, kann Gründe finden, die ihm diese Illusion bestätigen. Valérys Leistungen als Dichter machen es schwerer, seine kritischen Doktrinen beiseite zu schieben. Seine Ausführungen sind offensichtlich polemisch gemeint. Er kann zwei Arten von Autoren nicht leiden: jene, die mit tönender oder leidenschaftlicher Unbestimmtheit Eindruck zu machen suchen, und naturalistische Autoren, die einfach festhalten, was die Kamera sieht, oder den Strom ihrer zufälligen Gedanken aufzeichnen. Für Valéry ist alles Laute und Heftige komisch, wie ein Mann, der allein im Zimmer Posaune spielt. Wenn man beispielsweise Carlyle liest, hat man den Eindruck, daß er glaubte, es bedürfe größerer Anstrengung, härterer Arbeit, *fortissimo* zu spielen als *piano, Universum* zu schreiben als *Garten.*

Die naturalistische Zola-Schule erledigt Valéry sehr elegant, indem er fragt, was für Düfte die Parfümeure herstellen würden, wenn sie sich diese Ästhetik zu eigen machten.

Für Valéry ist ein Gedicht ein Fest des Intellekts, das heißt ein Spiel, aber ein ernstes, geordnetes und bedeutungsvolles

Spiel, und ein Dichter ist einer, den selbstgewählte Schwierigkeiten auf Ideen bringen. Das Großartige an der Dichtkunst ist, daß das Fehlen eines einzigen Wortes alles ruinieren kann, daß der Dichter nicht weiter kann, ehe er, sagen wir, ein zweisilbiges Wort gefunden hat, das P oder F enthält und ein Synonym für *aufbrechen,* aber doch nicht zu ungebräuchlich ist. Die formalen Beschränkungen der Dichtkunst lehren uns, daß die Gedanken, die aus unseren Bedürfnissen, Gefühlen und Erfahrungen entstehen, nur ein kleiner Teil der Gedanken sind, die wir zu denken vermögen. In jedem Gedicht sind dem Dichter einige Zeilen »in den Schoß gefallen«, und er hat dann versucht, sie zu vervollkommnen; die anderen mußte er konstruieren, und zwar so, daß sie so natürlich wie möglich klingen. Es steht einem Dichter besser an, von Versemachen zu sprechen als von geheimnisvollen »Stimmen«, und sein Genie sollte so gut hinter seinem Talent versteckt sein, daß der Leser für Kunst hält, was aus des Dichters Natur kommt.

Selbstverständlich fand Valéry in der französischen Lyrik seiner Zeit sehr wenig, das ihm mehr zu sein schien als Anbetung von Zufall und Neuheit, und er schloß daraus, die Lyrik sei ein abartiges Überbleibsel, und es würde heutzutage niemand mehr auf die Idee kommen, Verse zu schreiben, wenn diese Idee nicht schon existierte.

Ich bin überzeugt, daß Valéry mit seinen allgemeinen Prinzipien absolut recht hat, aber ich frage mich, ob ich in der alltäglichen Praxis ebensosehr mit ihm übereinstimmen würde, wäre ich ein Franzose, der versucht, französische Gedichte zu schreiben. Aus polemischen Gründen übertreibt Valéry wahrscheinlich die Willkürlichkeit der poetischen Formgesetze und dramatisiert zu sehr den Gegensatz zwischen ihnen und dem »Natürlichen«. Wären sie wirklich rein willkürlich, dann wären die Prosodien verschiedener Sprachen untereinander auswechselbar, und die Erfahrung, die jeder Dichter gemacht hat, daß er nämlich mit einem Gedicht nicht weiterkommt, weil er dafür eine »falsche« Form gewählt hat, daß die Komposition frei dahinfließt, sobald er die richtige, die *natürliche* Form gefunden hat – diese Erfahrung wäre unbekannt. Während es wahr ist, daß vermutlich ohne Anstrengung und Sorgfalt kaum etwas Wertvolles zustande kommt, so ist doch der umgekehrte Satz nicht wahr: Es bedürfte zum Beispiel einer enormen Anstrengung, auf Englisch ein Halbdutzend rhopalischer Hexameter zu schreiben, aber es ist so gut wie sicher, daß das Resultat keinerlei poetischen Wert hätte.

Einem englischen Lyriker scheint die französische Lyrik unter einem Mangel an formaler Vielfalt zu leiden, wie die englische Lyrik zwischen 1680 und 1780. Jede Form, sei es der französische Alexandriner oder das englische heroische Couplet, mag sie ursprünglich auch noch so wunderbar geeignet gewesen sein, erschöpft ihre Möglichkeiten in der Hand von zwei oder drei Meistern, und die Nachfolger müssen entweder ganz andere Formen finden oder sind dazu verurteilt, Epigonen zu bleiben. Wenn man selten ein modernes französisches Gedicht findet, das nicht in freien Rhythmen geschrieben ist (und man darf nicht vergessen, daß Valéry selbst eine Menge solcher Verse, von ihm *poésie brute* genannt, geschrieben hat), während in der modernen englischen Lyrik strenge Formen noch recht gebräuchlich sind, so liegt das vielleicht an der ungenügenden Schmiegsamkeit der traditionellen französischen Versformen. (In manchen Dingen scheint der französische Geschmack toleranter zu sein als der englische. So hält Valéry zwar de Vignys Zeile *J'aime la majesté des souffrances humaines* für Unsinn, läßt sie aber gelten, weil sie so schön klingt. Ein englischer Dichter würde mit einer ähnlichen Zeile niemals durchkommen.) Im Vergleich mit dem Französischen erscheint das Englische als eine anarchische, dilettantische Sprache, aber gerade diese Anarchie, wenn sie zur richtigen Revolte gegen sich selbst stimuliert, kann neue und lebendige Strukturen entstehen lassen. Hätte Valéry, so frage ich als Patriot mich manchmal, seine Lyriker-Laufbahn so früh beendet, wenn er die riesigen Ressourcen *unserer* Sprache zur Verfügung gehabt hätte, um mit allen prosodischen Möglichkeiten, die ihre gewöhnlichen Silben erlauben, zu spielen?

Aber dann hätten wir vielleicht die Notizbücher nicht. Es ist passend, daß der Mann, der als Kritiker wohl die Devise *Vade retro, Musa* gehabt haben könnte, das Gedicht *Tes pas, enfants de mon silence* geschrieben hat, eine der schönsten Anrufungen der Muse in allen Sprachen. Die Muse, die er verehrte und manchmal Laura nannte, war vielleicht nicht die Muse der Lyrik, oder wenn, dann nur zufällig, wohl aber die Muse der Einsicht und der Selbsterneuerung, die er täglich in den Stunden der Morgendämmerung erwartete.

Mein Geist denkt an meinen Geist
Meine Vergangenheit ist mir fremd
Mein Name überrascht mich
Mein Körper ist eine reine Idee
Was ich war, ist mit allen anderen Wesen
Und ich bin nicht einmal, was ich sein werde.

Außer Geld bringt literarischer Erfolg nur geringe Befriedigung für einen Autor, auch für seine Eitelkeit. Denn was bedeutet literarischer Erfolg? Abgelehnt zu werden von Leuten, die einen nicht gelesen haben, und nachgeahmt zu werden von Leuten, die kein Talent haben. Es gibt nur zwei Arten literarischen Ruhms, die es wert sind, errungen zu werden, aber der Schriftsteller, der sie erringt, wird es nie erfahren. Die eine Art besteht darin, ein vielleicht ganz unbedeutender Autor zu sein, in dessen Werk ein großer Meister einer späteren Zeit den Schlüssel zur Lösung eines Problems findet; die zweite bedeutet, für einen anderen zum Vorbild eines hingebungsvollen Lebens zu werden, »von einem Fremden insgeheim aufgerufen, imaginiert und ins innere Heiligtum seiner Gedanken gestellt zu werden, um ihm als Zeuge, Richter, Vater und verehrter Mentor zu dienen«.

Diese Rolle, mehr als die eines direkten literarischen Einflusses, hat Mallarmé in Valérys Leben gespielt, und ich kann mich für wenigstens ein Leben verbürgen, in dem Valéry die gleiche Rolle spielt. Wann immer mich einer der schrecklichen Quälgeister, genannt *Widerspruch, Starrsinn, Nachahmung, Lapsus, Schwermut,* mehr als üblich plagt, wann immer ich mich in Gefahr fühle, *un homme sérieux* zu werden, dann rufe ich Valéry, einen *homme d'esprit,* wenn es jemals einen gegeben hat, öfter als jeden anderen Dichter um Hilfe an.

Ein Bewußtsein der Wirklichkeit

Es ist wahrscheinlich schon zu spät, zu hoffen, daß jemand eine umfassende Geschichte von Bloomsbury schreiben wird, jenem faszinierenden kulturellen Milieu, das sich um 1910 bildete, seinen größten Einfluß in den zwanziger Jahren ausübte und mit dem Tod von Virginia Woolf zu bestehen aufhörte. In einem postumen Essay von Maynard Keynes gibt es einen ausgezeichneten Bericht über die geistigen Strömungen, aus denen es entstand; bezüglich der späteren Geschichte müssen wir uns an die Memoiren von David Garnett halten, die eben in England erschienen sind, und an die Tagebücher von Virginia Woolf, von denen *A Writer's Diary* hoffentlich nur die erste Rate ist.

Bloomsbury war keine »Schule« im literarischen Sinn – es gibt keinen einheitlichen Bloomsbury-Stil, keine gemeinsame Thematik – nicht einmal einen Salon als Mittelpunkt, wie den Holland-House-Kreis im neunzehnten Jahrhundert oder den Garsington-Kreis, dem manche Bloomsbury-Mitglieder ebenfalls angehörten. Bloomsbury umfaßte Romanciers, Kritiker, Maler, Universitätsprofessoren, aber seltsamerweise keinen bedeutenden Lyriker (wenn man Virginia Woolf zu den Romanciers rechnet) und keine Komponisten. Fast alle Bloomsbury-Leute hatten in Cambridge studiert und kamen aus angesehenen Familien des gehobenen Bürgertums, das heißt, ohne Aristokraten oder Großgrundbesitzer zu sein, waren sie doch an tüchtiges Dienstpersonal, erstklassige Mahlzeiten, schönes Silber, feine Tisch- und Bettwäsche und Wochenenden in Landhäusern gewöhnt. Gegen die Rhetorik und die konventionellen Antworten ihrer viktorianischen Eltern rebellierend, haßten sie Dogmen, Rituale und Gefühlsheuchelei, hatten aber von den Viktorianern doch Selbstdisziplin und Ordnungsliebe geerbt, die ihnen bohemienhafte Schlamperei unerträglich machten. »Ich habe«, schreibt Virginia Woolf – und fast alle von ihnen hätten dasselbe schreiben können –, »eine automatische innere Wertskala, die entscheidet, was ich am besten mit meiner Zeit anfange. Sie diktiert: ›Diese halbe Stunde muß für Russisch verwendet werden‹, ›Diese gehört Wordsworth‹. Oder: ›Jetzt sollte ich lieber meine braunen Strümpfe stopfen.‹« Und es ist charakteristisch, daß das Wort, mit dem sie ihre kritischen Vorbehalte gegen den *Ulysses* ausdrückte, das Adjektiv »unmanierlich« ist. Politisch ein wenig links von der Mitte, hegten sie alle tiefes Mißtrauen gegen Parteien und Staat und glaubten leidenschaftlich an die überragende Wichtigkeit persönlicher Beziehungen: »Hätte ich zu wählen zwischen Verrat an meinem Land und Verrat an meinem Freund, dann würde ich hoffentlich die Courage haben, mein Land zu verraten«, schrieb E. M. Forster, und im Frühjahr 1940, als eine Invasion unmittelbar bevorzustehen schien, ließ Virginia Woolf sich nicht von der Arbeit an ihrer Biographie Roger Frys ablenken: »Das Große und das Kleine machen dies möglich. So stark sind meine Gefühle (für Roger); aber der Umkreis (der Krieg) scheint einen Reif darum zu bilden. Nein, ich kenne nicht den seltsamen Zwiespalt zwischen intensiven Gefühlen und dem Bewußtsein, daß diese Gefühle unwichtig sind. Oder sind sie, wie ich manchmal denke, wichtiger denn je?«

Meiner Meinung nach war es eine sehr gute Idee, die Auswahl aus Virgina Woolfs Tagebüchern auf die Reflexionen über ihre Entwicklung als Schriftstellerin zu beschränken. Vielleicht hat Henry James in seinen Notizbüchern, Briefen und Vorreden Interessanteres über die Technik des Schreibens gesagt, aber ich habe nie ein Buch gelesen, das wahrheitsgetreuer geschildert hätte, wie ein Schriftsteller lebt, was seine Sorgen, seine Freuden, seine Alltagspflichten sind. Manche Leser waren anscheinend schockiert darüber, wie ängstlich und empfindlich Virginia Woolf auf Kritiken reagierte und wie oft ein Lob für einen anderen Autor sie mit Neid erfüllte, aber die meisten Schriftsteller werden, wenn sie ehrlich sind, sich wiedererkennen in einer Bemerkung wie dieser: »Kein schöpferischer Autor kann einen anderen neben sich vertragen. Man reagiert auf ein zeitgenössisches Werk zu grob und zu parteiisch, wenn man selber das gleiche macht . . . Wenn Desmond den *East Coker* lobt und ich eifersüchtig bin, dann wandere ich über das Marschland und sage mir: ›Ich bin ich.‹« Und sogar in ihren Gedanken zum Tod ihres Vaters: »Vater . . . wäre 96 geworden . . . und hätte 96 werden können, so wie andere Leute, die man gekannt hat; aber Gott sei Dank wurde er es nicht. Sein Leben hätte meines gänzlich vernichtet.«

Manche von uns geben sich Kritiken gegenüber den Anschein stoischer Gleichgültigkeit, andere gehen dem Ärger aus dem Weg, indem sie die Kritiken nicht lesen, aber wir alle nehmen sie ernst, und aus gutem Grund. Jeder originelle Autor zweifelt oft am Wert eines Werkes; Lob von einem Kritiker, den er achtet, bedeutet für ihn eine kostbare Bekräftigung, Schweigen oder Tadel bestätigen seine schlimmsten Befürchtungen: »Also habe ich mich blamiert, und dieser widerliche Schmarren von einem Buch ist, was ich mir sowieso gedacht habe – ein Durchfaller.« Dann gibt es jene Kritiker, die, aus Neid oder aus Modegründen, schon von vornherein ein feststehendes Urteil über ein Buch haben, noch ehe sie es gelesen haben, und die Leser dieser Kritiker – eifersüchtige Zeitgenossen oder ehrgeizige Jungschriftsteller –, die mit Freuden hören, das Buch sei schlecht: »Ich hasse den Gedanken, verlacht zu werden; die Schadenfreude, die A., B. und C. empfinden, wenn sie lesen, wie V. W. verrissen wird.« Im Fall Virginia Woolfs stellte die Tatsache, daß sie eine Frau war, eine zusätzliche Verschärfung dar. Sie gehörte einer Generation an, in der eine Frau noch darum kämpfen mußte, als Autorin ernstgenommen zu werden. Für sie bedeuteten daher gute Kritiken und zügiger Absatz finanzielle Unabhängigkeit und die Anerkennung ihres Geschlechts als literarisch gleichwertig. Wenn sie schreibt: »Ich möchte diesen Sommer mit Schreiben 300 Pfund verdienen, um in Rodmell ein Bad und einen Heißwasserspeicher installieren zu lassen«, so denkt sie an die Befriedigung, die es ihr als Ehefrau gibt, so kräftig zum Familienbudget beizutragen.

Obwohl sie auf Angriffe empfindlich reagierte, war sie niemals zu eitel, um eine Wahrheit, die auch im ärgsten Vorurteil stecken mochte, zu leugnen: »Man muß auf den Kern des Gesagten achten – das glaube ich aber nicht – und dann den kleinen Energiestoß, den der Widerspruch liefert, ausnützen, um noch stärker man selbst zu sein ... Den Vorwurf ehrlich prüfen; aber nicht nervös, nicht zu ängstlich. Auf keinen Fall ins andere Extrem verfallen – zu viel darüber nachzudenken.«

Die Auswahl aus den Tagebüchern Virginia Woolfs beginnt mit dem letzten Jahr des Ersten Weltkriegs, als England trotz dem Krieg immer noch so ziemlich das gleiche Land zu sein schien wie vor 1914, und sie endet kurz vor ihrem Tod in den finstersten Tagen des Zweiten Weltkriegs, als ihr Londoner Haus von Bomben zerstört und die Zukunft Englands äußerst problematisch war: »Eine Art Grollen hinter dem Kuckuck und den anderen Vögeln. Ein Schmelzofen hinter dem Himmel. Ich hatte das seltsame Gefühl, daß das schreibende ›Ich‹ verschwunden sei. Kein Publikum. Kein Echo . . . Wir leben ohne Zukunft. Das ist das Seltsame: mit unserer Nase an eine geschlossene Tür gepreßt.«

Es beginnt in dem Augenblick, da sie gerade als Schriftstellerin bekannt geworden ist – »Ich werde von alten Herren sehr ausführlich und ernsthaft besprochen«. In den zwanziger Jahren wird sie allgemein bewundert; dann, in den dreißiger Jahren, kommen die Vorwürfe – sie sei bourgeois, überempfindlich, antiquiert und so weiter – und dann stirbt sie, ehe sie eine heilige Kuh werden konnte (was vielleicht das allerschmerzlichste Schicksal ist), von der alle in Tönen gedämpfter und gelangweilter Reverenz sprechen, aber nicht, bevor sie *Zwischen den Akten* geschrieben hat, was meiner Meinung nach ihr Meisterwerk ist.

Bis auf die Beschreibung einer Sonnenfinsternis, die so schön ist wie die besten Stellen in ihren Romanen, und gelegentliche, meist boshafte Bemerkungen über Bekannte ist diese Auswahl den Gedanken der Schriftstellerin über ihre Arbeiten gewidmet. Wie jeder andere Autor überlegte sie, was ihre besondere Eigenart sei und welchen spezifischen Beitrag sie zur Literatur leisten könnte und sollte. »Meine einzige Bedeutung als Schriftstellerin liegt, wie ich zu sehen beginne, in einer seltsamen Individualität, nicht in der Kraft, in der Leidenschaft oder in irgend etwas Aufregendem. Peacock zum Beispiel, Borrow, Donne . . . Fitzgeralds Briefe.« Das ist richtig, wenn man Kraft und Leidenschaft im konventionellen literarischen Sinn versteht. Was sie fühlte und mit intensivster Leidenschaft aussprach, war eine mystische, religiöse Vision des Lebens, »ein Bewußtsein dessen, was ich ›Wirklichkeit‹ nenne: ein Ding, das ich vor mir sehe: etwas Abstraktes, das aber in den Dünen oder im Himmel wohnt; neben dem nichts anderes zählt; in dem ich lebe und stets leben werde . . . Wie schwierig ist es, diese ›Wirklichkeit‹ nicht zu dem und jenem zu machen, da sie doch ein Einziges ist. Nun ist das vielleicht meine Gabe, die mich von anderen Menschen unterscheidet: ich glaube, es ist selten, daß man einen so scharfen Sinn für dergleichen hat – aber wer weiß? Ich möchte es auch gern ausdrücken.« Wie die meisten Mystiker erlebte sie auch die »dunkle Nacht«, in der die »Wirklichkeit« bösartig schien – »das alte Tretmühlengefühl, daß man geht und geht und geht, ohne Grund . . . Verachtung für meinen Mangel an geistiger Kraft; ich lese Wells, ohne zu verstehen . . . Gesellschaft; Kleider einkaufen; Rodmell verdorben; ganz England verdorben: nachts Entsetzen darüber, daß in der Welt alles schiefgeht.«

Einzigartig in ihrem Werk ist die Verbindung dieser mystischen Vision mit dem schärfsten Sinn für das Konkrete, auch in seiner bescheidensten Form: »Man kann nicht«, bemerkt sie, »direkt über die Seele schreiben. Wenn man sie ansieht, verschwindet sie. Aber sieh auf die Decke, auf Grizzle, auf die billigeren Tiere im Zoo, die für die Spaziergänger im Regent's Park zur Schau gestellt werden, und schon schlüpft die Seele herein.« Ihr Geschlecht war ihr vermutlich eine Hilfe bei der Wahrung dieses Gleichgewichts. Ein Mann, der anfängt, sich für den Grund alles Seins zu interessieren, wird allzu leicht so wie Lowes Dickinson – »Immer im Ganzen leben, Leben in dem Einen: immer Shelley und Goethe, und dann verliert er seine Wärmflasche; und nie bemerkt er ein Gesicht oder eine Katze oder einen Hund oder eine Blume, außer im Fluß des Alls.« Eine Frau, die einen Haushalt zu führen hat, kann niemals derart den Kontakt mit der Materie verlieren. Die letzte Eintragung in Virginia Woolfs Tagebuch ist typisch: »Und nun bemerke ich mit Vergnügen, daß es sieben ist und ich das Abendessen kochen muß. Schellfisch und Wurstfleisch. Ich glaube, man gewinnt einen gewissen Halt an Schellfisch und Wurst, wenn man es niederschreibt.«

Obwohl sie an jedem ihrer Bücher außerordentlich hart arbeitete, war sie von Natur eine spontane Schriftstellerin und scheint niemals Zeiten gekannt zu haben, in denen sie ohne Einfälle war. Sogar mitten beim Schreiben eines Buchs hatte sie schon Ideen für das nächste, und ihr Werk ist abwechslungsreicher, als manche glauben. Jedes Buch bot ein spezielles Problem und rief in der Autorin besondere psychosomatische Reaktionen hervor: »Während ich mich zwang, *Flush* zu schreiben, kam mein altes Kopfweh wieder – zum ersten Mal diesen Herbst. Warum müssen *The Pargitters (The Years)* mir Herzklopfen machen, warum bekomme ich bei *Flush* einen steifen Nacken?«

Innerhalb der Jahre, die dieses Tagebuch umfaßt, schrieb Virginia Woolf drei Bücher, die nach Ansicht ihres Mannes, der ich mich anschließe, ihre besten sind: *Der Leuchtturm, Die Wellen* und *Zwischen den Akten;* und der glückliche Leser kann die Entstehung eines jeden von ihnen verfolgen. Hier zum Beispiel die Entstehungsgeschichte der *Wellen:*

1926 (Sie beendet den *Leuchtturm):*

30. September. Was einem bleibt, das ist nicht man selbst, sondern etwas im Universum. Das ängstet mich und erregt mich inmitten meiner tiefen Schwermut, Depression, Langweile, was immer es ist. Man sieht eine Rückenflosse vorüberziehen weit draußen. Welches Bild kann ich finden, um verständlich zu machen, was ich meine?

1927 (das Jahr von *Orlando):*

21. Februar: Warum nicht eine neue Art Schauspiel erfinden, wie zum Beispiel: Frau denkt . . . Er ebenfalls. Orgelspiel. Sie schreibt. Man sagt: Sie singt. Nacht spricht. Sie verfehlen einander.

18. Juni: Ein Mann und eine Frau sollen plaudernd an einem Tisch sitzen. Oder sollen sie schweigen? Es soll eine Liebesgeschichte sein; sie läßt schließlich den letzten großen Nachtfalter herein.

1928:

28. November: Gute Lyriker vereinfachen: fast alles wird ausgelassen. Ich möchte praktisch alles hineinbringen: aber um zu sättigen . . . Dazu gehören auch Unsinn, Fakten, Gemeinheit: aber durchsichtig gemacht.

1929:

23. Juni: Ich glaube, es wird so anfangen: Dämmerung, Muscheln am Strand: ich weiß nicht: ein Hahn kräht, eine Nachtigall singt; und dann alle Kinder an einem langen Tisch – Unterricht . . . Könnte man es nicht so machen, daß die ganze Zeit das Rauschen der Wellen zu hören ist?

(Am 10. September beginnt sie zu schreiben.)

25. September: Gestern morgens habe ich *The Moths* neu angefangen, aber das wird nicht der Titel sein . . . Wer denkt es? Und bin ich außerhalb des Denkers?

26. Dezember: Ich wollte, es würde mich mehr freuen. Ich habe es nicht den ganzen Tag im Kopf wie den *Leuchtturm* und *Orlando.*

1930:

12. Januar: Ich kann jetzt kaum aufhören, an den *Wellen* zu arbeiten ... Wichtig ist, schnell zu schreiben und die Stimmung nicht zu stören.

17. März: Der Prüfstein für ein Buch (für einen Autor) ist, ob es einen Raum schafft, in dem man ganz natürlich das sagen kann, was man sagen will. So wie ich heute früh sagen konnte, was Rhoda sagte.

9. April: Es wird zweifellos sehr unvollkommen werden. Aber ich halte es für möglich, daß meine Figuren sich plastisch vom Himmel abheben.

29. April: Die größte geistige Anstrengung, die ich je gekannt habe ... Ich fürchte, der Aufbau ist falsch. Tut nichts.

(Sie beginnt mit der zweiten Fassung der *Wellen.)*

20. August: Ich glaube, *Die Wellen* lösen sich auf in eine Reihe dramatischer Selbstgespräche.

22. Dezember: ... alle eingefügten Passagen in Bernards Schlußrede zusammenfassen und mit den Worten »O Einsamkeit« enden.

1931:

(Am 20. Januar kommt ihr im Bad die Idee zu *Three Guineas.)*

7. Februar: Vor fünfzehn Minuten habe ich die Worte »O Tod« geschrieben, nachdem ich über die letzten zehn Seiten zeitweise mit solcher Intensität und Berauschung dahingetaumelt war, daß ich nur meiner eigenen Stimme oder, beinahe, irgendeinem Sprecher nachzueilen schien ... Jedenfalls ist es fertig; und diese fünfzehn Minuten lang saß ich da in einem Zustand der Seligkeit und Ruhe und mit einigen Tränen ... Wie physisch das Gefühl des Triumphs und der Erleichterung ist! ... Ich habe die Rückenflosse eingefangen, die mir in der Wasserwüste erschienen war, jenseits der Marschen, die ich von meinem Fenster in Rodmell aus sehe.

Ich weiß nicht, wie die jüngere Schriftstellergeneration über Virginia Woolf denkt. Ich weiß jedoch, daß meine eigene Generation, auch in der Blütezeit des sozialen Bewußtseins, sie viel mehr bewunderte und liebte, als sie selbst ahnte. Ich weiß nicht, ob sie einen Einfluß auf die weitere Entwicklung des Romans ausüben wird – ich fürchte eher, ihr Stil und ihre

Sicht waren so einzigartig, daß ein Einfluß nur zahme Nachahmung zeitigen würde –, aber ich kann mir nicht vorstellen, daß zu irgendeiner Zeit, wie düster sie auch sei, und für irgendeinen Autor, welcher Schule er auch angehört, ihre Hingabe an die Kunst, ihr Fleiß, ihre Strenge gegen sich selbst – und vor allem ihre leidenschaftliche Liebe, nicht ausschließlich oder hauptsächlich zu den großen Augenblicken des Lebens, sondern auch zum Alltagstrott mit »Wurst und Schellfisch« – kein Vorbild sein werden, das zugleich Inspiration und Richter ist. Wenn ich einen Grabspruch für sie wählen sollte, so würde ich einen Absatz aus den *Wellen* nehmen, der die beste mir bekannte Beschreibung des Schaffensprozesses ist:

> Da ist ein Quadrat; da ist ein Rechteck. Die Spieler nehmen das Quadrat und legen es auf das Rechteck. Sie legen es sehr genau; sie machen eine vollkommene Wohnstätte. Sehr wenig bleibt außen. Die Struktur wird nun sichtbar: was unvollständig ist, wird hier ausgesprochen; wir sind nicht so verschieden oder so durchschnittlich; wir haben Rechtecke gemacht und sie auf Quadrate gestellt. Das ist unser Triumph; das ist unser Trost.

Zeichen am Weg

> Für symmetrische Naturen ist die Religion in der Tat eine Krone der Herrlichkeit; sie können aber, was diese Welt betrifft, auch ohne sie wachsen und gedeihen. Für asymmetrische Naturen ist jedoch die Religion eine notwendige Voraussetzung erfolgreicher Arbeit auch in dieser Welt.
>
> *Lord Acton.*

Ein Leser des Buches *Zeichen am Weg* könnte wohl überrascht sein, was darin alles *nicht* vorkommt – Dag Hammarskjöld spricht kein einziges Mal direkt von seiner ungewöhnlichen Laufbahn als internationaler Beamter, von den Menschen, mit denen er zusammentraf, und von den historischen Ereignissen seiner Zeit, in denen er eine wichtige Rolle spielte –, wenn der Leser aber überrascht ist von dem, was das Buch enthält, dann kennt er nicht das Bekenntnis, das Hammarskjöld kurz nach seiner Wahl zum Generalsekretär der Vereinten Nationen für eine Radiosendung Edward Murrows geschrieben hat:

> Von Generationen von Soldaten und Verwaltungsbeamten väterlicherseits erbte ich den Glauben, daß kein Leben befriedigender sei als das des selbstlosen Dienstes für Vaterland oder Menschheit. Dieser Dienst erfordert das Opfer aller persönlichen Interessen, aber zugleich den Mut, unbeugsam für seine Überzeugung einzutreten.
>
> Von Gelehrten und Geistlichen mütterlicherseits erbte ich den Glauben, daß in dem wirklich radikalen Geist der Evangelien alle Menschen gleich sind als Kinder Gottes und so von uns betrachtet und behandelt werden müssen ...
>
> Glauben ist ein Zustand des Geistes und der Seele ... Die Sprache der Religion ist ein Satz von Formeln, die eine grundlegende spirituelle Erfahrung festhalten. Man darf nicht erwarten, daß sie in philosophisch definierbaren Termini die unseren Sinnen zugängliche Wirklichkeit beschreibt, die wir mit den Werkzeugen der Logik analysie-

ren können. Ich habe lange gebraucht, um zu verstehen, was das heißt. Als ich endlich diesen Punkt erreichte, wurden die Glaubenssätze, nach denen ich erzogen worden war und die tatsächlich mein Leben auch dann bestimmt hatten, als mein Intellekt ihre Gültigkeit noch bestritt, in ihrem eigenen Recht durch meine eigene freie Wahl als mein erkannt ... Die Erklärung aber, wie ein Mensch ein Leben aktiven gesellschaftlichen Dienens in vollkommener Übereinstimmung mit sich selbst als Mitglied der Gemeinschaft des Geistes leben soll, habe ich in den Schriften der großen mittelalterlichen Mystiker gefunden. Für sie war »Selbsthingabe« der Weg zur Selbstverwirklichung. Sie fanden in der »Einsamkeit des Geistes« und in der »Innerlichkeit« die Kraft, ja zu sagen, wo immer sie sich den Forderungen ihrer bedürftigen Mitmenschen gegenübergestellt sahen, und auch zu jedem Schicksal ja zu sagen, das das Leben für sie bereitete ... Liebe – dieses oft mißbrauchte und falsch verstandene Wort – bedeutete für sie nichts als das Überfließen der Kraft, von der sie sich erfüllt fühlten, wenn sie in wahrhaftem Selbstvergessen lebten. Und diese Liebe fand ihren natürlichen Ausdruck in einer bedenkenlosen Erfüllung ihrer Pflicht und in einer uneingeschränkten Hinnahme alles dessen, was das Leben ihnen persönlich an Mühen, Leiden – oder an Beglückung – brachte.

In *Zeichen am Weg* berichtet Hammarskjöld davon, wie er schrittweise entdeckte, was dieses Ja zu seinem Nächsten und zu seinem Schicksal bedeuten und mit sich bringen würde, und von den verschiedenen Prüfungen und Versuchungen – des Fleisches, der Welt und des Teufels –, die es ihm wie uns allen so schwer machen, davon zu sprechen.

Wäre die Entscheidung, das Tagebuch zu veröffentlichen, bei mir gelegen, so hätte ich lieber den einführenden Brief an Leif Belfrage ausgelassen, wegen eines Satzes, der mir sowohl falsch als auch irreführend erscheint:

Das einzig richtige Profil, das man zeichnen könnte, ergeben diese Notizen.

Auch wenn das Buch ein so ausführliches und detailliertes »Bekenntnis« wäre wie die Bekenntnisse Boswells, Rousseaus oder Gides, so wäre die Behauptung dennoch falsch. Kein

Mensch kann sein eigenes »Profil« genau zeichnen, denn, wie Thoreau sagt: »Es ist ebenso schwierig, sich selbst zu sehen, wie rückwärts zu schauen, ohne sich umzudrehen.« In Wahrheit kennen unsere Freunde – und unsere Feinde – uns immer besser, als wir uns selbst kennen. Es gibt sicherlich einige Ergänzungen zu ihrem Bild von uns, die nur wir hinzufügen können, und diese betreffen in der Regel unsere Verletzlichkeiten und Schwächen.

So ist es zum Beispiel ein Axiom, daß wir alle glauben, viel rücksichtsvoller zu sein als andere Menschen, weil wir, wenn wir im Umgang mit anderen gedankenlos sind, dies im Augenblick nicht wahrzunehmen vermögen: bewußte Gedankenlosigkeit ist ein Widerspruch in sich.

Zweitens können wir uns kaum des Eindrucks erwehren, daß die meisten Menschen, mit denen wir zu tun haben, einen stärkeren Charakter hätten als wir. Wir können die anderen nicht bei ihren Entscheidungen beobachten; wir wissen nur, was sie tatsächlich tun und wie sie sich tatsächlich verhalten. Solange ihre Handlungen nicht kriminell sind, ihr Verhalten nicht ausgesprochen bösartig ist und ihre Leistung im Leben sich einigermaßen sehen lassen kann, erscheinen sie uns als starke Charaktere. Aber niemand kann sich selbst für einen starken Charakter halten, weil er sich natürlich aller Zweifel und Versuchungen, die jede wichtige Entscheidung begleiten, bewußt ist, wie erfolgreich er auch schließlich mit ihnen fertig werden mag. Wenn einer nicht gerade ein Gauner ist oder sein Leben gänzlich verpfuscht hat, wird er die Richtigkeit der folgenden Bemerkung von Cesare Pavese erkennen: »Wir alle können gute Taten tun, aber nur sehr wenige von uns können gute Gedanken denken.«

Wenn wir *Zeichen am Weg* lesen, ohne uns jederzeit bewußt zu bleiben, daß dieses Buch von einem Mann geschrieben wurde, der in der »Welt« großen Erfolg gehabt hat, dann werden wir die Bedeutung der Trauer und der »Unweltlichkeit« vieler Eintragungen nicht erfassen. Was wir hier lesen, bedarf zum Beispiel der Ergänzung durch Hammarskjölds öffentliche Reden – es gibt eine ausgezeichnete Auswahl von Wilder Foote, dem früheren Direktor der Presse- und Publikationsabteilung der Vereinten Nationen, von Harper & Row unter dem Titel »*Diener des Friedens*« 1962 veröffentlicht – und durch Berichte von anderen über den Eindruck, den Hammarskjöld auf sie gemacht hat.

Foote beispielsweise schreibt:

Er wurde aufrechterhalten und inspiriert von reinen und festgegründeten Glaubenssätzen und Idealen über das Leben und die menschlichen Beziehungen und hielt sich daran in Wort und Tat. Dazu kam ein brillanter, ordnender, pragmatischer und subtiler Geist, der blitzschnell begriff und reagierte, aber streng diszipliniert war. Nie verlor er den Sinn für die Wirklichkeit, und er war ebenso enttäuscht über Wunschdenken und seichten Optimismus wie über Zynismus und Eigennutz.

In Planung und Ausführung aller seiner Aufgaben war er ungemein sorgfältig, zeigte ruhige Toleranz und volles Verständnis für menschliche Schwächen – einschließlich seiner eigenen – und die harten Tatsachen, mit denen er rechnen mußte. Zugleich hatte er den Mut jener mittelalterlichen Mystiker, auf die er in seinem Glaubensbekenntnis hinweist . . . Dies, verbunden mit angeborener geistiger und physischer Ausdauer, hielt ihn aufrecht, wenn er in Krisenzeiten ganze Wochen lang achtzehn bis zwanzig Stunden täglich arbeitete.

Der dänische Diplomat Eyvind Bartels bezeugt in einer überwiegend unfreundlichen Rezension Hammarskjölds Voraussicht:

Es war kurz nach dem Krieg, als ich Hammarskjöld zum ersten Mal bei einer Konferenz zwischen Vertretern der dänischen und der schwedischen Regierung traf. Von seinen Freunden in der schwedischen Regierung wurde er als Wunderkind vorgestellt und machte auch auf uns diesen Eindruck. In einer langen Rede behandelte er Probleme der Wirtschaftspolitik in Hinblick auf die Vereinigten Staaten, die uns, die wir in einer brutaleren Welt als der schwedischen gelebt hatten, ziemlich fern zu liegen schienen. In der Rückschau kann man aber sehen, daß Hammarskjöld jene ökonomisch-politischen Probleme formuliert hatte, die später die atlantische Debatte beherrschten.

Das nächste Mal sah ich ihn 1947 in Paris während der Diskussion über den Marshall-Plan. Er bezeichnete die Dollar-Hilfe als minder wichtig und konzentrierte sich auf die zentrale Frage: die Folgen dieser neuartigen Kooperation für die Souveränität der einzelnen Länder. Damals schien uns das ein zu theoretischer Gesichtspunkt, aber auch hier kann man rückblickend sehen, daß Dag Hammarskjöld ein europäisches Problem erahnte, das heute so brennend ist wie je und noch keine Lösung gefunden hat.

Besonders interessant ist im Licht dieses Tagebuchs der Eindruck, den Hammarskjöld bei einem Mitstudenten in Uppsala, P. O. Ekelöf, hinterließ, mit dem er auf Campingreisen in Lappland ging:

> Sein Pflichtgefühl und sein Fleiß lasteten nicht schwer auf ihm. Er schien im Gegenteil eine glückliche Natur zu haben . . . Bei all seinem Intellektualismus, seinem Verantwortungsgefühl, seinem idealistischen Enthusiasmus steckte im jungen Dag Hammarskjöld etwas von einem verspielten Jungen. *(Ergo International,* Uppsala, 1963.)

Mein eigenes Zeugnis ist unwichtig, aber ich möchte es ablegen. So kurz und selten unsere Zusammenkünfte auch waren, liebte ich doch den Mann vom ersten Augenblick an. Sein Wissen und sein Verständnis für Poesie – das einzige Gebiet, auf dem ich kompetent war, die Qualität seines Geistes zu beurteilen – waren außerordentlich; es mag zwar anmaßend klingen, doch ich muß sagen, es bestand eine gegenseitige Sympathie zwischen uns, es gab einen unausgesprochenen Dialog unter unserer belanglosen Konversation. Ich ahnte die Einsamkeit und die religiöse Gesinnung, von denen sein Tagebuch berichtet; die beiden einzigen Dinge, die mich beim Übersetzen wirklich überraschten, waren seine Vertrautheit mit dem anglikanischen Psalter und seine Begeisterung für den Haiku als Gedichtform.

Was die früheren Eintragungen betrifft, so erhebt sich die Frage: Wann wurden sie geschrieben? Vor 1953 ist keine Eintragung genau datiert. In der schwedischen Ausgabe sind vier Seiten datiert 1925–1930, fünf 1941–1942, dreizehn 1945–1949, danach sind die Eintragungen jahrweise gruppiert. Im Dezember 1956 sagt Hammarskjöld:

> Diese Aufzeichnungen –? Sie waren Wegzeichen, aufgerichtet, als du an einen Punkt kamst, wo du sie brauchtest, einen festen Punkt, der nicht verlorengehen durfte.

Und er meint vermutlich diesen »festen Punkt«, wenn er in der Eintragung vom Pfingstsonntag 1961 schreibt:

> Aber einmal antwortete ich *ja* zu jemandem – oder zu etwas. Von dieser Stunde rührt die Gewißheit, daß das Dasein sinnvoll ist, und daß darum mein Leben in Unterwerfung ein Ziel hat.

Wann immer er diesen »festen Punkt« erreichte, es muß später gewesen sein als die Eintragung von 1952, in der er sagt:

> Sinnlos, was ich fordere: daß Leben Sinn haben soll. Unmöglich, wofür ich kämpfe, daß mein Leben Sinn erhalten soll.

Wollte man diese drei Aussagen wörtlich nehmen, dann müßte man annehmen, daß das ganze Buch nach der Eintragung von 1952 verfaßt wurde, und das ist sehr unwahrscheinlich. Anderseits fällt es schwer, zu glauben, daß die früheren Eintragungen, wie immer man sie auch interpretiert, in der vorliegenden Form zur selben Zeit wie die darin beschriebenen Ereignisse und Erfahrungen gemacht wurden. Am wahrscheinlichsten ist es, glaube ich, daß Hammarskjöld lange Zeit eine Art Tagebuch geführt und es nach dem entscheidenden Augenblick in seinem Leben, in dem er *ja* gesagt hatte, durchgesehen, vieles ausgeschieden, manche Eintragungen umgeschrieben und vielleicht einige neue hinzugefügt hat.

So beginnt und endet das Buch mit je einem Gedicht, und beide beschreiben eine *paysage moralisé*. Es ist kaum anzunehmen, daß dies ein bloßer Zufall ist. In dem einleitenden Gedicht spricht Hammarskjöld von einem Menschen,

> bereit, im einfachen Opfer
> alles zu fassen.

Ich kann einfach nicht glauben, daß er im Alter von zwanzig Jahren in denselben Ausdrücken dachte wie dreißig Jahre später. Es scheint mir sogar zweifelhaft, ob die letzte Eintragung des Jahres 1949 zu dieser Zeit geschrieben wurde:

> O Caesarea Philippi: Die Verurteilung als die Frucht und Voraussetzung des Einsatzes hinzunehmen, dies hinzunehmen, wenn man seinen Einsatz erkennt und wählt!

Manche Leute werden zweifellos solche nachträglichen Überarbeitungen (angenommen, sie wurden gemacht) als unehrlich ablehnen, aber eine solche Kritik ist ungerecht.

Meiner Überzeugung nach hat jedermann gleich mir die Erfahrung gemacht, daß keine »Entdeckung«, die wir über uns selbst oder über den Sinn des Lebens machen, je wie eine wissenschaftliche Entdeckung etwas ganz Neues und Unvermutetes zutage fördert: vielmehr nehmen wir bewußt Kenntnis von etwas, das wir eigentlich immer schon gewußt haben, von dem wir aber, weil wir nicht willens oder nicht fähig waren, es richtig zu formulieren, bisher nicht gewußt haben, daß wir es wußten. Wenn wir etwas umzuschreiben wünschen, das wir in jüngeren Jahren geschrieben haben, so deshalb, weil wir wissen, daß es falsch ist und auch schon falsch war, als es geschrieben wurde: was unsere wahrhafte Erfahrung war, wollten oder konnten wir damals nicht sagen. Für alle nicht nur rein sinnlichen Erfahrungen gilt die Maxime: *Credo ut intelligam.*

Von außen gesehen, war die Laufbahn Dag Hammarskjölds von Anfang an ein ununterbrochener Erfolg. Er ist ein brillanter Student. Nach einer kurzen Zeit als Lehrer tritt er in den Staatsdienst ein. Mit einunddreißig Jahren ist er Unterstaatssekretär im Finanzministerium, mit sechsunddreißig Präsident der schwedischen Nationalbank. Zusätzlich zu seinen durch Talent und Fleiß errungenen Erfolgen erscheint sein Leben, von außen betrachtet, ungewöhnlich glücklich. Er hat nie Armut kennengelernt, er erfreut sich ausgezeichneter Gesundheit, und als Bürger eines neutralen Landes bleiben ihm die Entbehrungen, Leiden und Schrecken, die der Krieg über die Mehrheit der Menschen in Europa brachte, erspart. Innerlich leidet er jedoch trotz all dieser Vorteile – zum Teil vielleicht gerade ihretwegen – große geistige Not. Das Porträt des erfolgreichen jungen Mannes, das uns in den ersten Seiten von *Zeichen am Weg* entgegentritt, ist das Bild einer jener »asymmetrischen« Naturen, die nur allzu leicht scheitern.

Ein ungewöhnlich aggressives Überich – das vor allem, wie ich vermute, aus der Beziehung zu seinem Vater stammt – verlangt, daß ein Hammarskjöld erfolgreicher und besser sei als andere Leute; anderseits ein Ich, geschwächt von einem »Dorn im Fleisch«, der ihn überzeugt, daß er nie zu erleben hoffen kann, was für die meisten Leute die beiden größten Freuden dieser Welt sind, nämlich eine leidenschaftliche und erwiderte Liebe oder eine lebenslange glückliche Ehe. Daraus folgte ein Gefühl persönlicher Minderwertigkeit, das sehr weit ging, denn es bewog ihn anscheinend, die Ehrlichkeit der

Freundschaft und Sympathie, die ihm stets reichlich entgegengebracht wurden, zu unterschätzen und sogar anzuzweifeln. Daraus resultierte auch eine narzißtische Beschäftigung mit der eigenen Person. In zweien seiner schärfsten Aphorismen weist er darauf hin, daß Narziß nicht das Opfer seiner Eitelkeit ist; sein Schicksal ist das eines Menschen, der auf sein Minderwertigkeitsgefühl mit Trotz reagiert.

Ferner war er, obwohl mit vielen brillanten Gaben ausgestattet, wie ich glaube, kein Genie, das heißt, kein Mensch mit einem einzigen, alles überschattenden Talent und einer Leidenschaft für eine spezifische Tätigkeit – sei es Dichtkunst oder Physik oder Naturbeobachtung –, die meist schon früh im Leben eines Menschen genau bestimmt, was seine Aufgabe auf Erden ist.

Hammarskjöld war zwar ein ausgezeichneter Wirtschaftsfachmann, aber ich denke nicht, daß seine Kollegen ihn als ein Originalgenie auf diesem Gebiet, wie zum Beispiel Keynes, betrachten würden. Genies sind die glücklichsten aller Sterblichen, weil sie das tun müssen, was sie am liebsten tun, und selbst wenn sie zu Lebzeiten nicht anerkannt werden, so ernten sie doch die wichtigste irdische Belohnung, nämlich die Gewißheit, daß ihr Werk gut ist und die Probe der Zeit bestehen wird. Ich befürchte, die Genies werden im Himmelreich die letzten sein – wenn sie überhaupt dorthin gelangen; sie haben ihren Lohn schon dahin.

Begabt sein, ohne zu wissen, wie man seine Begabung am besten einsetzen kann, sehr ehrgeizig sein und sich zugleich minderwertig fühlen, das ist eine gefährliche Kombination, die leicht in geistigem Zusammenbruch und Selbstmord enden kann. Wie die früheren Eintragungen zeigen, war Hammarskjöld der Gedanke an Selbstmord nicht fremd. Er beschreibt zwei Selbstmorde, die er vermutlich miterlebt hat, mit Faszination. Als er einen Autounfall hatte, war sein letzter Gedanke, bevor er das Bewußtsein verlor, ein glücklicher Gedanke: »Nun, so habe ich hier das Meinige getan.« Noch 1952 gibt er zu, daß der Selbstmord eine wirkliche Versuchung für ihn sei:

> So kannst du suchen, die Einsamkeit zu überwinden – eingeladen schließlich zur Flucht aus dem Leben. Dies nicht! Der Tod mag eine abschließende Gabe ans Leben sein, nicht ein Betrug.

Lang ehe er eine Lösung entdeckte, wußte Hammarskjöld schon, was sein Problem war – wenn er nicht untergehen sollte, mußte er lernen, sich selbst zu vergessen und einen Beruf zu finden, in dem er sich vergessen konnte –, und er wußte, daß dies nicht in seiner Macht stand. Der Übergang von der Verzweiflung an sich selbst zum Glauben an Gott scheint ein langsamer Prozeß gewesen zu sein, von Rückfällen unterbrochen. Zwei Fragen beschäftigten ihn vor allem. Erstens die Überzeugung, daß kein Mensch seine Aufgabe in diesem Leben richtig erfüllen kann, wenn er nicht lernt, sein Ich zu vergessen und nur als Werkzeug Gottes zu handeln. Zweitens die Überzeugung, daß der Weg, zu dem er berufen ist, ihn zum Kreuz führen wird, das heißt zu Leiden, Demütigung in der Welt und Opferung seines Lebens.

Beide Gedanken sind natürlich äußerst gefährlich. Der Mensch, der sagt: »Nicht ich, sondern Gott in mir«, ist immer in großer Gefahr, sich einzubilden, er *sei* Gott, und manche Kritiker zögerten nicht, Hammarskjöld eines solchen Größenwahns zu beschuldigen und zum Beweis Eintragungen wie die folgende zu zitieren:

> Wenn du versagst, dann ist es Gott, der durch deinen Betrug an ihm vor der Menschheit versagt. Du bildest dir ein, du könntest die Verantwortung Gott gegenüber tragen; kannst du die Verantwortung tragen *für* Gott?

Diese Anschuldigung kann durch nichts, was Hammarskjöld gesagt oder geschrieben hat, entkräftet werden, weil Demut und dämonischer Stolz die gleiche Sprache sprechen.

»An ihren Früchten aber sollt ihr sie erkennen.« Der Mensch, der sich für Gott hält, mag sich dessen nicht bewußt sein, aber er beginnt sich sehr bald so zu verhalten, daß andere es bemerken. Ein kleines Symptom ist zum Beispiel die Weigerung, anderen zuzuhören oder ihre Anwesenheit zu dulden, wenn sie nicht das sagen, was man zu hören wünscht. Und es dauert nicht lange, bis er alle anderen paranoid verdächtigt und sie zugleich zynisch verachtet. Wenn dies auf Hammarskjöld zuträfe, so hätten jene, die mit ihm zusammenarbeiteten oder mit ihm zu tun hatten, davon berichtet. Tatsächlich haben aber seine nächsten Mitarbeiter im Sekretariat alle von seiner ungewöhnlichen Geduld gesprochen, mit der er anhörte, was andere zu sagen hatten, und sogar als die

Russen ihm im Zusammenhang mit dem Kongo am heftigsten angriffen und ihn einen Mörder nannten, attackierten sie ihn als einen Agenten des Kapitalismus und nicht als einen selbsternannten Diktator, der seine eigenen Interessen verfolgt.

Hammarskjölds ständige Beschäftigung mit dem Opfer im wörtlichen, physischen Sinn ist vielleicht ein wenig gefährlicher, obwohl er sich des masochistischen Elements in seiner Natur wohl bewußt war.

> Der Grat zum Gipfel scheidet zwei Abgründe: den lustbetonten Todestrieb (vielleicht mit einem Einschlag von narzißtischem Masochismus) und die animalische Furcht des physischen Selbsterhaltungstriebs.

Ich bin nicht sicher, ob er nicht bis zu einem gewissen Grad seine Gedanken über dieses Thema färbte und entstellte. Ich ertappe mich bei der Frage: Wie hat er sich sein Ende vorgestellt? Hat er erwartet, wie Graf Bernadotte ermordet zu werden? Von einer wütenden Generalversammlung gelyncht zu werden? Oder einfach mit einem Herzanfall infolge von Überarbeitung tot umzufallen? Wie wir alle wissen, *wurde* er in Ausübung seiner Pflichten getötet, es ist aber schwer, sich einen Flugzeugabsturz als eine »Opferung« in dem Sinn, in dem Hammarskjöld das Wort gebraucht, vorzustellen. Das könnte jedem von uns passieren, ganz unabhängig vom »Engagement«.

Anderseits glaube ich nicht, daß er übertreibt, wenn er sein Leben als Generalsekretär, trotz allen Anregungen und den dankbar vermerkten Augenblicken glücklicher Befriedigung, als eine *via crucis* darstellt. Der Generalsekretär der UNO, sagte er mir einmal scherzend, sei gleichsam ein weltlicher Papst, und der päpstliche Thron sei eine einsame Höhe. Als Haupt einer internationalen Organisation kann der Generalsekretär es sich nicht leisten, persönliche Vorlieben für den einen oder anderen zu zeigen, denn jede Bevorzugung würde den Verdacht unzulässiger Einflußnahme erregen. Er hat aber auch einfach keine Zeit, privat mit Freunden zusammenzukommen. Zu dem seelischen Leiden der Einsamkeit, dem Gefühl, »die Welt, die ihn gemacht hat«, hinter sich lassen zu müssen, kam das schlichte physische Leiden ständiger Nervenanspannung und Überarbeitung hinzu, noch verschlimmert durch Hammarskjölds extreme Gewissenhaftigkeit. Wenn der

Leser bei den Eintragungen zwischen 1953 und 1957 manchmal ungeduldig wird – und ich muß gestehen, daß auch ich es wurde – über den unerschütterlichen Ernst und die häufigen Wiederholungen, dann sollte er bedenken, daß der Verfasser sich zumeist am Rand der geistigen und physischen Erschöpfung befunden haben muß. Von einem Mann, der wochenlang jede Nacht nur vier bis fünf Stunden schläft, kann man kaum Heiterkeit oder Sinn für stilistische Feinheiten erwarten. Der Leser möge auch daran denken, daß ein Mensch, der wie Hammarskjöld entschlossen ist, aus seiner Tätigkeit alle selbstsüchtigen oder ichbezogenen Motive zu eliminieren, nur für das Wohl der anderen und für die Ehre Gottes zu arbeiten, damit seinem »Fleisch« die einzigen Tröstungen, wie die Aussicht auf Geld oder Ruhm, entzieht, die ihn für seine Mühen entschädigen könnten. Wie Simone Weil schreibt:

> Dieselben Leiden sind um eines edlen Motivs willen viel schwerer zu ertragen als um eines niedrigen willen. Den Leuten, die von ein bis acht Uhr morgens bewegungslos Schlange standen, um ein Ei zu bekommen, wäre es schwergefallen, dasselbe zu tun, um ein Menschenleben zu retten.

Und schließlich glaube ich nicht, daß für einen Mann von Hammarskjölds Temperament die Politik das »natürliche« Milieu war. Seiner Ausbildung nach war er ein Beamter, das heißt einer, dem es obliegt, eine Politik auszuführen, aber nicht, über sie zu entscheiden. Er darf auf Grund seiner Erfahrung oder seiner Überzeugung für oder gegen eine bestimmte Politik sprechen, aber der Minister entscheidet, und der Beamte muß diese Entscheidung ausführen. Dies bedeutet, daß er, obwohl im öffentlichen Dienst stehend, der Arena des öffentlichen Lebens und der öffentlichen Kontroversen fernbleibt. Dem Ideal nach sollte die Stellung eines Generalsekretärs der Vereinten Nationen die eines internationalen Beamten sein, aber solange die Welt politisch in eine große Anzahl souveräner Staaten zerfällt, die oft miteinander im Streit liegen, ist es zwangsläufig eine politische Position. Mehrmals geriet Hammarskjöld in die Lage, politische Entscheidungen treffen zu müssen, entweder weil er beauftragt wurde oder weil ein Patt zwischen den Großmächten ihm keine andere Wahl ließ. Seine Auffassung von der »Neutralität« des Generalsekretärs in solchen Situationen läßt sich am besten mit seinen eigenen Worten definieren:

Es wird von ihm nicht verlangt, neutral in dem Sinn zu sein, daß er keine Sympathien oder Antipathien hat, daß es keine ihm persönlich naheliegenden Interessen gibt, daß er keine Ideen und keine Ideale habe, die ihm viel bedeuten. Es wird jedoch von ihm verlangt, daß er sich solcher menschlicher Reaktionen voll bewußt ist und daß er sich Zügel anlegt, damit sie seine Handlungen nicht beeinflussen. Dies ist nichts Einzigartiges. Unterliegt nicht jeder Richter beruflich derselben Verpflichtung? . . .

Letztlich ist es eine Frage der Integrität, und wenn Integrität im Sinne von Achtung des Gesetzes und der Wahrheit ihn in Konflikte mit diesen oder jenen Interessen bringt, dann ist dieser Konflikt ein Zeichen seiner Neutralität und nicht eines Mangels an Neutralität – dann liegt es im Sinne seiner Pflichten und steht nicht in Konflikt mit seinen Pflichten als internationaler Beamter.

(Ansprache an der Universität Oxford, 30. Mai 1961)

Und solche Konflikte gab es natürlich.

Das Milieu des Politikers ist die Arena der öffentlichen Auseinandersetzung, und um sich dort wohl zu fühlen, muß man eine sehr dicke Haut haben, die den schärfsten und giftigsten Pfeilen widersteht. Aus diesem Buch bekommt man den Eindruck, daß Hammarskjöld nicht nur keine solche dicke Haut hatte, sondern sogar eine dünnere als die meisten anderen Menschen. Er scheint jede Kritik, mochte sie noch so offensichtlich durch parteiische oder nationale Interessen motiviert sein, als einen Angriff auf seine persönliche Integrität empfunden zu haben, und diese Empfindlichkeit hat ihm zweifellos das Leben besonders dann schwergemacht, wenn er in sehr kontroverse politische Probleme verwickelt war.

Ich freue mich jedoch, daß er in den letzten drei Jahren seines Lebens Gedichte zu schreiben begann, denn das ist für mich der Beweis, daß er endlich zu jener Abgeklärtheit gelangt war, um die er so lange gebetet hatte. Wenn ein Mensch sich mit Silbenzählen beschäftigen kann, dann hat er entweder noch gar keine geistige Kletterpartie versucht, oder er ist über den Berg.

Vom rein ästhetischen Standpunkt aus sind die Eintragungen von ungleichem Wert. Hammarskjöld war, wie mir scheint, im Grunde ein »Gelegenheitsschreiber«, das heißt, Hammarskjöld über Hammarskjöld, über seine persönlichen

Erfahrungen, Gefühle, Zweifel, Selbstvorwürfe ist immer interessant, wenn er aber allgemeine Aussagen über das Wesen des geistigen Lebens oder die »Nichtung« des Selbst aufstellt, hat man das Gefühl, alles schon woanders gelesen zu haben, bei Meister Eckhart, beim heiligen Johannes vom Kreuz, in *The Cloud of Unknowing* oder bei Juliana von Norwich. Ihm fehlt die Originalität der Einsichten in allgemeine Probleme, wie andere Zeitgenossen, beispielsweise Simone Weil oder Charles William, sie haben.

Die *Zeichen am Weg* sind allerdings nicht dazu bestimmt, einfach als Literatur gelesen zu werden. Sie sind auch ein historisches Dokument erster Ordnung, als der meines Wissens erste Bericht über den Versuch eines Tatmenschen von Berufs wegen, in seinem Leben die *via activa* mit der *via contemplativa* zu vereinen. Die meisten berühmten Mystiker gehörten irgendeinem kontemplativen Orden an; von Zeit zu Zeit gaben sie vielleicht, gebeten oder ungebeten, weltlichen oder geistlichen Fürsten Ratschläge, aber sie betrachteten die Erteilung von Ratschlägen und die Teilnahme an weltlichen Angelegenheiten nie als ihre eigentliche Funktion.

Es hat Männer gegeben, die – wie beispielsweise Lancelot Andrewes – hohe Stellungen in der Kirche bekleideten und Berichte über ihr privates religiöses Leben hinterließen, doch spielte sich ihre Tätigkeit in der kirchlichen, nicht in der weltlichen Sphäre ab. Sowohl der Mystiker, Mönch oder Nonne, als auch der fromme Bischof wären sicherlich sehr erstaunt über folgende Erklärung Hammarskjölds:

> In unserer Zeit geht der Weg zur Heiligkeit notwendigerweise durch die Welt der Tat.

Wie die Berichte der Mystiker zeigen, ist die größte Versuchung des kontemplativen Lebens – und viele Mystiker sind zeitweilig dieser Versuchung erlegen – die eine oder andere Form des Quietismus, eine Gleichgültigkeit und sogar Abneigung nicht nur gegen die »Werke« im konventionellen Sinn, sondern gegen alle institutionellen und intellektuellen Aspekte des menschlichen Lebens. Als Berufsbeamter, als Chef einer komplexen Institution und als Volkswirt war Hammarskjöld in seinem öffentlichen Leben gegen diese Versuchung gefeit und nur jenen »weltlichen« Versuchungen ausgesetzt, die, weil viel leichter zu erkennen, weniger gefährlich sind. Ich bin aber nicht sicher, ob er ihnen in seinem persönlichen religiösen Leben gänzlich entgangen ist. Professor Whitehead war ein sehr weiser Mann, aber er hat einmal etwas sehr Dummes gesagt: »Religion ist das, was ein Mensch mit seiner Einsamkeit anfängt.« Hammarskjölds Religion, wie sie sich in *Zeichen am Weg* offenbart, scheint mir einsamer und privater gewesen zu sein, als sie sollte. Er verstand sehr wohl solche biblische Gebote wie: »Wenn du Almosen gibst, laß deine linke Hand nicht wissen, was die rechte tut«, und: »Wenn du fastest, salbe dein Haupt und wasche dein Angesicht, daß du nicht scheinst mit deinem Fasten«, und er tat auch sein Bestes, sie auszuführen; über andere aber, etwa: »Wo zwei oder drei in meinem Namen versammelt sind, da bin ich mitten unter ihnen«, scheint er nicht viel nachgedacht zu haben. Er war auch vielleicht ein wenig zu unduldsam gegen lehrhafte Formulierungen: die dogmatische Theologie mag zwar wie die Grammatik ein langweiliges Thema sein, außer für Spezialisten, sie ist aber, wie die grammatischen Regeln, eine Notwendigkeit. Möglicherweise war seine Nichtteilnahme am liturgischen und sakramentalen Leben einer Kirche ein bewußter Verzicht, vielleicht meinte er, ein öffentliches Bekenntnis zu einer bestimmten christlichen Gemeinschaft würde ihn als Generalsekretär zu sehr als »westlich« abstempeln, aber es gibt in seinem Tagebuch keinen Hinweis darauf, daß er ein solches Bekenntnis gewünscht hätte. Ich jedenfalls bedaure es für ihn, weil gerade der introvertierte Intellektuelle am meisten der kirchlichen Routine bedarf, sowohl als Disziplin wie als Erfrischung.

Wie frivol erscheinen aber alle diese Einwände in Anbetracht des Eindrucks, den das Buch als Ganzes macht: Wenn man es ausgelesen hat, dann weiß man, daß man die Ehre hatte, einen großen, guten und liebenswerten Menschen kennenzulernen.

Wie es uns schien

Evelyn Waugh beginnt den ersten Band seiner Autobiographie mit den Worten:

> Erst wenn man auf die Zukunft nicht mehr neugierig ist, hat man das Alter erreicht, um eine Autobiographie zu schreiben.

Wenn ich glaubte, daß Waugh das wörtlich gemeint hat, täte er mir sehr leid, und auch ich, als einer seiner Leser, täte mir leid, denn es würde bedeuten, daß er nicht die Absicht hat, jemals noch eine Zeile zu schreiben, daß alles, was er sich wünscht, ein schneller Tod ist. Ich bin mir jedoch gewiß, daß er nur meint, ein Mensch sollte keine Autobiographie schreiben, ehe er seiner Identität sicher genug ist, um zu wissen, daß nichts, was er von nun an schreibt oder tut, ihn selbst oder andere besonders überraschen kann. Mit einundsechzig Jahren weiß Mr. Waugh, daß er, wie viele Jahre ihm auch noch gegönnt sein mögen, sicherlich nicht mit einem Dienstmädchen durchbrennen, ein Plymouth Brother werden oder ein Epos in Spenserschen Stanzen verfassen wird. Mit anderen Worten, der Rest seines Lebens wird, abgesehen von den Romanen, die er noch schreiben mag, kaum von großem Interesse sein für jemand anderen als ihn selbst, seine Familie und seine Freunde.

Damit eine Autobiographie, wie jede andere Geschichte, wirklich interessant wird, genügt es nicht, daß der Leser sich Gedanken macht, wie es weitergeht; auch der Held muß sich im Ungewissen befinden. Wie Leonard Woolf so treffend über einen Kritiker sagt:

> Er . . . glaubt wirklich, daß, weil etwas geschehen ist, gerade dies und nichts anderes geschehen mußte. Da Desmond (MacCarthy) nie einen Roman geschrieben hat, hätte er auch nie einen schreiben können. Das simplifiziert das Leben, die Geschichte und die Menschen, und wenn es

wahr wäre, brauchte man keine Biographien und Autobiographien zu schreiben oder zu rezensieren.

Das Hauptmotiv für das Schreiben einer Autobiographie, sagt Waugh, ist der Wunsch, die jüngste Vergangenheit zu verstehen. Ich stimme ihm zu. Liest man eine Autobiographie, in der eine Zeit, ein Land und eine Klasse, die einem vertraut sind, beschrieben werden, so beginnt man seine eigene aufzusetzen, und ich kann Woolfs *Beginning Again* und Waughs *A Little Learning* nur so beurteilen, wie ich sie gelesen habe, das heißt als ein Beteiligter. Ich finde dabei folgende Rechtfertigung für meine Nachsicht gegen mich selbst: Ich weiß nicht, ob Woolf und Waugh einander jemals begegnet sind, aber ich kann mir nicht vorstellen, daß ihr Zusammentreffen ein Erfolg gewesen wäre. Die Abneigung des einen gegen Gott und des anderen gegen die sozial-liberale Weltanschauung hätte einen Dialog sehr schwierig gemacht. Wenn ich auch mit keinem von beiden gänzlich übereinstimme, fühle ich mich doch Evelyn Waugh in theologischer und Leonard Woolf in politischer Hinsicht nahe genug, um als Moderator zu fungieren.

Die Namen Leonard Woolf und Evelyn Waugh sind dem Publikum bekannt, und wer einen bekannten Namen hat, den umgibt auch eine Legende. Manche dieser Legenden vergrößern ihr Opfer, andere verkleinern es. Für jene, die Leonard Woolf nicht persönlich kennen, ruft sein Name nicht die Vorstellung einer Person, sondern die eines Schattens herauf – es ist der Mann von Virginia Woolf, ein Teilhaber der Hogarth Press, ein *New Statesman*-Typ, der sich natürlich ebenso wie der erste Herausgeber, Clifford Sharp, leidenschaftlich für Kollektivierung und Drainage engagieren muß. 1908 gewann er beim Rennen sechshundertneunzig Pfund, und das war, wie er sagt, der Anlaß für die Legende, er und Virginia hätten die Hogarth Press mit Gewinnen aus Pferdewetten finanziert. Es ist charakteristisch für *seine* Legende, daß zur Zeit, als die Geschichte bis zu mir gelangte, erzählt wurde, Virginia hätte das Geld gewonnen.

Der legendäre Evelyn Waugh ist anderseits so übertrieben deutlich wie eine Dickens-Figur – ein phantastischer, cholerischer Snob im Landjunker-Tweedrock, der es, obwohl er ein Christ ist, auffallend an christlicher Nächstenliebe fehlen läßt. Nun aber, da sie beide ihre Autobiographie veröffentlicht haben, wird kein Leser wieder diese Legenden ernstnehmen können. Woolf erweist sich als ein Mensch von Fleisch und Blut, nicht als Kollektivist, und Waugh als großzügig, gerecht und bescheiden. Ich habe nur zwei Bemerkungen gefunden, bei jedem eine, die eher von ihrer legendären als von ihrer wirklichen Person zu stammen scheinen:

> Es stand, wie ich noch immer glaube, auf des Messers Schneide, ob die Bewegung für politische und soziale Freiheit und Gleichheit und für Zivilisation, die im ersten Jahrzehnt des zwanzigsten Jahrhunderts stark war, so stark werden würde, daß sie alles mit sich riß. *Ihre Feinde sahen die Gefahr, und die Folge war der Krieg von 1914; sie haben die Gefahr, daß wir zivilisierte Menschen werden könnten, um mindestens hundert Jahre hinausgeschoben.* (Hervorhebung von mir.)

Die Vorstellung einer solchen bösartigen Verschwörung ist *New Statesman*-Verfolgungswahn.

> Heute gibt es (anstelle von Literaturkennern) Reporter von Massenblättern, die lieber Autoren interviewen als deren Werke rezensieren; es gibt die Fernseh-Charmeure; *es gibt die in staatlichen Schulen ausgebildeten Berufskritiker mit ihrem rauhen Jargon und ihrem beschränkten Geschmack.* (Hervorhebung von mir.)

Ich schätze die Kritiker, die Waugh meint, ebensowenig wie er, aber die Vorstellung, sie kämen alle aus den unteren Schichten, ist eine snobistische Phantasie.

Wenn man über die jüngste Vergangenheit liest, ist es faszinierend, die fortschreitende Verkürzung der Zeit zu beobachten. Im Jahre 1911, mit dem Woolfs dritter Band beginnt, waren Waugh und ich schon auf der Welt, aber Woolf war ein Mann von dreißig, Waugh ein Knabe von acht und ich ein Kind von vier Jahren, und wir lebten daher in drei verschiedenen Welten. Heute sind Waugh und ich praktisch gleichaltrig, und der Altersunterschied zwischen uns und dem vierundachtzigjährigen Woolf wiegt weniger, als die dreieinhalb Jahre zwischen mir und Waugh im Jahre 1919 wogen, als er gerade sechzehn wurde und ich zwölf war. Nach hundert Jahren wird niemand wissen oder sich dafür interessieren, welcher von uns dreien zuerst geboren wurde.

Ich sehe keine andere Möglichkeit, unsere jeweiligen Erfahrungen zu vergleichen, als sie unter verschiedenen Aspekten zu klassifizieren.

Vorgeschichte

1880. L. W. in Kensington, London, geboren. Arthur Waugh, 14, Oberschüler der ersten Klasse in Sherborne, Dorset. George Auden, acht, in der ersten Klasse der Grundschule in Repton, Derbyshire.

1885. Arthur Waugh inskribiert am New College in Oxford, studiert alte und neue Sprachen.

1890. George Auden inskribiert am Christ's College in Cambridge. Hört Naturgeschichte als Vorbereitung zum Medizinstudium.

1892. L. W.s Vater stirbt plötzlich.

1892–1894. L. W. im Internat der Arlington House School bei Brighton.

1893. Arthur Waugh heiratet Catherine Raban.

1894–1899. L. W. als Tagesschüler an der St. Paul's School, London. Während dieser Jahre praktiziert George Auden im St.-Bartholomew-Spital. 1898: Alec Waugh geboren. 1899: George Auden heiratet Constance Bicknell und eröffnet eine Praxis in York.

1899–1904. L. W. am Trinity College, Cambridge. Studiert klassische Sprachen und bleibt ein Jahr länger, um sich auf die Prüfung für den Staatsdienst vorzubereiten. 1900: Bernard Auden geboren. 1902: Arthur Waugh wird Direktor des Verlagshauses Chapman & Hall. 1903: E. W. geboren in Hampstead, London. John Auden geboren.

1904. L. W. reist nach Ceylon mit neunzig Bänden Voltaire und einem Drahthaarfoxterrier.

1904–1911. L. W. als Verwaltungsbeamter in Ceylon. 1907: Arthur Waugh baut sich ein Haus in North End, Hampstead (Postadresse später auf Golders Green geändert). W. H. A. geboren. 1908: George Auden gibt seine Praxis in York auf, um Schularzt in Birmingham zu werden. 1910: E. W. wird Tagesschüler an der Heath Mount School in Hampstead und schreibt seinen ersten Roman.

Erbmasse

Der Abstammung nach ist Woolf Jude, Waugh und ich sind Arier – er eine Mischung aus Schotten, Iren, Walisern, Engländern und Hugenotten; ich, soviel ich weiß, bin rein nordischer Herkunft. Woolf erwähnt keinen einzigen Fall, weder in der Schule noch später, in dem er als Jude verspottet wurde. Ich hoffe, das bedeutet, daß es keinen solchen Fall gab. Im Bürgertum jener Zeit war ein milder und größtenteils ganz gedankenloser Antisemitismus weit verbreitet. (Es ist sehr bedauerlich, daß sich in einer an Reimen so armen Sprache wie der englischen die Wörter »Jew« und »Jews« auf so vieles reimen, denn das hat zur Abfassung vieler billiger Spottverse über die Juden geführt.)

Der sozialen Herkunft nach stammen wir alle aus dem Intelligenzbürgertum: Woolfs Vater war Rechtsanwalt, Waughs Vater Verleger, meiner Arzt. Die Familie Woolf war erst kürzlich in diese Schicht aufgestiegen, von Leonards Großvätern war der eine ein erfolgreicher Schneider, der andere Diamantenhändler; die Familien Waugh und Auden gehörten ihr seit einigen Generationen an. Es war ein beliebtes Spiel bei den Kindern dieser Schicht, durch Abzählen von Pflaumenkernen auf ihren Tellern ihre künftige Laufbahn zu erraten: »Heer, Marine, Jus, Kirche.« Mein Vater war, wie Waughs Großvater väterlicherseits, Arzt, und der soziale Status eines Mediziners war bis zum Ende des neunzehnten Jahrhunderts unsicher. Als meine Mutter sich 1898 mit meinem Vater verlobte, sagte eine ihrer Schwestern, die mit einem Pastor verheiratet war: »Wenn du diesen Mann heiratest, so weißt du, daß dich niemand besuchen wird.« Der typische Snobismus dieses Intelligenzbürgertums äußerte sich in der Verachtung für Geschäftsleute oder »Leute im Handel«, wie man sagte (aus mysteriösen Gründen galt das Verlagsgeschäft nicht als Handel), und für nichtanglikanische Protestanten; Katholiken mochten exzentrisch oder gar unmoralisch sein, aber dank der Existenz alter katholischer Familien wie der Norfolks konnten sie nicht als gesellschaftlich minderwertig betrachtet werden. Ein weiterer Ausdruck des Snobismus, der zwar moralisch weniger verwerflich war, aber ernstere praktische Konsequenzen hatte, bestand in der Mißachtung der Naturwissenschaft. Als einzige für einen Gentleman passende Erziehung galt das Studium der alten Sprachen, sowohl an der Oberschule als auch an der Universität. Waugh gibt aus seiner eigenen Erfahrung einige ausgezeichnete Illustrationen dieser Einstellung:

> Eine der ertragreichsten Verbindungen war für Chapman & Hall die Zusammenarbeit mit einem amerikanischen Verlag

für technische Literatur, dessen Vertretung in England sie hatten. Er (mein Vater) hielt diese Verbindung beinahe für anrüchig und die Vertreter der amerikanischen Firma für noch weniger der Beachtung wert als einen zweitklassigen Dichter ... Die Besuche dieser wertvollen amerikanischen Kunden beschränkten sich strikt auf einen Austausch von Höflichkeiten in seinem Büro, und dann wurden sie sofort an einen jungen Mann mit wissenschaftlicher Bildung weitergereicht, den er mehr als Untergebenen denn als Kollegen betrachtete. Er lud diese Männer, die 3000 Meilen weit gereist waren, um ihm ein Geschäft zu bringen, nie in sein Haus ein ...

In der Schule zeigten wir unsere Verachtung für die »Stinker«-Fächer und empörten uns, daß wir, in der humanistischen Richtung, gezwungen wurden, sie ein- oder zweimal in der Woche zu studieren. Naturwissenschaftler wurden als eine sozial minderwertige Kategorie betrachtet, und wir behandelten unsere Lehrer in diesen Fächern von oben herab ...

Mathematiker wurden respektiert, man fand aber, sie wären nicht am richtigen Platz, sie sollten in Cambridge sein. Angeblich gab es ein Laboratorium irgendwo bei Keble, ich habe aber nie jemanden getroffen, der dort gearbeitet hat. Kein Professor von Hertford hatte, als ich dorthin ging, irgendeine Verbindung mit der Naturwissenschaft.

Dieser Snobismus zumindest blieb mir glücklicherweise erspart. In der Bibliothek meines Vaters standen naturwissenschaftliche Bücher Seite an Seite mit Poesie und Prosa, und es wäre mir nie eingefallen, die einen für weniger »humanistisch« zu halten als die anderen. Ich bin sehr froh darüber, daß ich ebenso wie Woolf und Waugh meine ersten sechs Schuljahre hauptsächlich mit dem Studium von Latein und Griechisch verbrachte, denn ich teile durchaus Waughs Überzeugung vom Wert dieses Studiums:

Heute kann ich kein Wort Griechisch mehr. Ich habe nie zum Vergnügen Latein gelesen, und es würde mir schwerfallen, auch nur den einfachsten Grabspruch auf Latein zu verfassen. Ich bedaure aber meine oberflächlichen klassischen Studien nicht. Ich glaube, daß ihre übliche Verteidigung berechtigt ist: nur durch sie lernt ein Knabe verstehen, daß ein Satz eine logische Konstruktion ist und daß die Wörter unveränderliche Grundbedeutungen haben, von denen abzuweichen entweder eine bewußte Metapher oder eine unentschuldbare Vulgarität ist.

Obwohl ich bald erkannte, daß ich nicht zum Naturwissenschaftler geboren war, bin ich doch froh, daß ich meine beiden letzten Schuljahre ausschließlich mit dem Studium von Chemie, Zoologie und Botanik verbrachte.

Genealogien sind etwas sehr Schönes, vorausgesetzt, sie führen nicht zu der seltsamen Einbildung, manche Familien seien älter als andere. Ich wünschte, Leonard Woolf hätte uns mehr über seine Ahnen berichtet, und ich wüßte über meine Vorfahren so viel wie Evelyn Waugh über die seinen. Wer wäre nicht glücklich, von William Morgan, Mitglied der Royal Society (1750–1833), abzustammen, einem klumpfüßigen Unitarier, Jakobiner und Mathematiker, der als erster im Versicherungswesen statistische Methoden anwandte, oder von Thomas Gosse (1765–1844), einem wandernden Porträtmaler, der nach einer Vision des auferstandenen Christus »eine solche Sicherheit über seine ewige Seligkeit erlangte, daß ihm sein weltliches Wohlergehen und später das seiner Familie ganz unwichtig wurde«? Von meiner Familie mütterlicherseits wüßte ich zum Beispiel gern mehr über Hochwürden Dr. Birch, der eine Zeitlang Lehrer des jungen Prinzen von Wales, des späteren Edward VII., war – ein undankbarer Posten, den er verlor, als die Königin erfuhr, daß er mit den Puseyiten sympathisierte –, und über Miss Bicknell, die zum Kummer ihrer Eltern den Maler Constable heiratete. So geht mein sicheres Wissen nicht weiter als bis zu meinen Großeltern, aber meine zwölf Onkel und Tanten – sechs auf jeder Seite – haben mir einiges Verständnis für die Unterschiede zwischen den Auden-Hopkins- und den Bicknell-Birch-Elementen in meinem Charakter gegeben. Meine Großväter waren beide Geistliche der anglikanischen Hochkirche und starben beide in mittleren Jahren an Herzversagen. Mein Großvater mütterlicherseits war offenbar ein Sadist, wie Waughs Großvater väterlicherseits, denn seine Söhne tanzten vor Freude um den Tisch, als sie hörten, daß er gestorben war. Weder Woolf noch Waugh scheinen auf ein Phänomen getroffen zu sein, das in großen viktorianischen Familien nicht ungewöhnlich war: Ich hatte einen Onkel väterlicher- und eine Tante mütterlicherseits, die, wie man heute euphemistisch sagt, »geistig zurückgeblieben« waren. Onkel Lewis wurde von einer Haushälterin betraut, Tante Daisy von anglikanischen Nonnen.

Im allgemeinen waren die Verwandten meines Vaters phlegmatisch, ernst, eher langsam, zum Geiz neigend und von ausgezeichneter Gesundheit; die meiner Mutter waren rasch, ungeduldig, freigebig, aber anfällig für Krankheiten, Hysterie und Neurosen. Bis auf die Kränklichkeit bin ich ihnen nachgeraten.

Eltern und Familienleben

Alle drei begannen wir das Leben mit dem ungeheuren Vorteil, Eltern zu haben, die uns wirklich liebten und liebevoll behandelten. Unsere Einsicht als Erwachsene sagt uns außerdem, daß sie trotz ihrer kleinen Eigenheiten und Schwächen liebens- und bewundernswerte Menschen waren.

Ich weiß nicht, ob das bei allen Kindern so ist, aber jeder, den ich befragt habe, sagt mir, daß auch er seine Eltern so klassifizierte wie ich: Ein Elternteil repräsentierte Stabilität, gesunden Menschenverstand, Realismus, der andere Überraschung, Exzentrizität, Phantasie. In meinem Fall vertrat mein Vater die ersten, die Mutter die zweiten Eigenschaften. Leonard Woolf verlor mit elf Jahren seinen Vater, und aus der Beschreibung seiner Eltern geht die Klassifikation nicht ganz klar hervor, aber ich glaube, sie war die gleiche wie bei mir:

> Er war sicherlich intelligent, zurückhaltend und jähzornig, aber auch sehr nervös und reizbar, und obwohl er normalerweise sehr freundlich war, konnte er Dumme und ihre Dummheit weniger vertragen als irgendein Mensch, den ich kenne. Er war zwar kein orthodoxer Jude, hatte aber einen überaus strengen Moralkodex, doch so weit ich mich erinnere, ereiferte er sich weder für die Rechtschaffenheit noch gegen die Sünde ...
>
> (Meine Mutter) lebte in einer Traumwelt, die sich um sie und ihre neun Kinder drehte. Es war die beste aller vorstellbaren Welten, ein Märchenland mit neun vollkommenen Kindern, die ihre Mutter, der sie alles verdankten, anbeteten, einander liebten und das Andenken ihres verstorbenen Vaters ehrten. Nichts, was tatsächlich geschah,

keine noch so finsteren, ihrem Traum widersprechenden Fakten konnten sie zum Zweifel an dessen Realität und Rosigkeit bewegen. Daß irgend jemand, besonders eines ihrer eigenen Kinder, daran zweifeln konnte, war das einzige in ihrem Leben, das sie wirklich kränkte.

Bei Evelyn Waugh ist die Klassifikation ganz eindeutig. Mama repräsentierte die Vernunft, Papa die Exzentrizität:

Meine Mutter war klein, adrett, zurückhaltend und bis auf ihre letzten zehn Lebensjahre sehr aktiv ... Sie hätte lieber auf dem Land gelebt, und von ihr habe ich gelernt, daß Städte Orte des Exils sind, wo die Unglücklichen zusammengedrängt leben und auf ungesunde und unnatürliche Weise ihren Lebensunterhalt verdienen. Sie mußte sich damit begnügen, ihren Hund auf die Hampstead Heath spazierenzuführen und im Garten zu arbeiten. Dort verbrachte sie viele Stunden, völlig hingegeben an die Beschäftigung, welke Stengel abzuschneiden, zu pflanzen, zu gießen, Unkraut zu jäten ... Ihre Blumen interessierten sie nicht mehr als ihr Obst und ihr Gemüse ... Sie erinnert mich weniger an Lilien als an erdige Waschlederhandschuhe und Körbe voll Artischocken und roten und schwarzen Johannisbeeren ...

(Mein Vater) war hervorragend bei Scharaden, die eine große Rolle in unserem Familienleben spielten, besonders zu Weihnachten. Ich glaube, er war für einen Amateur wirklich begabt, mit der größten Virtuosität aber spielte er in der alltäglichen Routine seines Privatlebens. Wenn er Besucher begrüßte, war er Mr. Hardcastle, wenn er sich über die Undankbarkeit seiner Söhne aufregte, war er Lear. Zwischen diesen beiden Extremen versorgten ihn alle sympathischeren Dickens-Figuren mit Rollen, die er von Zeit zu Zeit unwillkürlich übernahm ... Nie war er lange schlecht gelaunt. Er hatte ein merkurisches Temperament, und ein humorvolles Wort oder eine Anerkennung riß ihn sofort aus der schwärzesten Depression. Sogar bei seinem Husten und Keuchen, so echt und besorgniserregend es war, hörte er nicht zu spielen auf und würzte seine Anfälle mit Zitaten, in denen der Tod als Erlöser angerufen wurde. Seine Seufzer hätte man bis in die letzte Reihe der Galerie im Drury-Lane-Theater gehört.

Ich habe nicht, wie Leonard Woolf, meinen Vater physisch durch den Tod verloren, sondern ich verlor ihn bis zu einem gewissen Grad psychologisch. Ich war sieben – in dem Alter, in dem, wie Evelyn Waugh sagt, ein Sohn seinen Vater richtig zu beachten beginnt und ihn am meisten braucht –, als er zum Militärärztekorps einrückte, und sah ihn nicht wieder, bis ich zwölfeinhalb war. Das ist wahrscheinlich der Grund, weshalb wir, obwohl wir uns gut vertrugen – Streit hatte ich nur mit meiner Mutter –, einander nie richtig kennenlernten. Er war der sanfteste und selbstloseste Mann, den ich je getroffen habe – zu sanft, wie ich manchmal denke, denn als Ehemann stand er unter dem Pantoffel. Meine Mutter, die ich sehr gut verstand, konnte unter Umständen sehr eigen sein. Als ich acht Jahre alt war, lehrte sie mich Worte und Musik der Liebestrank-Szene aus dem *Tristan*, und wir sangen sie oft miteinander.

Die Kindheit Leonard Woolfs scheint weniger glücklich gewesen zu sein als die ungetrübte Kinderzeit, an die Waugh und ich uns erinnern. Der Tod seines Vaters war für ihn ein schwerer Schlag, und obwohl er sich von seiner Mutter nicht ungeliebt wußte, fühlte er doch, daß sie ihn weniger liebte als die anderen Kinder. Wenn er von seinen ersten numinosen Erlebnissen spricht, so sind die beiden Erfahrungen, an die er sich am besten erinnert, nicht Visionen der Freude, sondern der Furcht:

> Ich stand allein auf dem Flecken schorfigen Grases und betrachtete die Spinnen; ich spüre noch den Geruch von saurer Erde und Efeu; und plötzlich wurde ich an Leib und Seele von Melancholie überwältigt. Ich weinte nicht, hatte aber, glaube ich, Tränen in den Augen . . .
>
> Ich weiß nicht, wie lang ich da gesessen war, als ich plötzlich Angst fühlte. Ich schaute auf und sah, daß eine riesige schwarze Gewitterwolke aufgezogen war und den Himmel schon mehr als zur Hälfte bedeckte. Eben verschwand die Sonne, und sogleich huschten die Molche in ihr Loch zurück. Es war zum Erschrecken, und ich war in der Tat entsetzt. Aber ich empfand etwas Stärkeres als Angst, wieder einmal jenes Gefühl tiefer, passiver, kosmischer Verzweiflung, die Melancholie eines Menschen, der sich nach Glück und Schönheit sehnt und angesichts einer feindlichen Welt machtlos ist.

Waughs frühe numinose Erfahrungen waren, wie meine, zum Großteil mit einem Haus verbunden – bei ihm mit dem Haus seiner drei unverheirateten Tanten, bei mir mit dem meiner Großmutter mütterlicherseits; beide Häuser waren in ihren Gerüchen und ihrer Einrichtung sehr viktorianisch. Waugh sagt über seine Verzauberung:

> Ich bin sicher, daß ich das Haus meiner Tanten liebte, weil mich das Ethos, das ich heute als viktorianisch erkenne, instinktiv anzog. Es ist nicht so, wie Psychologen vielleicht behaupten würden, daß ich heute alles aus jener Zeit schön finde, weil es mich an meine Tanten erinnert.

Ich vermute, daß weder seine Erklärung noch die der Psychologen richtig ist. Damit eine Sache oder eine Atmosphäre uns bezaubern kann, muß natürlich zwischen ihr und uns eine psychologische Affinität bestehen, aber ich glaube, daß in der Kindheit die zufällige Priorität eine größere Rolle spielt, als solche Erklärungen nahelegen. Es dürfte sich um etwas Ähnliches handeln wie die »Prägung« bei Vögeln, die sich in das erste große bewegliche Objekt, das sie nach dem Ausschlüpfen sehen, verlieben, ob es sich dafür eignet oder nicht. Ich bin zumindest überzeugt, daß die Gefühle, die ein faszinierendes Werk von Menschenhand in einem Kind erregt – beispielsweise meine Freude beim Anblick eines Gaswerks –, wenig, wenn überhaupt etwas gemein haben mit den Gefühlen der Erwachsenen, die es gemacht haben.

Weder Woolf noch Waugh scheinen sich jener Art von Tagträumen hingegeben zu haben, die in meiner Kindheit eine so große Rolle spielten. Im Alter von sechs bis zwölf verbrachte ich viele meiner wachen Stunden mit der Errichtung und Ausschmückung einer nur mir gehörigen Privatwelt, deren Grundelemente eine nördliche Kalkstein-Landschaft und der Bleibergbau waren. Ich konnte frei entscheiden, welche Gegenstände ich in meine Welt aufnahm und welche nicht, doch mußte es sich in beiden Fällen um wirkliche Gegenstände handeln (beispielsweise um zwei Arten von Wasserturbinen, die in Handbüchern über Bergbaumaschinen oder in einem Firmenkatalog zu finden waren); es war mir aber nicht erlaubt, solche Gegenstände zu erfinden. Bei der Entscheidung, wie meine Welt funktionieren sollte, hatte ich die Wahl zwischen zwei praktischen Möglichkeiten (ein Bergwerk konnte entweder durch einen Stollen oder durch eine

Pumpe entwässert werden), aber physikalische Unmöglichkeiten oder Zaubermittel waren verboten. Ohne Zweifel ist es psychologisch bedeutsam, daß in meiner Privatwelt keine Menschen vorkamen. Obwohl diese Welt nur für mich errichtet war und von mir allein bewohnt wurde, bedurfte ich der Hilfe anderer – vor allem der meiner Eltern –, um das Rohmaterial für ihre Errichtung zu sammeln. Andere mußten mir die nötigen Handbücher, Pläne, Kataloge, Führer und Photographien verschaffen und mich, wenn sich eine Gelegenheit bot, in ein wirkliches Bergwerk mitnehmen – Aufgaben, die sie mit nie versagender Geduld und Generosität erfüllten. Heute klingt es ein bißchen verrückt, aber ich hatte ein enormes Vergnügen daran und fühlte mich niemals einsam oder gelangweilt.

Noch ein letzter Punkt. Evelyn Waugh war der jüngere von zwei Söhnen, ich war der jüngste von dreien und auch der jüngste einer beträchtlichen Anzahl von Enkeln. Es würde mich interessieren, ob diese Stellung als Nesthäkchen der Familie auf ihn ebenso gewirkt hat wie auf mich. Mir hat es die lebenslange Überzeugung eingepflanzt, in jeder Gesellschaft der Jüngste zu sein – eine Überzeugung, die von der Tatsache, daß ich heute mit achtundfünfzig oft der Älteste bin, in keiner Weise erschüttert wird.

Krieg

Am 4. August 1914 stand Leonard Woolf vor dem Postamt in Lewes, Sussex, und wartete auf Nachrichten; Evelyn Waugh war im Haus seiner Tanten in Midsomer Norten bei Bath, er hatte gerade sein viertes Schuljahr abgeschlossen; ich war zu Hause, in King's Norton bei Birmingham, und sollte nächsten Monat in die Mittelschule kommen. Am 11. November 1918 saß Leonard Woolf schreibend in seinem Zimmer in Richmond, London (Virginia feierte den historischen Augenblick mit einem Besuch beim Zahnarzt); Evelyn Waugh »vertrödelte seine Zeit mit klassischen Studien unter einem außergewöhnlich langweiligen Lehrer«; ich war in einem Schulsanatorium in Surrey, zum ersten Mal aufgestanden nach der spanischen Grippe. Während der vier Jahre zwischen diesen beiden Daten war einer von Woolfs Brüdern gefallen, der andere war schwer verwundet worden; der einzige Bruder Evelyn Waughs hatte nach der Ludendorf-Offensive eine

Zeitlang als vermißt gegolten; mein Vater war im Ausland, erst im Nahen Osten, dann in Frankreich, mein ältester Bruder war einberufen worden, befand sich aber noch im Ausbildungslager, als der Krieg endete.

Für Woolf war der Krieg ebenso wirklich wie schrecklich. Obwohl er wegen eines angeborenen Handzitterns vom aktiven Kriegsdienst befreit war, konnte er sich genau vorstellen, wie der Stellungskrieg aussah, er las die Verlustlisten und war politisch genügend gebildet, um zu wissen, daß 1914 – im Gegensatz zu 1939 – der Krieg hätte vermieden werden können:

> Das Schreckliche der Jahre 1914 bis 1918 lag darin, daß nichts zu geschehen schien, Monat um Monat, Jahr um Jahr, nichts als das mitleidlose, nutzlose Schlachten in Frankreich. Wenn man oberhalb Ashams über die Dünen spazierenging, konnte man oft das unablässige Hämmern der Kanonen an der flandrischen Front hören. Und auch wenn man sie nicht hörte, war es, als hämmerte der Krieg einem ständig dumpf aufs Hirn, während man in Richmond oder Sussex von einer Wolke der Langweile umhüllt war, und wenn man in die Zukunft sah, so gab es nichts als den unendlichen Ausblick auf die ewig gleiche Langeweile.

Leonard Woolf mußte außerdem großes persönliches Mißgeschick ertragen. Vom Sommer 1913 bis zum Sommer 1914 war seine Frau geisteskrank gewesen, und Anfang 1915 kam die Krankheit wieder. Er ergeht sich nicht in Selbstmitleid, aber aus seiner leidenschaftslosen Beschreibung der Krankheitssymptome kann man erraten, was er mitmachen mußte:

> Im ersten Stadium befand sie sich in tiefster Depression, wollte kaum essen oder reden, hatte Selbstmordabsichten. Das zweite Stadium war eine Periode heftiger Erregung und wilder Euphorie, sie sprach unaufhörlich. Im ersten Stadium wandte sie sich heftig gegen ihre Pflegerinnen, und diese hatten die größten Schwierigkeiten, sie zu irgend etwas zu bewegen; sie wollte fortwährend bei mir sein ... Im zweiten Stadium der heftigen Erregung war sie voll Feindseligkeit gegen mich, sie wollte nicht mit mir sprechen und ließ mich nicht in ihr Zimmer ...
>
> Bei den Mahlzeiten ignorierte sie ihren Teller und wurde wütend, wenn die Pflegerinnen ihr zuredeten, zu essen. Ich

konnte gewöhnlich erreichen, daß sie ein wenig aß, aber es war ein schrecklicher Vorgang. Jede Mahlzeit dauerte ein bis zwei Stunden; ich mußte neben ihr sitzen, ihr einen Löffel oder eine Gabel in die Hand drücken und sie sehr leise bitten, doch zu essen, und zugleich ihren Arm oder ihre Hand berühren. Etwa alle fünf Minuten ungefähr aß sie automatisch einen Bissen.

Evelyn Waugh sagt, er habe nach einigen Wochen der Aufregung jedes Interesse am Krieg verloren und ihn als eine Tatsache hingenommen. Für mich war der Krieg nicht einmal eine Tatsache; er hatte für mich keinerlei Realität. Den größten Teil des Krieges war mein Vater glücklicherweise nicht an der Front, aber auch als er an der Schlacht von Gallipoli teilnahm, kam es mir nie in den Sinn, daß er in Gefahr sein könnte. Eines Morgens kam Christopher Isherwood mit einem schwarzen Trauerrand am Ärmel in die Schule; ich wußte, das bedeutete, daß sein Vater gefallen war, aber die Worte »im Kampf gefallen« riefen in mir keine bildhafte Vorstellung wach.

Ein Wechsel meiner Lebensumstände, der indirekt durch den Krieg bewirkt wurde, schien eine große Verbesserung. Als mein Vater einrückte, war der Mietvertrag für unser Haus kurz vor dem Auslaufen, und meine Mutter erneuerte ihn nicht. Sobald unsere Schulferien nahten, mietete sie für meine Brüder und mich möblierte Zimmer, jedesmal in einer anderen interessanten Gegend des Landes. Unser einziger »Kriegsbeitrag« bestand darin, Torfmoos zu sammeln und am Abend Schals zu stricken, während Mutter uns laut vorlas. In der Schule exerzierten wir mit Holzflinten und hatten »Geländeübungen«, wobei wir uns hinter Büschen versteckten und Ratschen schwangen, um Maschinengewehrfeuer zu simulieren. Hilfslehrer, alte und junge, kamen und gingen und wurden von Jahr zu Jahr sonderlicher. Der sonderbarste hatte einen passenden Namen – Hauptmann Reginald Oscar Gartside-Bagnell. Er hatte ein Stück geschrieben, *The Waves* – ein freches Plagiat von *The Bells*, wie ich später entdeckte –, aus dem er mit der Stimme eines Henry Irving seinen ehrfürchtig staunenden Lieblingsschülern vorlas.

Merkwürdigerweise erinnere ich mich nicht daran, daß das Essen in der Schule besonders schlecht oder zuwenig war, wie Evelyn Waugh es lebhaft beschreibt. Es gab Gerichte, die ich haßte, wie den gekochten Kabeljau am Freitag, aber man hätte sie auch zu Friedenszeiten in einem Schulmenü finden können. Ich erinnere mich an den »Honigzucker«, den Waugh erwähnt – angeblich wurde er aus Kartoffeln mit schwacher Schwefelsäure erzeugt –, ich fand ihn aber ganz eßbar. Ich erinnere mich auch, daß ich einmal ein zweites Stück Brot nahm, was erlaubt war, und ein Lehrer bemerkte: »Wie ich sehe, will Auden, daß die Hunnen gewinnen.«

Ich kann diesen Unterschied in unseren gastronomischen Erinnerungen nur darauf zurückführen, daß ich noch ein kleiner Junge war und Waugh schon in der Pubertät, mit dem dazugehörigen Appetit.

Schule

Leonard Woolf wurde zwei Jahre lang von einem Privatlehrer unterrichtet, verbrachte dann zwei Jahre in einem Internat und danach fünf Jahre als Tagesschüler an der Oberschule; Evelyn Waugh absolvierte die sieben Jahre der Grundschule als Tagesschüler, die fünf Jahre der Oberschule in einem Internat; ich verbrachte alle elf Schuljahre in einem Internat. Ich weiß nicht, ob Internatsschulen gut oder schlecht sind, aber aus meinen persönlichen Erfahrungen als Schüler wie als Lehrer weiß ich, daß es für ein Kind, das in ein Internat gehen soll, günstiger ist, in einem möglichst frühen Alter hinzukommen. Ein Knabe von sieben oder acht Jahren überwindet sein Heimweh sehr rasch; wirklich leiden jene, die wie Waugh über elf Jahre alt sind, wenn sie zum ersten Mal die Wärme und den Schutz des Familienlebens entbehren müssen.

Woolf beschreibt seine Schule als »ein schmutziges Bordell«, aber er hatte Glück mit seinem Sportlehrer:

> Von Mr. Woolley lernte ich, Sport ernstzunehmen, auf den Stil zu achten, beim Cricket jeden Schlag mit solcher Konzentration auszuführen, wie ein Künstler sie in jeden Pinselstrich legt, wenn er ein Meisterwerk malt. Seit jenen Tagen habe ich alle Sportarten betrieben, von Kegeln bis Golf und Rugby, und alles mit dem größten Vergnügen.

Wie das Leben für einen Intellektuellen vom Schlage Woolfs in der kolonialen Gesellschaft Ceylons ohne den Einfluß Woolleys und ohne Woolfs eigene sportlichen Fähigkeiten ausgesehen hätte, kann man sich kaum vorstellen.

Evelyn Waugh war in der Schule glücklich und kam mit den anderen Knaben gut aus, aus seinem Bericht geht aber hervor, daß der Standard des Unterrichts unter dem Durchschnitt solcher Schulen lag, das heißt, er war ziemlich schlecht. Ich hatte Glück mit meinem Direktor, der Latein und Griechisch unterrichtete. Er konnte brutal sein, aber er war ein geborener Lehrer. Wenn er schlecht aufgelegt war, konnte man für einen Fehler in der Syntax auf der Stelle Prügel bekommen, aber wenn es mir passierte, empfand ich es nie als ungerecht, weil ich wußte, daß der Fehler von meiner Unaufmerksamkeit kam und nicht daher, daß der Lehrer schlecht unterrichtet hatte.

Bei der Beschreibung des Ethos im Schulleben seiner Zeit kommt Woolf wiederholt auf die Feindseligkeit sowohl der Schüler als auch der Lehrer gegen alle geistigen Interessen zu sprechen – eine Feindseligkeit, die so stark war, daß er bis zu seinem letzten Jahr in St. Pauls mit keiner Menschenseele über seine Neigungen zu sprechen wagte. Wenn das wirklich so war, dann muß ich sagen, daß sich das Klima zu der Zeit, als Waugh und ich in die Schule gingen, sehr gebessert hatte. Der Sport war immer noch der normale Weg zu Beliebtheit und sozialem Prestige und daher, wie Waugh feststellte, weniger vergnüglich, als er hätte sein sollen und können:

> Ich glaube, nur wenige sahen im Sport ein Vergnügen. Für die guten Sportler war er eine Quelle intensiver Konkurrenzkämpfe, Sorgen und Vorwürfe; für die schlechten Sportler war er eine Quelle der Langweile und des Unbehagens.

Intellektuelle und Leute mit ungewöhnlichen Hobbies, etwa Vögelbeobachtung, waren in der Minderzahl wie in jeder Gesellschaft, aber in den Schulen, die ich besuchte, wurden sie toleriert; ich fand immer jemand, mit dem ich offen sprechen konnte, und bei den anderen hatte ich nie das Gefühl, ein Interesse verbergen oder vortäuschen zu müssen.

Waugh sagt von sich, daß er »Einsamkeit liebe«. Wenn dies heute gilt, dann hat er sich sehr geändert gegenüber dem Knaben und dem jungen Mann, den er in *A Little Learning* beschreibt: damals scheint er ein stärkeres Bedürfnis nach Gesellschaft gehabt zu haben als die meisten anderen. Die bitterste Erinnerung aus seiner Schulzeit ist nicht, daß man ihn tyrannisierte, sondern daß man ihn an einem Schulfeiertag allein ließ:

Im ersten Jahr kannte ich niemand und konnte nirgends hingehen. Die ganze Schule war leergefegt wie von der Pest. Auf Anfrage erfuhr ich, daß es an diesem Tag kein Mittagessen gab. Der Schuldiener gab mir ein paar Schnitten Brot und ein Stück scheußliche Wurst. Es fing an zu regnen. Der Aufenthaltsraum war wie an Sonntagen versperrt. In die Bibliothek durfte ich nicht gehen. Ich wanderte mit meinem feuchten Eßpaket hinaus, verkroch mich nach einiger Zeit unter einer Baumgruppe, genannt Lancing Ring, aß ein wenig und weinte zum ersten und letzten Mal in vielen Jahren. Mit Erleichterung hörte ich am späten Nachmittag die anderen lärmend von ihrem Feiertag zurückkehren.

In meinem ersten Jahr in der Oberschule wäre ich entzückt gewesen, das Haus für mich allein zu haben, und die Rückkehr der anderen hätte mich mit Beklemmung erfüllt.
Waughs natürliche Geselligkeit zeigt sich in seiner damaligen Reaktion auf die Erfahrung, ein Außenseiter zu sein:

Ich bewunderte die anderen Jungen nicht, ich wollte nicht so sein wie sie. Trotzdem wollte ich zu ihnen gehören. Ich hatte keinen Ehrgeiz, mich auszuzeichnen, noch weniger ein Anführer zu sein; ich wünschte einfach, ich selbst zu bleiben und dennoch von dieser widerlichen Meute als einer der ihren akzeptiert zu werden.

Diesen Wunsch habe ich nie empfunden, vermutlich auch Woolf nicht. Der Unterschied liegt teils im Temperament, teils in frühen Erfahrungen. Waugh schreibt:

Die Unbeliebtheit war für mich etwas Persönliches und ganz Neues. Dreizehn Jahre lang hatte ich nur Menschen getroffen, die mich zu mögen schienen.

Auch ich hatte zu Hause nur Liebe erfahren, aber mit meinen Onkeln, Tanten und Kusinen kam ich nicht so gut aus. Die meisten von ihnen hielten mich – sicherlich mit Recht – für ein frühreifes, unverschämtes kleines Miststück; ich hielt die meisten von ihnen entweder für hysterisch oder für dumm, was sie wahrscheinlich auch waren. Der einzige von ihnen, mit dem ich mich gut verstand, war Onkel Harry, ein unverheirateter jüngerer Bruder meines Vaters und Fachmann für Schwefelsäure.

So weit ich mich zurückerinnern kann, wußte ich immer schon, daß die Dinge, die mich am meisten interessierten, für die meisten anderen Leute, die Erwachsenen wie auch die Kinder, uninteressant waren. Manches, etwa meine Welt der Bleibergwerke, konnte ich mit niemandem teilen; andere Interessen, wie Musik und Archäologie, wurden auch von anderen geteilt, aber nicht von vielen. Ich glaube, ehrlich sagen zu können, daß ich meine Minderheitsinteressen nie für wichtiger ansah als die Interessen der Mehrheit. In der Schule bewogen mein völliger Mangel an Interesse und meine Untauglichkeit für jeden Sport mich nicht dazu, die Sportler zu verachten; ich bewunderte sie im Gegenteil sehr, wie ich immer jeden bewundert habe, der etwas sehr gut kann, aber ich beneidete sie nicht, weil ich wußte, daß ich ihre Leistungen nie erreichen würde. (Ich war aber unerträglich arrogant zu jedem, der über Dinge, an denen ich interessiert war, etwas sagte, das ich für dumm hielt.) Folglich wollte ich nie einer Gruppe, die andere Interessen hatte als ich, »angehören«, und ich kränkte mich auch nicht, wenn ich ausgeschlossen wurde. Warum hätten sie mich aufnehmen sollen? Ich verlangte nur, die anderen sollten ihren Weg gehen und mich den meinen gehen lassen. Wenn ich im ersten Jahr an der Oberschule nicht glücklich war – obwohl ich nicht sagen kann, daß man mich besonders schlecht behandelt hat –, so lag es daran, daß Jungen am Anfang der Pubertät es schwer finden, einander in Ruhe zu lassen. Da ich wie Waugh und Woolf ein intelligentes Kind war, war ich gewöhnlich der Jüngste in der Klasse, so daß fast alle meine Freunde älter waren als ich, und als ich die oberste Klasse erreichte, hatten sie bereits die Schule verlassen. In jenem letzten Jahr machte ich lange einsame Spaziergänge, spielte Orgel, sprach kaum mit jemandem, wenn ich nicht mußte, und war überaus glücklich.

In allen Schulzeit-Erinnerungen, die ich gelesen habe, berichten die Verfasser mit Vergnügen und Dankbarkeit von wenigstens einem Lehrer, der sie geistig angeregt und als gleichberechtigt behandelt hat. Woolf fand in St. Paul einen A. M. Cook; Waugh fand in Lancing einen J. F. Roxburgh; ich fand in Gresham einen W. Greatorex, den Musiklehrer. Viele erinnern sich auch an einen Erwachsenen, der weder ein Lehrer noch ein Verwandter war, sich aber für sie interessierte und sie etwas lehrte, das nicht im Lehrplan stand. Hinter diesem Interesse steckt meist ein sublimiertes oder offenes homosexuelles Element. Einige der faszinierendsten Stellen in Waughs Autobiographie handeln von einem Mr. Crease, bei dem Waugh Schönschreiben lernte. Die entsprechende Person in meinem Leben mußte ich heimlich treffen – mein Instruktor hatte mir den Umgang mit ihm verboten, nicht ohne Grund, denn er war ein aktiver Homosexueller und, wie ich glaube, deswegen auch schon im Gefängnis gewesen. Ich kann mir nicht vorstellen, warum er Gefallen an mir fand, denn ich war ein sehr häßlicher Junge. Er machte mir Avancen, die ich zurückwies, aber nicht aus moralischen Gründen, sondern weil ich ihn nicht anziehend fand. Statt mich aber aufzugeben, fuhr er fort, mir Bücher zu bringen und mir lange ermutigende Briefe zu schreiben, voll von konstruktiver Kritik an meinen jugendlichen Versen. Ich verdanke ihm viel.

Universität

In Robert Graves' historischem Roman *Wife to Mr. Milton* bemerkt der Bruder der zukünftigen Frau Milton, nachdem er *Comus* gelesen hat: »Das riecht mir nach Cambridge, wo sie ihre Geigen immer ein wenig zu hoch stimmen.« Eine sehr treffende Bemerkung, meine ich, und auch eine faire, weil man darauf sagen kann: »In Oxford spielen sie immer ein bißchen zu tief.«

Der Unterschied zwischen dem Cambridge der Jahrhundertwende, wie Woolf es beschreibt, und dem Oxford der zwanziger Jahre, wie Waugh es schildert, kann nicht einfach der dazwischen verstrichenen Zeit zugeschrieben werden. In *Sinister Street* zeichnet Compton Mackenzie ebenfalls das Oxford der Jahrhundertwende, und es gleicht dem Oxford der zwanziger Jahre mehr als dem Cambridge der gleichen Zeit.

Obwohl Woolf und seine Freunde wie alle Studenten viel lachten und Witze rissen, erscheinen sie mir doch als äußerst ernsthafte junge Leute, leidenschaftlich und puritanisch dem Wahren und Guten ergeben. Auch waren sie anscheinend damals wie später, als sie zur *Bloomsbury Group* wurden, eine viel homogenere Gemeinschaft, als ich mir in Oxford vorstellen kann, mit gleichen Neigungen und Überzeugungen. Wie Woolf und Maynard Keynes (in *Two Memoirs)* bezeugen, war dies großteils dem Einfluß eines damals noch nicht dreißigjährigen Mannes zuzuschreiben – des Philosophen G. E. Moore, der für sie alle eine Art Guru war. Woolf schreibt:

Moore war nicht geistreich; ich glaube nicht, daß ich ihn jemals etwas Geistreiches sagen hörte; in seinem Gespräch und in seinem Denken sprühten keine Funken. Er hatte aber eine ungewöhnliche Tiefe und Klarheit des Denkens und verfolgte die Wahrheit mit der Hartnäckigkeit einer Bulldogge und der Integrität eines Heiligen ... An der Oberfläche und ehe man ihn näher kannte, erschien er als ein schüchterner, zurückhaltender Mann, der bei allen Gelegenheiten und in jeder Gesellschaft in ein tiefes, langanhaltendes Schweigen verfallen konnte. Als ich ihn kennenlernte, wurde der Wunsch, ihn zu besuchen, getrübt von Ängstlichkeit wegen des ungeheuer hohen Niveaus im Denken und Handeln, das er von seinen Freunden zu erwarten schien; man fühlte, daß man nichts sagen sollte, wenn es nicht sowohl richtig als auch wichtig war, und man fürchtete die Schweigepausen, die zwischen ihm und seinem Besucher sicherlich entstehen würden. Wenn ich vor seiner Zimmertür stand, pflegte ich, bevor ich anklopfte, tief Atem zu holen, wie man es an einem kühlen Tag tut, ehe man ins kalte grüne Meerwasser springt ...

Wenn man mit ihm sprach, lebte man unter dem Schatten der ewigen, wenn auch stillschweigenden Frage: »Was meinen Sie damit eigentlich?« Das ist eine bedrohliche Frage, besonders wenn man weiß, daß Verschwommenheit und Unklarheit darüber, »was man eigentlich meint«, Moore einen fast physischen Schmerz verursachten, der sich unwillkürlich in seinen Augen spiegelte.

Auch andere Philosophen, beispielsweise Wittgenstein – ebenfalls in Cambridge –, zogen Schüler an, aber sie waren Berufsphilosophen. Von der Gruppe um Moore war nur Bertrand Russell ein Berufsphilosoph; die meisten anderen – Lytton Strachey, Thoby Stephen, Clive Bell, E. M. Forster, Desmond MacCarthy, Leonard Woolf selbst – waren vor allem an Kunst interessiert.

Im großen ganzen scheint die geistige Atmosphäre in Oxford in diesem Jahrhundert Gurus nicht gefördert zu haben. Sie hat Professoren hervorgebracht, deren Geist und Redeweise bewundernde Studenten zur Nachahmung anregten, aber ihr Einfluß war mehr ein gesellschaftlicher und persönlicher als ein geistiger; keiner war mit Dr. Leavis zu vergleichen.

An Moore gemessen, war Oxford in den zwanziger Jahren tatsächlich frivol. Im Cambridge von 1903 galt Vergnügen, wie Woolf berichtet, nicht als ein Wert; für uns war es fast der einzige. Wenn ich jetzt zurückblicke, finde ich es unglaublich, wie sicher das Leben schien. Zu jung, um vom Krieg beeindruckt zu sein, bildeten wir uns ein, die Welt wäre im wesentlichen noch die gleiche wie 1913, Und wir waren viel zu insular und zu sehr mit uns selbst beschäftigt, um uns um das zu kümmern, was jenseits des Ärmelkanals vor sich ging. Revolution in Rußland, Inflation in Deutschland und Österreich, Faschismus in Italien – was immer für Ängste oder Hoffnungen diese Ereignisse in älteren Menschen erregten, wir nahmen sie nicht zur Kenntnis. Vor 1930 habe ich niemals eine Zeitung aufgeschlagen.

Da ich nur ein Jahr nach Waughs Abgang von Oxford dorthin kam, habe ich seiner Beschreibung wenig hinzuzufügen. Zwei seiner Freunde, Harold Acton und Tom Driberg, waren noch dort, der letztere führte mich in die Lyrik von T. S Eliot ein. Es gab immer noch Frühstück-Parties. Das Restaurant George war immer noch überfüllt. Schwung und Eleganz wurden immer noch sehr bewundert. Es war immer noch wichtiger, Freunde zu finden, als die akademischen Studien zu betreiben, um derentwillen wir angeblich dort waren. »Es war eine Männergemeinschaft«, sagt Waugh, »Studentinnen lebten in einem Getto.« Das war immer noch die Regel, wenngleich ich Ausnahmen kannte. Zu meiner Zeit gab es drei oder vier Mädchen, denen es irgendwie gelungen war, aus dem Getto herauszukommen, und die wie Parade-Juden in einer arischen Gesellschaft von uns akzeptiert wurden. Nicht jede Frühstück-Party war eine rein männliche Angelegenheit, aber in gemischter Gesellschaft sah man immer dieselben Mädchengesichter.

Leonard Woolf sagt nichts über das Trinken in Cambridge, aber er berichtet, er habe »einen intensiven Abscheu vor Trunkenheit und einen fast physischen Ekel vor Betrunkenen«. In Oxford gab es eine Gruppe von Trinkern, und Waugh gehörte bald dazu:

> Wir tranken viel und wahllos – und ich meine »viel« im Verhältnis zu unserem Alter. Wir waren oft sehr betrunken, aber die Alkoholmengen, die wir in unseren Orgien konsumierten, waren viel geringer als das, was ich heute in voller

Nüchternheit genieße. Ein paar Gläser Sherry, eine halbe Flasche Burgunder, Claret oder Champagner, ein paar Gläser Portwein brachten uns in Verzückung. Ein oder zwei Gläser Kognak oder Whisky dazu raubten uns das Bewußtsein.

Wenn ich in Oxford und auch noch viele Jahre danach nur wenig trank, so war das ein Zufall (keiner meiner Freunde trank viel) und eine Geldfrage (ich konnte es mir nicht leisten, viel oder oft zu trinken). Soweit es von meinem Geschmack und meinem Temperament abhing, hätte ich ebensogut damals schon Durst entwickeln können wie später, denn heute ist mein durchschnittlicher Alkoholverbrauch vermutlich nicht geringer als der von Waugh. Was mich wirklich überrascht, wenn ich unser beider Leben vergleiche, ist seine erstaunliche Geselligkeit und der Umfang seiner gesellschaftlichen Aktivitäten. Er kann kaum eine Sekunde allein gewesen sein:

> Terence und ich bildeten den Kern einer Clique, die wir die »Unterwelt von Hertford« nannten . . . Wenn nicht einer von uns eine Frühstück-Party gab oder zu einer eingeladen war, pflegten wir unsere Mahlzeiten gemeinsam in meinem Zimmer einzunehmen. Bald kam es so weit, daß ich ein offenes Haus auch für Studenten von anderen Colleges hielt, manchmal kamen mehr als ein Dutzend zusammen . . . Wir tranken viel Bier und machten viel Lärm. Ein paar von uns konnten singen. Oft rezitierten wir Verse im Chor.

Außerdem trat er einem Klub nach dem andern bei, von dem sehr respektablen Carlton-Klub bis zu dem gar nicht respektablen Hypocrites-Klub; er hielt Ansprachen in der Oxford Union; er schrieb für die *Isis* und den *Cherwell;* er entwarf zahllose Überschriften und Umschläge für diese Zeitschriften sowie auch Bucheinbände, Programme und Karikaturen. Ein solches Leben hätte mich verrückt gemacht. Damals wie heute zog ich es vor, meine Freunde einzeln zu treffen; ich bin niemals bei der Oxford Union gewesen; der einzige Klub, dem ich angehörte, war der Essay-Klub beim Christ Church College; und während ich beim Studieren ebenso faul war wie Waugh, verbrachte ich viel Zeit mit Lesen.

Waugh studierte Geschichte, und er und sein Studienberater Cruttwell verabscheuten einander. Ich war als Student der Naturwissenschaften ins Christ Church College eingetreten, erhielt aber im ersten Jahr die Erlaubnis, zur Anglistik überzuwechseln. Ich hatte nicht die Absicht, die englische Literatur als akademisches Fach zu studieren, aber ich wollte sie lesen, und die Anglistik gab mir die offizielle Möglichkeit dazu. Zu jener Zeit war jedoch Christ Church College viel zu arrogant, um einen Studienberater für Anglistik zu führen, und so wurde ich auf Nevill Coghill vom Exeter College verwiesen, der mir ein Freund fürs ganze Leben wurde. Er war kein Guru von der Art Moores, und ich habe niemals tief Atem geholt, bevor ich an seine Tür klopfte. Im Gegenteil, er nahm mir alle Befangenheit, so daß ich das Gefühl hatte, ihm alles, auch das Dümmste, sagen zu können, sei es über Literatur oder über mein persönliches Leben, ohne fürchten zu müssen, daß er mich auslachen oder zurechtweisen würde.

Über sein Gefühlsleben als Student schreibt Leonard Woolf:

> Niemals wieder war ich so glücklich wie in den fünf Jahren in Cambridge von 1899 bis 1904. Man lebte in einem Zustand ständiger Erregung und tiefer Gefühle ... Wir lebten in Extremen – des Glücks und des Unglücks, der Bewunderung und der Verachtung, der Liebe und des Hasses.

Evelyn Waugh läßt sich über dieses Thema nicht aus, aber wenn man ihn fragte, würde er vermutlich nicht von tiefen Gefühlen oder Extremen des Glücks und Unglücks sprechen; er würde wohl sagen, er habe im Zustand einer ständigen milden Euphorie gelebt, seinen Spaß gehabt und sich keine Sorgen gemacht. Was mich betrifft, so habe ich früher und später in meinem Leben starke Gefühle empfunden, nicht aber in meinen Studentenjahren. Trotz den Genüssen der Freundschaft und der geistigen Entdeckungen denke ich nicht mit Nostalgie an jene Zeit zurück. Unter dem Spaß war ich mir immer einer dumpfen, hartnäckig nagenden Angst bewußt. Vor allem hatte ich Schuldgefühle, weil ich so faul war. Zum Unterschied von Waugh glaubte ich nicht an die F.-E.-Smith-Legende, derzufolge »ein Mann von Format acht Semester lang faul sein und sich dann mit schwarzem Kaffee hinsetzen und in acht Wochen alles nachholen kann«. Ich wußte sehr wohl, wie schlecht ich abschneiden und wie sehr dies meine Eltern enttäuschen würde. Wichtiger als das Schuldgefühl war jedoch der Ehrgeiz. Anders als Waugh, der erst nach seinem Abgang erkannte, daß er zum Romancier berufen war – in Oxford hatte er sich mehr für die bildenden Künste interessiert –, war ich mir seit dem fünfzehnten Lebensjahr sicher gewesen, was ich tun wollte. Mit neunzehn war ich selbstkritisch genug, um zu wissen, daß die Gedichte, die ich schrieb, noch rein epigonal waren, daß ich noch nicht meine eigene Stimme gefunden hatte, und ich war sicher, daß ich sie in Oxford nicht finden konnte, daß ich, so lange ich dort war, ein Kind bleiben würde.

Ich habe schon gesagt, daß wir politisch unwissend und indifferent waren. Es gab natürlich einzelne Studenten, die keins von beiden waren – diejenigen, die ich persönlich kennenlernte, waren alle Sozialisten –, aber sie wollten Berufspolitiker werden, und wir anderen hielten ihr soziales Engagement für eine professionelle Spezialität, von der man nicht erwarten konnte, daß wir sie teilten. Ein Ereignis, das Evelyn Waugh in Oxford nicht erlebte, der Generalstreik von 1926, verdient Erwähnung, weil er so klar unsere politische Ahnungslosigkeit enthüllte. Weder Marx noch irgendein anderer Sozialanatom hat bisher beachtet, daß fast jeder Junge aus dem englischen Bürgertum davon träumte, einen Zug zu führen oder einen Autobus zu lenken, irgend etwas zu tun, das seine gesellschaftliche Stellung ihm normalerweise verbot, wie Schiffe entladen oder den Verkehr regeln. Die Hunderte von Studenten, die sich auf den Aufruf der Regierung hin als Streikbrecher meldeten, taten dies keineswegs aus Klassenbewußtsein im marxistischen Sinn – keiner von ihnen fühlte persönliche oder ideologische Feindseligkeit gegen die Streikenden –, sondern weil sich ihnen plötzlich eine vom Himmel geschickte Gelegenheit bot, ihre Kindheitsträume zu verwirklichen. Aus reinem Widerspruchsgeist meldete ich mich nicht wie die meisten meiner Freunde zur Hilfe für die Regierung, sondern erklärte mich bereit, einen Wagen für den Gewerkschaftsbund zu fahren. Der einzige Streit, der sich daraus ergab, fand nicht in Oxford statt. Eines Tages hatte ich R. H. Tawnes zu seinem Haus am Mecklenburgh Square gefahren. Zufällig lebte eine Kusine von mir, die mit einem Börsenmakler verheiratet war, ein paar Häuser weiter, und so besuchte ich sie. Wir drei setzten uns gerade zum Essen, als ihr Mann mich fragte, ob ich als Hilfspolizist nach London gekommen sei. »Nein«, sagte ich, »ich fahre einen Wagen für den Gewerkschaftsbund.« Woraufhin er mich zu meiner größten Überraschung aus dem Haus wies. Es war mir nie in den Sinn gekommen, daß jemand den Generalstreik ernstnehmen könnte.

Geld

Als Kind hat keiner von uns wirkliche Armut, aber auch nicht wirklichen Reichtum kennengelernt. Die finanzielle Lage der Familie Woolf war am unsichersten. Leonards Vater, ein erfolgreicher Rechtsanwalt, hatte eine Menge Geld verdient, aber er hatte nichts erspart, als er im Alter von siebenundvierzig Jahren starb und eine Witwe mit neun Kindern hinterließ:

> Sie war entschlossen, ihr ganzes Kapital für die Erziehung ihrer neun Kinder auszugeben, in der Hoffnung, daß sie dann, wenn das Geld ausgegeben wäre, alle Stellungen haben würden, in denen sie sich selbst und sie erhalten könnten. Das Wagnis ging gut aus, doch nur deshalb, weil vier von uns in der St. Pauls School und drei in Cambridge Stipendien erhielten. Von meinem zwölften bis zu meinem vierundzwanzigsten Jahr hing die Drohung des Geldmangels stets über unseren Köpfen, und wir mußten jeden Penny zweimal umdrehen.

Die Praxis meines Vaters in York war gut gegangen, und sein Übertritt in den öffentlichen Gesundheitsdienst bedeutete einen beträchtlichen finanziellen Verlust. Evelyn Waughs Vater war, scheint mir, am besten gestellt, aber nach dem Krieg begann auch er die schweren Zeiten zu spüren.

Es gibt eine erstaunliche Ähnlichkeit im Verhalten von Waughs Vater und dem von Virginia Woolf, Leslie Stephen, wenn sie Rechnungen bezahlen sollten. Leonard Woolf schreibt:

> . . . dieser glückliche Mann, dessen Bankkonto so gut wie unerschöpflich war, hörte niemals auf, sich und seinen Kindern Sorgen wegen des Geldes zu machen . . . Jeden Montagmorgen brachte ihm Vanessa die Haushaltsbücher, damit er ihr einen Scheck gäbe, um die Ausgaben der vergangenen Woche zu decken. Dann seufzte und stöhnte

er zehn Minuten lang über die enormen Summen, die sie für Essen, Dienstboten, Licht und Kohle ausgaben – wenn dies so weiterginge, wären sie bald ruiniert und würden alle im Armenhaus landen . . .

Arthur Waugh kannte nie auch nur die geringsten Geldsorgen, aber er konnte keinen Scheck unterzeichnen, ohne auszurufen: »Wie soll ich denn das Geld auftreiben? Sie werden mich ruinieren. Sie werden mich in ein Armengrab bringen!«

Ich kann mich nicht erinnern, daß mein Vater je über Geld geklagt hätte. Erst viel später kam ich darauf, was für eine seelische Anstrengung ihn dies gekostet haben muß – er war, wie viele in seiner Familie, einer jener Menschen, die sich auch vom kleinsten Geldbetrag nicht ohne Seelenschmerz trennen können.

Alle drei erhielten wir Stipendien für die Universität, aber ein solches Stipendium reichte nicht zum Leben, und die Eltern mußten uns unterstützen. Woolf bekam in Oxford 120 Pfund im Jahr, und es gelang ihm, ohne Schulden auszukommen. Ich erhielt in Oxford 250 Pfund und kam fast damit aus, doch nur, weil ich in den Ferien zu Hause blieb. Ich verließ die Universität mit etwa 50 Pfund Schulden bei Blackwell für Bücher. Von Freunden, die Söhne in Oxford haben, höre ich, daß ein Leben, wie ich es damals führte, heute 800 Pfund kosten würde. Waugh hatte 350 Pfund und dazu kleine Beträge, die er mit journalistischen Arbeiten und dem Entwerfen von Buchumschlägen verdiente, aber es reichte nicht. Als er fortging, schuldete er in verschiedenen Geschäften 200 Pfund und ebensoviel einigen Freunden.

Das England von 1912 war, in Woolfs Worten, »ein ökonomisches Paradies für die Bourgeoisie«. Eine sehr bequeme Wohnung am Brunswick Square – in einem guten Stadtviertel – mit erstklassiger Küche kostete ihn zwischen elf und zwölf Pfund im Monat. Als er Virginia Stephen heiratete, hatte sie ein Jahreseinkommen von etwas weniger als vierhundert Pfund; er hatte, abgesehen von den sechshundert Pfund, die er sich in Ceylon erspart hatte, weder Geld noch eine Stellung. Die nächsten zehn Jahre mußten Virginia und er sehr hart arbeiten und sehr sparsam sein, um auszukommen. Ihre Ausgaben im Jahr 1917 betrugen 697 Pfund; davon bestritten sie ein Haus in London und eines in Sussex und hielten sich eine Köchin und ein Stubenmädchen, deren Löhne in jenem Jahr zusammen 76 Pfund, einen Shilling und acht Pence ausmachten. Im selben Jahr gründeten sie die Hogarth Press mit einem Kapital von 41 Pfund, fünfzehn Shilling und drei Pence.

> Dieser Betrag bestand aus den 38 Pfund, acht Shilling und drei Pence, die wir für eine kleine Druckmaschine und Typen ausgaben, und aus drei Pfund sieben Shilling, die Kosten für die Herstellung des ersten Buches, das wir druckten und herausgaben. Damit erzielten wir im ersten Jahr einen Gewinn von sechs Pfund sieben Shilling, und der wurde wieder investiert, so daß Ende 1917 das Gesamtkapital, das wir in die Hogarth Press hineingesteckt hatten, 35 Pfund betrug. Von da an finanzierte sich das Geschäft selbst aus den Profiten, und wir mußten nie dafür »Kapital suchen«.

Ich hoffe, daß uns Evelyn Waugh im nächsten Band seiner Autobiographie etwas über die Ökonomie des Romanschreibens seit Beginn seiner Laufbahn erzählen wird. Die Einkünfte eines Lyrikers als Lyriker sind nicht der Rede wert. Als ich von Berlin zurückkehrte und eine Stellung finden mußte, wurde ich wie Waugh Lehrer. Aber zum Unterschied von ihm entdeckte ich zu meiner Überraschung, daß mir das Unterrichten viel Spaß machte, und so blieb ich die nächsten fünf Jahre bei diesem Beruf.

Religion

L. W.: Großvater Woolf – ein orthodoxer Jude, Eltern evangelisch. Erklärt sich 1894 als Atheist und ist es seither geblieben.

E. W.: Urgroßvater Waugh, als Presbyterianer geboren, wird anglikanischer Pfarrer; Eltern Anglo-Katholiken. 1914 durchläuft er eine Periode kirchlicher Schwärmerei. 1921 entdeckt er, daß er seinen Glauben verloren hat. 1930 tritt er der römisch-katholischen Kirche bei.

W. H. A.: Beide Großväter anglikanische Geistliche; Eltern anglo-katholisch. 1920: Periode kirchlicher Schwärmerei. 1922 entdeckt er, daß er seinen Glauben verloren hat. 1940 kehrt er zur anglikanischen Kirche zurück.

An Woolfs Atheismus ist nichts von heidnischer Indifferenz oder Frivolität. Bei ihm wie bei seinen Freunden in der

Bloomsbury-Gruppe ist der Atheismus eine religiöse Leidenschaft. An Gott zu glauben, besonders an den christlichen Gott, ist für ihn nicht bloß dumm, sondern moralisch und intellektuell schlecht. (Im Woolfschen Vokabular sind »Sünde« und »Erbsünde« verbotene Wörter, man darf aber ruhig von »Schlechtigkeit« und »instinktiver Gemeinheit« sprechen.) Wie er es fertigbringt, seine lebenslange unermüdliche Leidenschaft für persönliche und soziale Gerechtigkeit mit der Überzeugung zu vereinen, daß die Welt sinnlos, ja vielleicht sogar böse sei, verstehe ich nicht ganz, und er macht auch eine Bemerkung, die mir für einen Atheisten äußerst merkwürdig vorkommt. Über einen Freund aus Cambridge, der Pfarrer ist, sagt er:

> Wären wir zusammen den Piccadilly entlang gegangen und zufällig Jesus Christus begegnet, dann, davon bin ich überzeugt, hätte ich ihn sofort erkannt, aber Leopold, sofern er ihn überhaupt bemerkt hätte, würde ihn einfach für irgendeinen Sonderling gehalten haben.

Dies geht mich jedoch eigentlich nichts an. Wer weiß, wie wir beim Jüngsten Gericht dastehen werden, abgesehen davon, daß Waugh uns, was Klarheit und Eleganz des Ausdrucks betrifft, weit voraus sein wird?

Jeder Christ muß den Übergang von dem »Wir glauben noch« des Kindes zu dem »Ich glaube wieder« des Erwachsenen vollziehen. Dieser Übergang kann nie leicht gewesen sein, aber in unserer Zeit kommt er, wie mir scheint, selten ohne ein Zwischenspiel des Unglaubens zustande. Wenn man später zurückblickt, fragt man sich natürlich, warum es so war. Hätte nicht die Zeit des Unglaubens vermieden oder wenigstens verkürzt werden können? Was für einen Unterschied hätte es gemacht, fragt Evelyn Waugh, wenn man ihm mit achtzehn ein Buch über christliche Philosophie zu lesen gegeben hätte oder wenn er einem Heiligen begegnet wäre? Die Antwort, fürchte ich, lautet, daß es wahrscheinlich keinen Unterschied gemacht hätte. Theologie und »christliche Philosophie« werden von Gläubigen für Gläubige geschrieben – das sind Menschen, für die Gott der Adressat des Gebetes ist, und sei es auch nur unbewußt. Außerhalb des Zusammenhangs mit dem Gebet sind sie sinnlos, denn über Gott zu sprechen, wie man über das Wetter oder den Bimetallismus spricht, heißt seinen Namen eitel nennen. Und was Heilige betrifft, so hat Waugh eine getroffen – die Nichte Friedrich von Hügels, Gwen Plunket-Greene –, und er hat seinen Eindruck aufgezeichnet:

> Im Alter von einundzwanzig Jahren betrachtete ich sie mit demselben uninteressierten Wohlgefallen, das ich auch an anderen Altersgenossen fand.

Ereignisse und Handlungen

Gleich welchen Abschnitt im Leben eines Autors eine Autobiographie behandelt, ein großer Teil davon entfällt auf die Erzählung der Ereignisse, die er durch Zufall oder durch den Willen der Vorsehung erlebt hat. Alle Ereignisse sind vergleichbar, und solange wir davon lesen, was *einem* Menschen geschehen ist, können wir uns bis zu einem gewissen Grad mit ihm identifizieren und die gleichen Fragen stellen wie zu den Ereignissen in unserem eigenen Leben. Wie wäre das Leben von X verlaufen, hätte er nicht A, sondern B getroffen, sich in M statt in N verliebt? Hätte Woolf sich beispielsweise für die Genossenschaftsbewegung und in der weiteren Folge für die Frage einer Weltregierung interessiert, wenn er nicht zufällig Margaret Llewelyen Davies, einer zweifellos sehr bemerkenswerten Frau, begegnet wäre? Hätte Waugh seine heutigen politischen Ansichten, wenn er das »fortschrittliche« Denken nicht zuerst in Gestalt von Barbara Jacobs und ihrer Mutter kennengelernt hätte, die beide seiner Beschreibung nach wohlmeinend, aber sehr dumm waren? Was mich betrifft, so habe ich mich oft gefragt, wie mein Leben sich entwickelt hätte, wenn an einem Sonntag im März 1922 mein Freund Robert Medley, der jetzt Maler ist, mir nicht vorgeschlagen hätte, Gedichte zu schreiben: ich hatte vorher nie daran gedacht. Das Leben eines Erwachsenen ist jedoch nie bloß eine Folge von Ereignissen allein; es enthält auch die persönlichen Handlungen des Autors – die Taten, zu denen er sich ohne Rücksicht auf die Folgen entschlossen hat und für die er sich verantwortlich fühlt. Anders als Ereignisse sind Handlungen unvergleichbar und unwiederholbar; sie zeigen uns eine einmalige Person, die nie genau ihresgleichen gehabt hat und nie haben wird.

Die erste wichtige Handlung im Leben Leonard Woolfs, von der er berichtet, war sein Entschluß, einen Beamtenposten in Ceylon anzunehmen. Bei der Aufnahmsprüfung in den Staatsdienst schnitt er schlechter ab, als er erwartet hatte:

Das beste, was ich mir erhoffen konnte, war eine Stelle bei der Post oder beim Finanzamt. Für Indien war ich bereits zu alt. Ein ganzes Leben in Somerset House oder im Postministerium konnte ich mir nicht vorstellen, und so entschloß ich mich, eine Anstellung im Kolonialdienst, damals *Eastern Cadetship* genannt, anzunehmen. Ich bewarb mich für Ceylon, das die älteste Kronkolonie war, und stand auf der Liste so weit vorn, daß ich bekam, was ich wünschte. So wurde ich zu meinem Erstaunen und, wie ich zugeben muß, zu meiner Enttäuschung Staatsbeamter in Ceylon.

Die Aussicht, Tausende Meilen von seinen Freunden entfernt zu sein, war gewiß nicht angenehm; daß er dennoch Ceylon dem Postdienst vorzog, zeigt ihn als einen Mann, der so zu leben bereit war, wie es seiner Überzeugung, daß Intellektuelle (wie man heute sagt) »engagiert« sein sollten, entsprach. Es war ihm ernst gewesen mit dem, was er ein Jahr vorher geschrieben hatte:

> Solange Philosophen außerhalb der Höhle sitzen, wird ihre Philosophie niemals die Politiker oder die Menschen erreichen; deshalb wünsche ich, um es geradeheraus zu sagen, daß Moore ein Schulunterrichtsgesetz entwirft.

Ceylon war dann für ihn viel interessanter, als er erwartet hatte; er erwies sich als ein sehr tüchtiger Administrator, und als er 1911 auf Urlaub nach England kam, konnte er mit Recht annehmen, daß er in der gewählten Karriere bis zum höchsten Rang aufsteigen würde. Dennoch fühlte er sich nicht ganz glücklich im Kolonialdienst. Seine Unzufriedenheit hatte damals mehr ästhetische als moralische Gründe: er hatte sich noch nicht gefragt, ob es gerecht sei, daß ein Volk von Fremden regiert werde, aber er wußte, daß ihm die weiße Gesellschaft in Colombo mißfiel. Kurz nach seiner Rückkehr verliebte er sich in Virginia Stephen, und es wurde ihm klar, daß er eine Entscheidung treffen mußte:

> 1. Sollte Virginia mich heiraten, würde ich meinen Posten in Ceylon aufgeben und versuchen, meinen Lebensunterhalt durch Schreiben zu verdienen; 2. würde Virginia mich nicht heiraten, so wollte ich doch nicht nach Ceylon zurückkehren, um dort ein erfolgreicher Staatsbeamter und schließlich Gouverneur zu werden. Wenn ich aber zurückgehen und mich für den Rest meines Lebens in einen Distrikt wie

Hambantota versenken könnte . . ., so würde ich das als einen endgültigen Rückzug, als eine endgültige Einsamkeit betrachten, in der ich, mit einer Singhalesin verheiratet, meinen Distrikt oder meine Provinz zum bestverwalteten, blühendsten Gebiet in Asien machen würde.

Glücklicherweise nahm Virgina seinen Heiratsantrag an, er gab seinen Posten auf, und sie heirateten. Die Ehe brachte ihm große Sorgen, aber er hat seine Entscheidung keinen Augenblick bedauert.

1917 gründeten die beiden die Hogarth Press. Woolfs ursprüngliches Motiv dafür ist seltsam und rührend:

Die Schwierigkeit bestand darin, eine genügend interessante Spielerei für Virginia zu finden, um sie ein wenig von der Arbeit abzulenken. Das Drucken interessierte uns beide, und wir hatten schon von Zeit zu Zeit beiläufig von der Möglichkeit gesprochen, drucken zu lernen. Es fiel mir ein, daß es für Virginia gut wäre, wenn sie eine manuelle Beschäftigung hätte, die sie, beispielsweise nachmittags, von ihrer geistigen Arbeit ablenken würde. Gegen Ende 1916 entschlossen wir uns, die Kunst des Druckens zu erlernen.

Der Versuch erwies sich als Erfolg, sowohl finanziell als auch künstlerisch, und entriß sie den finanziellen Sorgen, die seit ihrer Heirat auf ihnen gelastet hatten.

Evelyn Waugh, der über seine Jugend schreibt, hat natürlich von keinen solchen schwerwiegenden Entscheidungen zu berichten, aber er erwähnt zwei Handlungen und einen Versuch, die für sich selbst sprechen. Die erste Handlung spielte sich 1921 ab:

Mein Vater hoffte, daß ich gleich ihm an das New College gehen würde. Zwei oder drei andere Colleges waren in derselben Gruppe, darunter Hertford. Als die Zeit kam, die Bewerbungsformulare auszufüllen, fand ich, daß das Stipendium für Hertford weitaus das höchste war. Mein Vater war finanziell nicht gut gestellt – schlechter als die meisten anderen Männer in seiner Position, schlechter als zehn Jahre zuvor. Ich wußte, daß . . . ihm der finanzielle Vorteil sehr angenehm sein würde. Ich wußte aber auch, daß ich für ein Stipendium am New College nicht gut genug war . . . Das Motiv für die wirklich ernsten Anstrengungen, die ich in den letzten sechs Monaten der Oberschule unternahm, war der Wunsch, die Schule so früh wie möglich verlassen zu können. Beide Überlegungen führten zu einer Entscheidung, die für mein Universitätsleben sehr viel bedeuten sollten. Ich gab ein Stipendium in Hertford als erste Präferenz an.

Die zweite Handlung fand 1924 statt, als Waugh sich entschloß, nicht länger von den Zuwendungen seines Vaters zu leben, sondern einen Posten als Lehrer anzunehmen. Das Unterrichten gefiel ihm gar nicht, und als er hörte, daß er in Pisa eine Stelle als Privatsekretär bekommen könnte, kündigte er. Kaum hatte er das getan, trafen ihn zwei Schläge: Er hatte einige Kapitel eines Romans an Harold Acton geschickt; der Brief und die Kritik, die ihm jener zurücksandte, bewogen ihn, das Zeug zu verbrennen. Dann erfuhr er, daß es mit der Stelle in Pisa nichts war. Am Ende seiner Weisheit angelangt, versuchte er sich zu ertränken – ein Versuch, der zum Glück für seine Seele und für die englische Literatur an einem Quallenschwarm scheiterte.

Meine erste persönliche Entscheidung, an die ich mich erinnere, war der Entschluß, nach Berlin zu gehen, als mein Vater mir nach meinem Abgang von Oxford vorschlug, ein Jahr im Ausland zu verbringen. Ich konnte weder Deutsch, noch kannte ich die deutsche Literatur, aber ich hatte keine Sympathie für die französische Kultur, teils aus Veranlagung, teils aus Widerspruch gegen die ältere Intellektuellengeneration, die stark frankophil war. Dies war eine Entscheidung, für die ich heute noch dankbar bin.

Die meisten von uns haben Perioden durchgemacht, in denen sie sich vor dem einen oder anderen Götzen demütigten, und heranwachsende Menschen verehren zumeist den Götzen der Beliebtheit oder den Götzen der gesellschaftlichen Macht. Der reife Evelyn Waugh schreibt über die Tagebücher, die er während seiner zwei letzten Jahre in Lancing führte:

> Wenn das, was ich schrieb, ein wahres Bild von mir gibt, dann war ich eingebildet, herzlos und vorsichtig böswillig. Ich würde gern glauben, daß ich sogar in diesem privaten Tagebuch eine etwas generösere Natur verheimlicht habe, daß ich damals absurderweise annahm, Zynismus und Bosheit seien Zeichen von Reife. Ich bete, es möge so sein. Aber da ist, Satz für Satz, Seite für Seite, der vernichtende

Beweis einer konsequenten Schuftigkeit. Ich fühle mich nicht identisch mit dem Jungen, der das geschrieben hat. Ich glaube, ich war ein warmherziges Kind. Ich weiß, daß meine Zuneigungen nun, da ich ein Mann bin, wenn auch beschränkt, so doch stark und dauerhaft sind. Der Jüngling, der sich in diesen Seiten zeigt, scheint nicht nur kalt, sondern auch bar jeder Aufrichtigkeit.

Er beschreibt die Auswirkung dieser Geisteshaltung auf sein äußeres Verhalten:

Es gab häufig kleine Verschiebungen im Kaleidoskop der persönlichen Wichtigkeit, im College aber kontrollierten meine Freunde und ich praktisch die Quellen der Beliebtheit, und je nach Laune verstopften wir sie oder ließen sie fließen. Hinter all diesen häßlichen Manövern steckte die Angst, ich selbst könnte jeden Augenblick meine Beliebtheit verlieren und wie in meinem ersten Jahr ein Gegenstand der Verachtung werden.

Wechsel

Bei Woolfs Freunden in Cambridge waren die meistbewunderten modernen Romanautoren Thomas Hardy, Meredith und Henry James, der meistbewunderte Lyriker war Swinburne. Von den älteren Romanciers waren Jane Austen und Peacock »in«, Dickens und Thackeray waren »out«. »Out« war auch Tennyson. Weder von Marx noch von Freud hatte man auch nur gehört. Das *annus mirabilis* war 1903, das Jahr, in dem *The Way of all Flesh, Principles of Mathematics* und *Principia Ethica* veröffentlicht wurden. Enge Freunde nannten einander noch beim Familiennamen.

1911 und 1912 waren die großen künstlerischen Ereignisse in London das russische Ballett und die Ausstellung der Postimpressionisten. 1914 rezensierte Leonard Woolf, der später Freuds englischer Verleger werden sollte, dessen *Psychopathologie des Alltagslebens.* Während der Kriegsjahre waren die großen Männer der Literatur, die Bloomsbury angreifen zu müssen glaubte, Shaw, Wells und Arnold Bennett. Conrad wurde wegen seines Prosastils bewundert, galt aber als zu »respektabel«.

1917 brachte die Veröffentlichung von *Prufrock,* 1919 erschienen die *Poems* von T. S. Eliot, und zwar in der Hogarth

Press, desgleichen 1923 *The Waste Land.* Die Woolfs hätten auch den *Ulysses* verlegt, wenn ein Drucker willens gewesen wäre, ihn zu setzen, obwohl ihnen das Buch nicht besonders gefiel. Virginia berichtete in ihrem Tagebuch, wie Harriet Weaver ihnen das Manuskript brachte:

> Ihr strenges mauves Kostüm paßte zu Körper und Seele; ihre grauen Handschuhe, gerade ausgerichtet neben den Teller gelegt, symbolisierten ihre häusliche Sittsamkeit; ihre Tischmanieren waren die einer wohlerzogenen Henne. Wir konnten kein Gespräch in Gang bringen. Vermutlich war die arme Person durch die Ahnung behindert, daß der Inhalt ihres Pakets in völligem Gegensatz zu ihrem eigenen Inhalt stand. Aber wie ist sie überhaupt je mit Joyce und den anderen in Berührung gekommen? Warum sucht deren Schmutz einen Ausgang durch ihren Mund? Der Himmel weiß es.

Ich wünschte, Evelyn Waugh hätte uns mehr erzählt über die Bücher, die er gelesen hat – was ihm gefiel, was ihm nicht gefiel und wer seine literarischen Vorbilder waren. Er berichtet nur, daß er im Alter von sieben Jahren *Chums* und *The Boys' Friend* als literarische Vorbilder ansah: mit dreizehn waren seine Lieblingsbücher *Le Morte d'Arthur* und *Sinister Street;* mit vierzehn gefielen ihm Samuel Butlers *Notebooks* und in Oxford E. M. Forsters *Pharos and Pharillon.* Ich weiß zu wenig über erzählende Prosa, um genau beschreiben zu können, welcher Geschmack und welche Moden bei den Studenten zu meiner Zeit auf diesem Gebiet vorherrschten. Wenn ich mich recht erinnere, so war Henry James von der Bildfläche verschwunden, bis zu seinem triumphalen Wiederaufstieg in den vierziger Jahren. Meredith der Romanautor wurde nicht mehr gelesen, aber Meredith der Lyriker, der Dichter von *Modern Love,* der fünfundzwanzig Jahre vorher kaum bemerkt worden war, wurde sehr bewundert. Was die Dichter der Vergangenheit betrifft, so ergab sich die wichtigste Veränderung in ihrer Rangordnung aus der Wiederentdeckung der metaphysischen Poeten des siebzehnten Jahrhunderts. Die modernen Stars waren natürlich Eliot, der frühe und der späte Yeats, Wilfred Owen; und ich möchte die Namen zweier Dichter hinzufügen, die, obwohl sie im neunzehnten Jahrhundert lebten, erst kürzlich veröffentlicht worden waren – Emily Dickinson und Gerard Manley Hopkins. Ich glaube nicht, daß auch nur einer meiner Freunde meinen Enthusiasmus für Thomas Hardy, Robert Frost und Edward Thomas teilte, die ich während meiner Schulzeit entdeckt hatte.

Die Welt, wir wir sie heute kennen, geprägt von Auto, Flugzeug, Schallplatte, Radio, Fernsehen und sozialem Gewissen, begann eben erst Gestalt anzunehmen – eine Welt ohne Senkgruben, Öllampen, Gasbrenner, Pferde, Klaviere in jedem Haus, Dienstmädchen, Gouvernanten und Stille und, wie es scheint, bald ohne unverbautes Land. Ungeachtet der Unterschiede zwischen Woolf, Waugh und mir reagieren wir alle drei gleich auf einen übervölkerten Planeten.

> Kein vernünftiger Mensch würde heute von Asham nach Peacehaven wandern, denn auf dem Weg sähe er liebliche Dünen von häßlichen Häusern verunziert, und wenn er dort ankäme, fände er ringsum, soweit das Auge reicht, nur häßliche Unordnung, Schäbigkeit und Schmutz. (L. W.)
> Mehr als einmal wurde auf diesen Seiten die Austilgung englischer Dörfer erwähnt . . . Dies ist ein Teil des bitteren Zykloramas der Plünderung, das alle englische Erfahrung in diesem Jahrhundert umrahmt, und jedes Verständnis der jüngsten Vergangenheit . . . ist unvollständig, wenn dieser ungeheure Verlust an stillen Augenfreuden nicht als dominierender Umstand anerkannt wird. (E. W.)

Man kann wider jede Vernunft auf vieles hoffen – daß es der Wissenschaft gelingen wird, uns unbeschränkt mit synthetischen Nahrungsmitteln zu versorgen, daß Intelligenz und guter Wille alle unsere wirtschaftlichen und politischen Probleme werden lösen können –, aber keine menschliche Gewalt kann die Oberfläche der Erde vergrößern. Wenn Übervölkerung sich bei Ratten so verderblich auswirkt, wie Experimente es gezeigt haben, was können wir dann bei den Menschen erwarten? »Je zwei Menschen sollten einen dritten erschießen«, sagte Sydney Smith in den achtzehnhundertvierziger Jahren. Heute wäre eine solche Maßnahme bei weitem nicht drastisch genug. Wie können wir die gar nicht so ferne Zukunft anders betrachten als voll Schrecken, solange keine moralisch annehmbare und zugleich praktisch wirksame Methode gefunden wird, um die Weltbevölkerung auf ein Zehntel ihrer jetzigen Größe zu reduzieren und auf diesem Stand zu halten?

Quellenverzeichnis

Die Griechen und wir: Einleitung des Herausgebers zu *The Portable Greek Reader,* Viking Press, New York, 1948.

Größe, die sich selbst findet: Rezension von *Young Man Luther* von Erik Erikson, The Mid-Century, Juni 1960. Deutsche Übersetzung der Zitate aus der deutschen Ausgabe *Der junge Mann Luther,* rororo 1970, übersetzt von Johanna Schiche.

Shakespeares Sonette: Einleitung zu Signet Classic Edition der Sonette, herausgegeben von William Burto, New American Library, New York 1964. Deutsche Übersetzung der Sonette von Stefan George.

Italienische Reise: Einleitung zu einer Übersetzung von W. H. Auden und Elisabeth Mayer, Collins, London 1962; Pantheon, New York 1962.

Søren Kierkegaard: Einleitung zu *The Living Thoughts of Kierkegaard,* David McKay, New York 1952.

Grimm und Andersen: Einleitung zu *Tales of Grimm and Andersen,* Modern Library, New York 1953.

Edgar Allan Poe: Einleitung zu Edgar Allan Poe: *Selected Prose, Poetry and Eureka,* Rinehard, New York 1950.

Ein äußerst neugieriger älterer Herr: Rezension einer Neuausgabe von *London Labour and London Poor* von Henry Mayhew, in: *The New Yorker,* 1968.

Ruhig auch in der Katastrophe: Rezension von *The Complete Letters of Vincent van Gogh,* in: *Encounter,* 1959.

Ein unwahrscheinliches Leben: Rezension von *The Letters of Oscar Wilde,* herausgegeben von Rupert Hart-Davis, in: *The New Yorker,* 1963.

Vermählung zweier gleichgestimmter Geister: Rezension von *The Correspondence Between Richard Strauss and Hugo von Hofmannsthal,* in: *The Times Literary Supplement,* 1961.

Ein Mann von Esprit: Einleitung zu *Analects* von Paul Valéry aus *The Collected Works of Paul Valéry,* herausgegeben von Jackson Mathews, Princeton University Press, Princeton 1970.

Ein Bewußtsein der Wirklichkeit, Rezension von *A Writer's Diary* von Virginia Woolf, in: *The New Yorker,* 1954.

Zeichen am Weg: Einleitung zu *Markings* von Dag Hammarskjöld, Alfred A. Knopf, New York, 1964. Deutsche Zitate aus: Dag Hammarskjöld, *Zeichen am Weg,* übertragen von Anton Graf Knyphausen, Droemer Knaur, 1967.

Wie es uns schien: Rezension von *A Little Learning* von Evelyn Waugh und *Beginning Again* von Leonard Woolf, in: *The New Yorker,* 1965.

Lyrik bei Piper

Jossif Brodskij
Einem alten Architekten in Rom
Gedichte. Aus dem Russ. von Karl Dedecius, Rolf Fieguth und Sylvia List. 122 Seiten. Serie Piper 506

Diether Dehm
Unschuld kommt nie zurück
Lieder und Gedichte. Mit einem Vorwort von Peter Maffey. 128 Seiten. Serie Piper 751

Uwe Dick
Theriak
13 Fügungen. Mit einem Essay von Eva Hesse. 172 Seiten. Serie Piper 564

Joseph von Eichendorff
Gedichte
Nach den Fassungen der Erstdrucke ausgewählt und mit einem Nachwort von Hans Dieter Schäfer. 134 Seiten. Serie Piper 844

Erklär mir, Liebe
Liebeslyrik deutscher Dichterinnen. Herausgegeben von Kurt Marian Wunder. 160 Seiten. Serie Piper 704

Ludwig Fels
Der Anfang der Vergangenheit
Gedichte. 118 Seiten. Geb.

Lyrik bei Piper

Fritz Rudolf Fries
Herbsttage im Niederbarnim
Gedichte. 99 Seiten. Leinen

Gert Heidenreich
Eisenväter
Gedichte. 117 Seiten. Geb.

Georg Heym
Gedichte
Ausgewählt und mit einem Nachwort von Harald Hartung.
123 Seiten. Serie Piper 494

Friedrich Hölderlin
Hälfte des Lebens
Gedichte. Ausgewählt und mit einem Nachwort von Jürg Amann.
128 Seiten. Serie Piper 756

Robinson Jeffers
Unterjochte Erde
Gedichte. Übersetzung und Nachwort von Eva Hesse.
167 Seiten mit 15 Abb. Serie Piper 617

Günter Kunert
Lesarten
Gedichte der Zeit. 131 Seiten. Serie Piper 731

Edgar Lee Masters
Die Toten vom Spoon River
Aus dem Amerik. von Wolfgang Martin Schade.
Mit einem Nachwort von Fritz Güttinger. 258 Seiten. Serie Piper 504

Piper 66/3c

Lyrik bei Piper

Jaroslav Seifert
Der Halleysche Komet ·
Der Regenschirm von Piccadilly · Die Pestsäule
Gedichte 247 Seiten. Serie Piper 755

Marin Sorescu
Abendrot Nr. 15
Gedichte. Aus dem Rumänischen von Oskar Pastior.
123 Seiten. Geb.

Kundeyt Şurdum
Unter einem geliehenen Himmel
Gedichte. Mit einem Nachwort von Michael Köhlmeier.
119 Seiten. Serie Piper 817

Georg Trakl
Abendländisches Lied
Gedichte. Ausgewählt und mit einem Nachwort von Jürg Amann.
126 Seiten. Serie Piper 514

Giuseppe Ungaretti
Ich suche ein unschuldiges Land
Gedichte. Italienisch/Deutsch. Übertragung und Nachwort von Michael Marschall von Bieberstein.
316 Seiten. Leinen

Lope de Vega
Wir leben in zwei Zeiten
Lieder und Romanzen. Herausgegeben von Erwin Walter Palm.
96 Seiten. Serie Piper 809